高等职业教育工程管理类专业系列教材

建设工程法规与合同管理

第 2 版

主　编　高正文
副主编　尉胜伟　汤友林
参　编　王晓霞　白玉萍　周立军
　　　　黄玉庄　杨志刚　许崇华

机械工业出版社

本书主要根据我国建设工程领域法律法规建设的实际需要，从建设法规概念、建设工程基本程序、建设工程法律责任、建设工程基本制度出发，对建设工程项目管理、建筑工程安全生产管理、建设工程招标投标管理等管理岗位的执业实践进行了全面的介绍，重点采用必要、够学的原则进行修订。本书内容新颖、语言简练、通俗易懂，可作为工程监理专业及相关专业建设工程法规与合同管理课程的教学用书，也可作为建设工程管理人员、建造师等考生学习的参考读物。

图书在版编目（CIP）数据

建设工程法规与合同管理/高正文主编. —2 版. —北京：机械工业出版社，2024.2
高等职业教育工程管理类专业系列教材
ISBN 978-7-111-74625-6

Ⅰ.①建… Ⅱ.①高… Ⅲ.①建筑法 – 中国 – 高等职业教育 – 教材②建筑工程 – 经济合同 – 合同法 – 中国 – 高等职业教育 – 教材 Ⅳ.① D922.297② D923.6

中国国家版本馆 CIP 数据核字（2024）第 013785 号

机械工业出版社（北京市百万庄大街 22 号　邮政编码 100037）
策划编辑：王靖辉　　　　　　责任编辑：王靖辉　舒　宜
责任校对：张亚楠　张　薇　　封面设计：张　静
责任印制：刘　媛
北京中科印刷有限公司印刷
2024 年 3 月第 2 版第 1 次印刷
184mm×260mm·16.5 印张·365 千字
标准书号：ISBN 978-7-111-74625-6
定价：49.00 元

电话服务　　　　　　　网络服务
客服电话：010-88361066　机　工　官　网：www.cmpbook.com
　　　　　010-88379833　机　工　官　博：weibo.com/cmp1952
　　　　　010-68326294　金　书　网：www.golden-book.com
封底无防伪标均为盗版　机工教育服务网：www.cmpedu.com

前言

建筑业作为国民经济的重要支柱产业，在我国社会主义市场经济发展与世界经济、信息、技术全球化趋势接轨的今天，为保持经济持续、快速、稳定发展搭建了市场平台。巩固与发展这个市场平台的关键在于建立和完善工程建设领域的法律法规制度，并使之成为衡量建筑业市场机制公正、公开、公平竞争的尺度，提高工程项目管理人员和专业技术人员的综合素质，以达到加强建设工程项目管理、规范建设工程行为、预防建设工程违规行为发生的目的。基于工学、教学、产学一体化的深度融合，把高等职业技术院校的在校教育与建设工程类的国家执业资格考试教育有机结合，根据教学大纲的要求，以"四特性，五结合"（即实践性、开放性、可操作性、逻辑性；与国家执业资格考试相结合、与工程建设领域现行建设标准相结合、与工程建设领域现行的法律法规相结合、与高等职业院校学科专业设置相结合、与学生职业情景教学和工程实践相结合）为原则，基于国家对大数据、建设行业信用体系和"四库一平台"建设的要求，我们修订了《建设工程法规与合同管理》一书。

本书内容具有较强的逻辑性，以《中华人民共和国建筑法》《中华人民共和国民法典》《中华人民共和国招标投标法》《中华人民共和国安全生产法》《建设工程质量管理条例》《建设工程安全生产管理条例》等为主要法规体系，结合其他相关的法律、法规、司法解释，对我国建设工程领域法律制度进行了简明、全面的阐述，为拓展读者在建设工程法律方面的综合素质奠定了基础。

本书由高正文（四川电力职业技术学院）任主编，尉胜伟（石家庄职业技术学院）、汤友林（四川省兴旺建设监理有限公司）任副主编。全书共9章，其中，第1章、第3章、第4章由高正文、汤友林、许崇华（山东日照职业技术学院）编写，第2章由王晓霞（漳州职业技术学院）编写，第5章由尉胜伟（石家庄职业技术学院）编写，第6章由白玉萍（徐州工程学院）编写，第7章由周立军（日照职业技术学院）编写，第8章由黄玉庄（漳州职业技术学院）编写，第9章由杨志刚（日照职业技术学院）编写。

本书可供高等职业技术院校师生教学使用，也可作为国家职业资格考试的参考用书。由于编者水平有限，书中不妥之处在所难免，敬请读者在使用过程中给予批评指正。

编　者

目录

前言

第1章 建设法基础 1

  1.1 法律体系和法的形式 1

    1.1.1 法律体系 1

    1.1.2 法的形式 1

  1.2 建设法的定义 3

  1.3 建设工程法律体系 3

  1.4 建设法律关系 4

    1.4.1 建设法律关系的主体 5

    1.4.2 建设法律关系的客体 6

    1.4.3 建设法律关系的内容 8

    1.4.4 建设法律关系的产生、变更和解除 8

  1.5 建设工程法规基本概论 10

    1.5.1 现行法律体系构成及其作用 10

    1.5.2 建设工程法规体系及其表现形式 12

  1.6 建设工程法律责任 13

    1.6.1 建设工程法律责任的构成要件 13

    1.6.2 建设工程相关法律责任的规定 14

    1.6.3 建设工程的主要民事责任 22

    1.6.4 建设工程行政责任和刑事责任 24

  小   结 25

  思 考 题 25

第2章 建设法律法规基本制度 26

  2.1 建筑工程报建制度 26

    2.1.1 建筑工程报建的范围和报建活动的实施 27

    2.1.2 建筑工程报建的内容和程序 27

2.2 建筑工程施工许可制度 28
2.2.1 建筑工程施工许可 28
2.2.2 建筑工程施工许可证的申领时间与范围 28
2.2.3 建筑工程施工许可证的申领条件 29
2.2.4 申请办理施工许可证的程序与施工许可证管理 30

2.3 从业单位经营资质准入制度 33
2.3.1 从业单位经营准入制度 33
2.3.2 建筑业企业从业资质准入制度 34
2.3.3 工程监理企业从业经营资质许可制度 40

2.4 从业人员执业资格准入制度 45
2.4.1 建造师执业资格制度 45
2.4.2 注册安全工程师职业资格制度 48
2.4.3 监理工程师职业资格制度 54
2.4.4 造价工程师职业资格制度 57
2.4.5 注册消防工程师资格制度 60
2.4.6 注册计量师职业资格制度 64
2.4.7 注册测绘师资格制度 66

2.5 建设工程质量监督管理制度 68
2.5.1 建设工程质量监督制度 68
2.5.2 建设工程质量监督备案的程序 69

2.6 建设工程质量责任终身制度 69
2.6.1 建设单位的质量责任和义务 69
2.6.2 工程勘察设计单位的质量责任和义务 70
2.6.3 施工单位的质量责任和义务 70
2.6.4 建设工程监理单位的质量责任和义务 71
2.6.5 建筑材料、构配件生产及设备供应单位的质量责任和义务 71

2.7 建设工程质量责任主体及从业人员个人诚信体系建设 72
2.7.1 个人诚信体系建设的意义 72
2.7.2 个人诚信教育 72
2.7.3 加快推进个人诚信记录建设 73
2.7.4 完善个人信息安全、隐私保护、信用修复及共享机制 73
2.7.5 完善个人守信激励和失信惩戒机制 74
2.7.6 建立完善的守信联合激励和失信联合惩戒制度 74
2.7.7 健全约束和惩戒失信行为机制 76

小　结 ... 79

思　考　题 ... 79

第 3 章　建设工程项目管理法律法规 ... 80

3.1　项目法人责任制度 ... 80

3.1.1　项目法人的设立 ... 80
3.1.2　项目法人的组织形式和职责 ... 81

3.2　建设工程施工图设计文件审查制度 ... 81

3.2.1　施工图审查制度的概念 ... 81
3.2.2　施工图审查机构 ... 82
3.2.3　施工图报审及其审查范围 ... 83
3.2.4　施工图审查的内容及其审查程序 ... 83
3.2.5　施工图审查机构的审查责任 ... 84

3.3　建设工程质量检测制度 ... 84

3.3.1　检测机构设立的法律规定 ... 84
3.3.2　检测机构业务管理 ... 85

3.4　建设工程质量保修制度 ... 88

3.4.1　质量保修期限与起算时间 ... 88
3.4.2　质量保修期间的责任规定 ... 88

3.5　建设工程监理制度 ... 90

3.5.1　建设工程监理法规立法现状 ... 90
3.5.2　建设工程强制性监理的范围 ... 91
3.5.3　建筑市场主体间的关系和建设工程监理工作程序 ... 92
3.5.4　工程建设监理行业转型升级创新发展战略布局 ... 92

3.6　建设工程强制保险制度 ... 94

3.6.1　建筑工程一切险 ... 94
3.6.2　安装工程一切险及附加第三者责任险 ... 97

小　结 ... 100

思　考　题 ... 100

第 4 章　建设工程安全生产管理法规 ... 101

4.1　建设工程安全生产管理的方针和原则 ... 102

4.1.1　建设工程安全生产管理的方针 ... 102
4.1.2　建设工程安全生产管理的原则 ... 102

4.2 建设工程安全生产监督管理制度 ... 103
4.2.1 建设工程安全生产责任制度和群防群治制度 ... 103
4.2.2 建筑施工企业安全生产许可制度 ... 103

4.3 建设活动安全生产的责任主体 ... 105
4.3.1 建设单位的安全责任和义务 ... 105
4.3.2 工程勘察、设计、监理单位的安全责任和义务 ... 106
4.3.3 建筑施工企业的安全责任和义务 ... 109
4.3.4 施工机械设备和构配件生产、租赁、安装、检测单位的安全责任和义务 ... 112

4.4 建筑施工过程中的安全生产管理 ... 115
4.4.1 施工方案报审制度 ... 115
4.4.2 施工现场安全责任制度 ... 116
4.4.3 施工现场安全技术交底制度 ... 119
4.4.4 施工现场安全检查制度 ... 120
4.4.5 施工现场安全防护管理制度 ... 120
4.4.6 施工现场总平面管理 ... 121
4.4.7 施工现场消防管理 ... 122
4.4.8 施工现场环境保护 ... 123
4.4.9 建筑工程安全文明施工费计价规定 ... 125

4.5 生产安全事故的应急救援和调查处理 ... 129
4.5.1 政府相关部门生产安全事故应急救援预案的制定 ... 129
4.5.2 施工单位生产安全事故应急救援预案的制定 ... 129
4.5.3 建设工程安全事故报告制度 ... 135

小　　结 ... 137

思 考 题 ... 137

第 5 章　建设工程招标投标法律基础 ... 138

5.1 建设工程招标投标法律制度 ... 138
5.1.1 建设工程招标投标法律规范的基本内容 ... 139
5.1.2 建设工程招标投标的适用范围 ... 140
5.1.3 建设工程招标投标的基本原则 ... 141
5.1.4 建设工程招标方式 ... 142

5.2 建设工程招标投标程序 ... 143
5.2.1 建设工程招标投标准备阶段 ... 144
5.2.2 建设工程招标投标阶段 ... 145
5.2.3 建设工程开标、评标、定标及签约阶段 ... 148

5.3 建设工程招标文件 154
5.3.1 建设工程招标文件类别 154
5.3.2 建设工程施工招标文件 156
5.3.3 建设工程施工监理招标文件 157

5.4 建设工程投标书 159
5.4.1 建设工程投标的分类 159
5.4.2 建设工程施工投标书的组成 159
5.4.3 建设工程施工投标书的编制 159
5.4.4 编制建设工程施工投标书的要求 161

5.5 招标投标过程中否决投标的情形 162

5.6 关于招标投标行业信用评价的规定 164

小　　结 166

思 考 题 166

第 6 章　建设工程合同法律基础 167

6.1 建设工程合同法律制度 167
6.1.1 合同的概念及其法律特征 167
6.1.2 合同法律关系及其构成要素 170
6.1.3 代理制度 173
6.1.4 担保制度 176

6.2 合同订立 178
6.2.1 合同形式及主要条款 178
6.2.2 要约与承诺 179
6.2.3 缔约过失责任 181

6.3 合同效力 182
6.3.1 合同效力的法律规定 182
6.3.2 有效合同 183
6.3.3 无效合同 183
6.3.4 效力待定合同 184
6.3.5 可撤销与可变更合同 185
6.3.6 当事人合并或者分立后的合同效力规定 186

6.4 合同履行、变更、转让与终止 186
6.4.1 合同的履行 186
6.4.2 合同的变更、转让与终止 189

6.5 合同的违约责任 192
6.5.1 概述 192
6.5.2 承担违约责任的法律规定 194
6.5.3 违约责任的免除 196
小　　结 197
思　考　题 197

第7章　建设工程委托监理合同 198
7.1 建设工程委托监理合同相关知识 198
7.1.1 概述 198
7.1.2 建设工程委托监理合同示范文本 199
7.2 建设工程委托监理合同的订立 199
7.3 建设工程委托监理合同的履行 200
7.3.1 监理合同的履行期限、地点和方式 200
7.3.2 监理人应完成的监理工作 200
7.3.3 双方的义务 201
7.3.4 违约责任 202
7.3.5 监理合同的酬金 203
7.3.6 协调双方关系条款 204
小　　结 205
思　考　题 205

第8章　建设工程施工合同管理 206
8.1 建设工程施工合同概述 206
8.1.1 建设工程施工合同的基本概念 206
8.1.2 建设工程施工合同的特点 209
8.2 建设工程施工合同订立 210
8.2.1 订立施工合同的条件和原则 210
8.2.2 建设工程施工合同示范文本 210
8.3 建设工程施工各阶段的合同管理 213
8.3.1 施工准备阶段的合同管理 213
8.3.2 施工阶段的合同管理 218
8.3.3 竣工验收阶段的合同管理 229

8.4 合同纠纷处理与防范措施 ... 232
  8.4.1 合同纠纷处理 ... 232
  8.4.2 合同纠纷防范措施 ... 237
小　　结 ... 239
思　考　题 ... 239

第9章　建设工程施工合同索赔 ... 240

9.1 建设工程施工索赔相关知识 ... 240
  9.1.1 施工索赔 ... 240
  9.1.2 索赔事件产生的原因 ... 241
  9.1.3 施工索赔的分类 ... 242
9.2 索赔程序与技巧 ... 243
  9.2.1 承包人的索赔 ... 243
  9.2.2 发包人的索赔 ... 247
  9.2.3 索赔的技巧 ... 247
9.3 有关索赔的计算 ... 249
  9.3.1 工期索赔计算 ... 249
  9.3.2 费用索赔计算 ... 250
小　　结 ... 252
思　考　题 ... 252

参考文献 ... 253

第 1 章 建设法基础

学习目标：

通过学习建设法律法规的基本概念、表现形式，以及建设法律关系等基本知识，熟悉并掌握《中华人民共和国建筑法》的立法宗旨、适用范围、调整对象，了解工程项目建设程序。

关键词：

建设法律关系　建设工程法律责任

1.1 法律体系和法的形式

1.1.1 法律体系

法律体系是指适应我国社会主义初级阶段的基本国情，与社会主义的根本任务相一致，以宪法为统领和根本依据，由部门齐全、结构严谨、内部协调、体例科学、调整有效的法律及其配套法规所构成，用于保障我们国家沿着中国特色社会主义道路前进的各项法律制度的有机、统一的整体。这个体系有法律、行政法规、地方性法规三个层次，包括宪法及宪法相关法、民法商法、行政法、经济法、社会法、刑法、诉讼与非诉讼程序法等七个法律部门。

1.1.2 法的形式

当代中国法律渊源是以宪法为核心的制定法的形式。法的形式是指法律创制方式和外部表现形式。它包括法律规范创制机关的性质及级别、法律规范的外部表现形式、法律规范的效力等级、法律规范的地域效力。法的形式取决于法的本质。

1. 宪法

宪法是集中反映统治阶级的意志和利益，规定国家制度、社会制度的基本原则，具有最高法律效力的根本大法，它的主要功能是制约和平衡国家权力，保障公民权利。我国的宪法是由全国人民代表大会依据特别程序制定的具有最高效力的根本法，在我国法律体系中具有最高的法律地位和法律效力，是我国最高的法律渊源。宪法主要由两个方面的基本规范组成，一是《中华人民共和国宪法》（以下简称为《宪法》）；二是其他附属的宪法性文件，主要包括《中华人民共和国全国人民代表大会和地方各级人民代表大会选举法》《中华人民共和国民族区域自治法》、特别行政区基本法、《中华人民共和国国籍法》《中华人民共和国国旗法》《中华人民共和国国徽法》等保护公民权利的法律及其他宪法性法律文件。

2. 法律

法律是指由全国人民代表大会和全国人民代表大会常务委员会制定颁布的规范性法律文件，即狭义的法律。法律分为基本法律和一般法律（又称为非基本法律、专门法）两类。基本法律是由全国人民代表大会制定的调整国家和社会生活中带有普遍性的社会关系的规范性法律文件的统称，如刑法、民法、诉讼法以及有关国家机构的组织法等法律。一般法律是由全国人民代表大会常务委员会制定的调整国家和社会生活中某种具体社会关系或其中某一方面内容的规范性文件的统称。全国人民代表大会和全国人民代表大会常务委员会通过的法律由国家主席签署主席令予以公布。

法律一般都称为既定法，如《宪法》《中华人民共和国劳动合同法》《中华人民共和国建筑法》（以下简称为《建筑法》）等。建设法律既包括专门的建设领域的法律，如《中华人民共和国城乡规划法》《建筑法》《中华人民共和国城市房地产管理法》（以下简称为《城市房地产管理法》）等，又包括与建设活动相关的其他法律，如《中华人民共和国民法典》（以下简称为《民法典》）、《中华人民共和国招标投标法》（以下简称为《招标投标法》）、《中华人民共和国行政许可法》等。

3. 行政法规

行政法规是国家最高行政机关国务院根据宪法和法律，就有关执行法律和履行行政管理职权的问题，依据全国人大的特别授权所制定的规范性文件的总称。它的法律地位和法律效力仅次于宪法和法律，高于地方性法规和法规性文件。

现行的建设行政法规主要有《建设工程质量管理条例》《建设工程安全生产管理条例》《建设工程勘察设计管理条例》《中华人民共和国招标投标法实施条例》（以下简称为《招标投标法实施条例》）等。

4. 地方性法规

地方性法规是指法定的地方国家权力机关依照法定的权限，在不与宪法、法律和行政法规相抵触的前提下，制定和颁布的在本行政区域范围内实施的规范性文件，如《北京市市容环境卫生条例》《四川省预算审查监督条例》等。有权制定地方性法规的地方人大及其常委会包括省、自治区、直辖市人大及其常委会，省会城市、经济特区所在地的市和经国务院批准的较大市人大及其常委会。地方性法规只在本辖区内有效。

5. 部门规章

部门规章是国务院各部、委员会，中国人民银行，中华人民共和国审计署和具有行政管理职能的直属机构所制定的规范性文件。部门规章规定的事项应当属于执行法律或者国务院的行政法规、决定、命令的事项，其名称可以是"规定""办法"和"实施细则"等。建设法规是以部门规章的方式发布，如住房和城乡建设部发布的《房屋建筑和市政基础设施工程质量监督管理规定》《房屋建筑和市政基础设施工程竣工验收备案管理办法》《建筑业企业资质管理规定》《工程监理企业资质管理规定》等。

涉及两个及两个以上的国务院部门职权范围事项，应当提请国务院制定行政法规或者由国务院有关部门联合制定规章。

6. 地方政府规章

省、自治区、直辖市和设区的市、自治州的人民政府可以根据法律、行政法规和本省、自治区、直辖市的地方性法规，制定地方政府规章。地方政府规章由省长或者自治区主席或者市长签署命令予以公布。

7. 国际条约

国际条约是指我国与外国缔结、参加、签订、加入、承认的双边及多边条约、协定和其他具有条约性质的文件。国际条约的名称，除条约外，还有公约、协议、协定、议定书、宪章、盟约、换文和联合宣言等。除我国在缔结时宣布持保留意见不受其约束的以外，这些条约的内容都与国内法具有一样的约束力。

1.2 建设法的定义

建设法是调整国家行政管理机关、法人、法人以外的其他组织、公民在建设活动中产生的社会关系的法律规范的总称。建设法律和建设行政法规构成了建设法的主体。建设法是以市场经济中建设活动产生的社会关系为基础，规范国家行政管理机关对建设活动的监管、市场主体之间经济活动的法律法规。

1.3 建设工程法律体系

建设工程法律体系是指把已经制定的和需要制定的建设工程方面的法律、行政法规、部门规章和地方法规、地方规章有机地结合起来，形成的一个相互联系、相互补充、相互协调、完整统一的体系。建设工程法律具有综合性，它的组成部分主要是经济法，同时还包括行政法、民法、商法等的内容。建设工程法律同时又具有一定的独立性和完整性，具有自己的完整体系。

1.4 建设法律关系

建设法律、行政法规在调整建设活动中产生的社会关系时，会形成行政监督管理关系。行政监督管理关系是指国家行政机关或者其正式授权的有关机构对建设活动的组织、监督、协调等形成的关系。建设活动事关国计民生，与国家、社会的发展，公民的工作、生活及生命财产的安全等都有直接的关系。因此，国家必然要对建设活动进行监督和管理。

国务院和地方各级人民政府都设有专门的建设行政管理部门，这些部门也承担了相应的建设活动监督管理的任务。例如，住房和城乡建设部、各省（自治区、直辖市）住房和城乡建设厅、各区市县住房和城乡建设局等，对建设活动的各个阶段依法进行监督管理，包括立项、资金筹集、勘察、设计、施工、验收等。行政机关在这些监督管理中形成的社会关系就是建设行政监督管理关系。建设行政监督管理关系是行政法律关系的重要组成部分。

建设法律、行政法规在调整建设活动中产生的社会关系，如形成民事、商事法律关系。建设民事、商事法律关系，是建设活动中由民事、商事法律规范所调整的社会关系。建设民事、商事法律关系有以下特点：

第一，建设民事、商事法律关系是主体之间的民事、商事权利和民事、商事义务关系。民法商法调整一定的财产关系和人身关系，赋予当事人以民事、商事权利和民事、商事义务。在民事、商事法律关系产生以后，民事、商事法律规范所确定的抽象的民事、商事权利和民事、商事义务便落实为约束当事人行为的具体的民事、商事权利和民事、商事义务。

第二，建设民事、商事关系是平等主体之间的关系。民法商法调整平等主体之间的财产关系和人身关系，这就决定了参加民事、商事关系的主体地位平等，相互独立、互不隶属。同时，由于主体地位平等，决定了其权利义务一般也是对等的。任何一方在享受权利的同时，也要承担相应的义务。

第三，建设民事、商事关系主要是财产关系。民法商法以财产关系为其主要调整对象。因此，民事、商事关系也主要表现为财产关系。民事、商事关系虽然也有人身关系，但在数量上较少。

第四，建设民事、商事关系的保障措施具有补偿性和财产性。民法商法调整对象的平等性和财产性，也表现在民事、商事关系的保障手段上，即民事、商事责任以财产补偿为主要内容，惩罚性和非财产性责任不是主要的民事、商事责任的形式。在建设活动中，各类民事、商事主体，如建设单位、施工单位、勘察设计单位、监理单位等，都是通过合同建立起的相互关系。合同关系就是一种民事、商事关系。建设民事、商事关系是民事、商事关系的重要组成部分。

建设法律、行政法规在调整建设活动中产生的社会关系时，会形成社会法律关系。例如，施工单位应当做好员工的劳动保护工作，建设单位也要提供相应的保障；建设单位、施工单位、监理单位、勘察设计单位都应与自己的员工建立劳动关系。

1.4.1 建设法律关系的主体

建设法律关系的主体是指参加建筑活动，受建设法律规范调整，在法律上享有权利和承担义务的当事人，包括政府管理职能部门、法人、社会中介组织及自然人等。

1. 政府管理职能部门

（1）国家权力机关　国家权力机关是指全国人民代表大会及其常务委员会和地方各级人民代表大会及其常务委员会。国家权力机关履行建设法律关系的职能，主要是审议批准国家建设计划和国家预（决）算，制定和颁布建设法律，监督检查国家各项建设法律的执行情况。

（2）国家行政机关　国家行政机关是指依照国家宪法和法律设立的依法行使国家行政职权，组织管理国家行政事务的机关。它包括国务院及其下属部委以及地方各级人民政府的职能部门。作为政府行业主管职能部门的国家行政机关主要有以下几类。

1）国家发展和改革委员会：包括国务院和省、自治区、直辖市两级发展和改革委员会。其职权是负责编制长期、中期和年度建设计划，组织计划的实施，督促各部门严格执行工程项目建设程序等。

2）国家建设主管机关：主要是指住房和城乡建设部。其职权是研究拟定城市规划、村镇规划、工程建设、城市建设、村镇建设、建筑业、房地产业、勘察设计咨询业、市政公用事业等建设法规规章；进行行业管理，指导全国城市规划、村镇规划、城市勘察和市政工程测量工作；制定工程建设实施阶段的国家标准；对城市建设、村镇建设、工程建设、建筑业、房地产业、市政公用事业进行组织管理和监督管理；制定工程建设的各种标准、规范和定额，监督勘察、设计、施工安装的质量等。

（3）国家建设监督机关　国家建设监督机关主要包括国家财政机关、中国人民银行、国家审计机关、国家统计机关等。

（4）国家建设各行业业务主管机关　国家建设各行业业务主管机关如交通运输部、工业和信息化部等。其职责是负责本部门、本行业的建设管理工作。

2. 法人

法人是指具有民事权利能力和民事行为能力，依法独立享有民事权利和承担民事义务的组织。当组织具备依法成立，有必要的财产或者经费，有自己的名称、组织机构和场所，能够独立承担民事责任等条件时，就具有法人资格。与建筑活动有关的法人组织形式有以下几类。

（1）业主　业主作为建筑活动的权利主体，在项目可行性研究报告审批备案时成立。业主方可以是房地产开发公司，也可以是以公益事业为主的文化教育、学校、医院等事业单位，或者各级政府委托的资产管理公司，还有新形势下，随着政府推行的"放、管、服"的投融资体制改革派生出来的 PPP 融资方、BOT 融资方等形成的投融资机构。

（2）承包人　承包人是指有一定生产能力、机械设备、流动资金，具有承包工程建设任务的资质能力，在建筑市场中能够按照业主方的要求，提供不同形态的建筑产品，并最终得到相应工程价款的法人组织或者其合法的继承人。按照生产的主要形式不同，承包人主要包括勘察设计单位、建筑安装施工企业、建筑装饰施工企业、混凝土构配件及非标准预制件等生产厂家、商品混凝土供应站、建筑施工机械设备租赁单位等。随着我国新的投融资体制的大变革，承包方的主体资格又扩大到包括 BOT、TOD、PPP、EPC、BT、LBTL 等在内的承包人。本书中所讲的建设市场上承包人一般是指建筑施工总承包企业，其在国际工程承包中被称为承包商。

3. 社会中介组织

社会中介组织是指作为建设法律关系主体的中介组织和其他社会组织的一般法人。中介组织是指具有相应的专业服务资质，在建筑市场中受发包人、承包人或政府管理机构的委托，对建设工程进行咨询、代理、监理等服务，并取得服务费用的咨询服务机构。在现代市场经济运行过程中，中介组织独立于政府、市场、企业法人而产生，具有政府行政管理不可替代的作用。从社会中介组织工作的内容和作用来看，与建设活动有关的中介组织机构包括：建设工程技术（施工图审查机构）咨询公司、建设工程造价事务所（造价鉴定机构）、合同纠纷的仲裁调解机构、工程招标投标代理机构、建设工程全过程咨询服务机构（如工程监理、造价咨询、招标代理等全过程咨询服务机构）、建设材料检测中心、质量环境卫生与职业健康认证以及工程质量安全等飞行检测（简称飞检）机构。

4. 自然人

自然人是指从出生时起到死亡时止，具有民事权利能力，依法享有民事权利，承担民事义务的法律关系主体。

1.4.2　建设法律关系的客体

建设法律关系的客体是指建设法律关系主体享有权利和承担义务所共同指向的事物。它包括建筑物（有形产品）及咨询服务（无形产品）。根据建筑活动在建设项目的不同阶段，建设法律关系主体与客体的表现形态不同（见表 1-1 和表 1-2）。

第1章 建设法基础

表1-1 建设法律关系主体、客体表现形态一览表

建设活动的主体	建设项目运营阶段	建设法律关系客体的表现形态
建设项目咨询机构	建设工程前期	项目机会研究成果
建设项目咨询机构	建设工程前期	项目可行性研究报告
建设项目咨询评审机构	建设工程前期	项目可行性研究咨询评估意见
建设项目审批备案机关	建设工程前期	审批备案
建设单位	建设工程项目实施准备阶段	委托规划设计
建设单位	建设工程项目实施准备阶段	建设工程报建
勘察设计单位	建设工程项目实施准备阶段	勘察设计文件
建设单位	建设工程项目实施准备阶段	勘察设计文件报审
施工图审查机构	建设工程项目实施准备阶段	勘察、设计文件审查评估意见
建设工程招标代理机构	建设工程项目实施准备阶段	建设工程招标代理
建设单位	建设工程项目实施准备阶段	确定勘察、设计、施工一体化（EPC）中标人
建设单位	建设工程项目实施准备阶段	确定单项或者全过程工程咨询服务中标人
建设工程施工总承包企业	建设工程项目实施准备阶段	签订建设工程总承包施工合同
建设单位	建设工程项目实施准备阶段	申请领取施工许可证
建设工程施工总承包企业	建设工程项目施工阶段	建设工程施工
建设工程监理单位	建设工程项目施工阶段	建设工程监理全过程咨询服务
建设工程安全评估机构	建设工程项目施工阶段	建设工程质量、安全飞行检查（飞检）
建设工程材料检测机构	建设工程项目施工阶段	建设工程材料检测报告
建设工程竣工验收机构	建设工程项目竣工验收与生产准备阶段	建设工程合格产品
建设工程项目后评估机构	建设工程项目竣工验收与生产准备阶段	建设工程项目
建设工程造价咨询机构	建设工程造价过程控制阶段	建设工程造价全过程咨询文件

表1-2 全过程咨询服务条件下建设法律关系主体、客体表现形态一览表

建设活动的主体	建设项目运营阶段	建设法律关系客体的表现形态
建设项目咨询机构	建设工程前期	项目机会研究及可行性研究报告
建设项目咨询评审机构	建设工程前期	项目可行性研究咨询评估意见
建设项目审批备案机关	建设工程前期	项目审批、备案
建设项目设计咨询单位	建设项目实施准备阶段	建设项目方案设计及评审文件
城乡规划建设行政部门	建设项目实施准备阶段	建设项目方案设计批复文件
咨询服务牵头人	建设项目实施准备阶段	委托勘察、设计人
建设项目勘察设计单位	建设项目实施准备阶段	项目勘察、设计成果文件
施工图审查机构	建设项目实施准备阶段	勘察、设计文件审查评审文件

(续)

建设活动的主体	建设项目运营阶段	建设法律关系客体的表现形态
造价咨询人	全过程	编制概算、施工图预算书报审文件
		概算、施工图预算书评审文件
		施工图预算及工程量清单文件批复
		项目管理过程及项目后期造价咨询
总承包（管理）人	施工阶段	施工全工程管理
监理人	全过程	全过程监理
建设单位	竣工验收阶段	竣工验收
全过程咨询服务牵头人	项目竣工后期	竣工备案及项目后评审备案

1.4.3 建设法律关系的内容

建设法律关系的内容是指建设法律关系的主体对他方享有的权利和承担的义务。这种内容要由相关的法律或合同确定，它是连接主体与客体的纽带。例如，开发权、所有权、经营权，以及保证工程质量的经济义务和法律责任，都是建设法律关系内容。

根据建设法律关系主体地位不同，其权利义务关系表现为两种不同情况：一方面是在平等主体基础之上的等价权利与义务关系；另一方面是在主体双方地位不平等基础之上产生的不对等的权利和义务关系，如政府有关部门对建设单位和施工总承包企业依法进行的监督和管理活动所形成的法律关系。

1.4.4 建设法律关系的产生、变更和解除

1. 建设法律关系产生、变更和解除的概念

建设法律关系的产生是指在建设法律关系的主体之间形成一定的权利和义务关系。例如，某建设单位与施工总承包企业签订了建设工程施工承包合同，主体双方自然就产生了相应的权利和义务。

建设法律关系的变更是指建设法律关系的三个要素发生变化。变更的形式具体表现为主体变更和客体变更。主体变更是指建设法律关系主体数目增多或减少，也可以是主体资格的改变。在建筑合同中，客体不变，相应权利义务也不变，此时主体改变就是合同转让。客体变更是指建设法律关系中权利义务所指向的事物发生变化。客体变更可以是范围变更，如增加或者减少工程量，也可以是性质变更。建设法律关系主体与客体的变更，必然导致相应的权利和义务的变更，即内容的变更。

建设法律关系的解除是指建设法律关系主体之间权利义务的终止，彼此之间失去了约束力。建设法律关系的解除形式如下：

（1）自然解除　自然解除是指原建设法律关系所规定的权利义务顺利地得到履行，取得了各自的利益，从而使该法律关系依法终止的行为。

（2）协议解除　协议解除是指建设法律关系主体之间通过协商，解除建设法律关系所规定的权利或义务，致使该法律关系归于终止的行为。

（3）违约解除　违约解除是指建设法律关系主体一方违约，或发生不可抗力，致使某类建设法律关系所规范的权利不能实现的行为。

2. 建设法律关系产生、变更和解除的原因

建设法律关系并不是由建设法律规范本身直接产生的，它在一定的情况下才能产生。这种能够引起建设法律关系产生、变更和解除的情况，就是建设法律事实。建设法律事实是建设法律关系产生、变更和解除的根本原因。

（1）建设法律事实的概念　建设法律事实是指建设法律规范所确定的，能够引起建设法律关系产生、变更或解除的客观现象和客观事实。建设法律关系的产生并非无因之果，也不能只凭建设法律规范的规定，就可在当事人之间产生具体的建设法律关系，只有通过一定的建设法律事实，才能在当事人之间产生一定的建设法律关系，或者使原来的建设法律关系变更、解除。但并不是任何事实都可成为建设法律事实，只有建设法规把某种客观情况同一定的法律后果联系起来时，这种事实才被认为是建设法律事实，成为产生建设法律关系的原因，从而和法律后果形成因果关系。

（2）建设法律事实的类型　建设法律事实的类型按照是否包含当事人的意志分为事件和行为两类。

1）事件。事件是指法律规范所规定的不以当事人的意志为转移的法律事实。当建设法律规范规定把某种自然现象和建设权利义务关系联系在一起时，这种现象就成为建设法律事实的一种事件。它是建设法律关系产生、变更或消灭的原因之一。例如，洪水灾害导致工程施工延期，致使建筑安装合同不能按期履行；非施工单位之故一周累计停电超过 8 小时等。事件具体可分为：①自然事件，如出生或死亡、地震、海啸、台风等；②社会事件，如战争、政府禁令、暴乱等；③意外事件，如爆炸事故、触礁、失火等。

2）行为。行为是指能够引起权利义务关系产生、变更或解除的，以人的意志为转移的法律事实。这种行为通常包含两层意思：一方面是有行为能力的人实施的行为，只有法律特别规定时，才能产生法律后果；另一方面是有意识的行为。

行为依照行为方式的不同分为积极行为和不积极行为。积极行为是指当事人积极实施了某种行为，称为作为；不积极行为是指当事人消极地不去实施某种行为，称为不作为。不论是作为还是不作为，都具有法律行为的性质，都可以使法律关系产生、变更或解除。在建设活动中，行为通常表现为以下几种。

①立法行为。立法行为是指国家机关在法定权限内通过规定的程序，制定、修改、废止建设法律规范性文件的活动，如国家制定、颁布建设法律、法规、条例、标准定额等的行为。

②合法行为。合法行为是指实施了建设法规所要求或允许的行为，或者没有实施建设法规所禁止的行为。合法行为将受到法律的保护，并产生积极的法律后果，如根据批准的

可行性研究报告进行初步设计的行为，依法签订建设工程承包合同的行为等。

③违法行为。违法行为是指被法律禁止的，侵犯其他主体的建设权利和义务的行为。违法行为要受到法律的惩处，并产生消极的法律后果，如违反法律规定或因过错不履行建设工程合同；没有国家批准的建设计划，擅自开工建设等行为。

④行政行为。行政行为是指国家授权机关依法行使对建筑业的管理权而产生法律后果的行为，如国家发展和改革委员会下达基本建设计划，监督执行工程项目建设程序的行为。

⑤司法行为。司法行为是指国家司法机关的法定职能活动。它包括各级检察机构所实施的法律监督行为，各级审判机构的审判、调解活动等，如人民法院对建筑工程合同纠纷案件所做出的判决行为。

1.5 建设工程法规基本概论

法律是由一定物质生活条件所决定的统治阶级意志的反映。它是由国家制定或认可的，并由国家强制力保证实施的行为规范体系，它规定了人们在一定社会关系中的权利和义务，从而确保有利于统治阶级的社会关系和社会秩序。

1.5.1 现行法律体系构成及其作用

1. 现行法律体系构成

在我国，建设法规的具体表现形式有宪法、法律、行政法规、部门规章、地方性法规与规章、地方政府规章、技术法规及其他规定。

（1）宪法 宪法是国家的根本大法，它具有最高的法律效力，任何其他法律、法规都必须符合宪法的规定，而且不得与之相抵触。宪法是建筑业的立法依据，它明确规定国家基本建设的方针和原则，直接规范与调整建筑业的活动。

（2）法律 法律是指行使国家立法权的全国人民代表大会及其常务委员会制定的规范性文件，其法律地位和效力仅次于宪法，在全国范围内具有普遍的约束力。如《建筑法》《招标投标法》《中华人民共和国安全生产法》(2021年修正)(以下简称《安全生产法》)等。其中，《建筑法》是调整我国建筑活动的基本法律，它以规范建筑市场行为为目的，以建筑工程质量和安全为主线，规范了总则、建筑许可、建筑工程发包与承包、建筑工程监理、建筑工程安全生产管理、建筑工程质量管理、法律责任、附则等方面的内容。并确立了建筑活动中的基本法律制度，如建筑工程施工许可制度、建筑工程监理制度、工程承发包制度、安全生产管理制度、工程合同管理制度等。

（3）行政法规 行政法规是指作为国家最高行政机关的国务院制定颁布的有关行政管理的规范性文件。行政法规在我国立法体制中具有重要地位，它的效力低于宪法和法律，在全国范围内有效。如《建设工程质量管理条例》《建设工程勘察设计管理条例》《建设工程安全生产管理条例》《建设工程项目环境保护管理条例》等。

（4）部门规章　部门规章是指国务院各部门（包括具有行政管理职能的直属机构）根据法律和国务院的行政法规、决定、命令，在本部门的权限范围内，按照规定的程序所制定的规定、办法、暂行办法、标准等规范性文件。部门规章的法律地位和效力低于宪法、法律和行政法规。

（5）地方性法规与规章　地方性法规与规章是指省、自治区、直辖市以及省级人民政府所在地的市和经国务院批准的较大的市人民代表大会及其常委会制定的，只在本行政区域内具有法律效力的规范性文件，如《四川省建筑市场管理条例》。

部门规章之间、部门规章与地方性法规之间具有同等效力，在各自的权限范围内施行。当部门规章与地方性法规对同一事项的规定相互矛盾时，由国务院提出意见，国务院认为应当适用地方性法规的，应当决定在该地方使用地方性法规的规定；否则，应当提请全国人大常委会裁决。当部门规章之间、部门规章与地方规章之间对同一事项的规定不一致时，由国务院裁决。

（6）地方政府规章　地方政府规章是指由省、自治区、直辖市以及省级人民政府所在地的市或经国务院批准的较大的市人民地方政府制定颁布的规范性文件。地方政府规章的法律地位和效力低于上级和本级的地方性法规；地方性法规与地方政府规章的法律地位和效力低于宪法、法律、行政法规，只在本行政区域内有效。

（7）技术法规　技术法规是指国家制定或认可的，在全国范围内有效的技术规程、规范、标准、定额、方法等技术文件。它们是建筑业工程技术人员从事经济技术活动、建筑管理监测活动的依据，如工程建设强制性标准、《危险性较大的分部分项工程安全管理规定》（中华人民共和国住房和城乡建设部令第47号）。

2. 建设法规的作用

建筑业在国民经济中是一个重要的物质生产部门，建设法规的作用就是保护、巩固社会主义的经济基础，发展社会主义市场经济，最大限度地满足人们日益增长的物质文明、精神文明、文化生活的需要。《中共中央关于全面推进依法治国若干重大问题的决定》中明确指出"法律是治国之重器，良法是善治之前提"。法律的生命在于实施，法律的权威也在于实施。因此，提高建设法规作用，增强建设法规意识，对理解其作用的本质是显而易见的。

概括地讲，建设法规的作用主要表现在以下几个方面。

（1）规范建设行为　参与建设活动的主体所进行的各种具体行为都必须遵循一定的行为准则，只有在法律规范的范围内进行的建设活动才能得到国家法律保护，也才能实现行为人的目的。例如，建设法规对人们建设活动的规范性具体表现在：建设工程的发包单位可以将建设工程的勘察、设计、施工、设备采购一并发包给一个工程总承包单位，也可以将建设工程的勘察、设计、施工、设备采购的一项或者多项发包给一个工程总承包单位；建设施工企业必须按照工程设计图和施工技术标准施工；投标人不得相互串通投标报价，不得排挤其他投标人的公平竞争，损害招标人或者其他投标人的合法权益；投标人不得与招标人串通投标，损害国家利益、社会公共利益或者他人的合法权益；禁止投标人以向招标人或者评标委员会成员行贿的手段谋取中标等。这些体现了建设法规对具体建设活动的规范和指导作用，从而使建设行为主体明辨自己的行为是强制性、禁止性或者选择性建设活动，就会使自己的行动与可以为、不得为或者必须为的建设活动步调一致。

（2）保护合法建设行为　国家扶持建筑业的发展，支持建筑科学技术研究，提高房屋建筑设计水平，鼓励节约能源和保护环境，提倡采用先进技术、先进设备、先进工艺、新型建筑材料和现代管理方式。任何单位和个人都不得妨碍和阻挠依法进行的建设活动。这些法治思想的建立，使建设法规加大了规范和指导建设活动主体行为的保护力度，从而更大程度、更加广泛地保护了一切合法的建设行为。

（3）处罚违规建设行为　处罚违规建设行为是违法必究的具体体现，要实现对建设活动的规范和指导，又要保护合法的建设活动，就必须强化建设法规法治意识，对违法的建设活动必须给予应有的处罚，否则建设法规就失去其应有的法治思想。例如，建设单位违反《建筑法》规定，明示或暗示要求建筑设计单位或者建筑施工企业违反建筑工程质量、安全标准，降低工程质量的，则应该责令改正，处以罚款，对构成犯罪的，还应当依法追究刑事责任。

1.5.2　建设工程法规体系及其表现形式

1. 建设法规

建设法规是指由国家立法机关或其授权的行政机关制定的，旨在调整国家及其职能机构、企事业单位、社会团体以及公民之间在建设管理、建设活动中所发生的各种社会关系的法律规范总和。为了保障社会公众、公共利益，尤其是私有财产安全，建设活动必须确保建设工程质量和安全，符合国家的建设工程安全标准。

2. 建设法规调整的对象

建设法规调整的对象是在建设活动中所发生的各类社会关系，包含行政管理关系、经济合同关系及与建设活动有关的民事关系行为，如生态环境保护、文物矿产资源保护、自然灾害防治、工程承发包及项目管理咨询等。

3. 建设法规体系的形式及其法律效力

建设法规体系是指把已经和需要制定的建设法律、行政法规、部门规章、地方法规等规定形成一个相互联系、相互补充、相互协调且完整统一的结构形式。它们的法律效力由上向下依次递减，且效力较低的法律法规不得与效力较高的法律法规相互抵触，否则其相应规定无效。

（1）建设法律　建设法律是指由全国人民代表大会及其常委会制定颁布的法律。

如《中华人民共和国城乡规划法》（2019年修正）、《中华人民共和国建筑法》（2019年修正）、《中华人民共和国招标投标法》、《中华人民共和国安全生产法》（2021年修订）、《中华人民共和国环境保护法》（2014年修订）、《中华人民共和国大气污染防治法》（2018年修订）等。

（2）行政法规　行政法规是指由国务院制定颁布的属于建设主管部门主管业务范围的各项法规。如《建设工程勘察设计管理条例》《建设工程质量管理条例》《建设工程安全生产管理条例》《生产安全事故报告和调查处理条例》《建设项目环境保护管理条例》《建设工程抗震设计管理条例》《中华人民共和国招标投标法实施条例》（2019年修订）等。

（3）部门规章　部门规章是指由国务院有关部委如住房和城乡建设部、国家发展和改革委员会、交通运输部、工业和信息化部、应急管理部等联合制定颁布的有关各项法规。如《建筑工程施工许可管理办法》《危险性较大的分部分项工程安全管理规定》（住房和城乡建设部令第47号）、《房屋市政工程安全生产事故报告和查处工作规定》（建质〔2013〕4号）、《房屋建筑和市政基础设施工程竣工验收规定》（建质〔2013〕171号）、《建筑施工安全生产标准化考评暂行办法》（建质〔2014〕111号）等。

（4）地方性法规　地方性法规是指由省、自治区、直辖市人民代表大会及其常委会制定颁布的或者经其批准颁布的由下级人民代表大会及其常委会制定的地方建设管理方面的法规，如《四川省建设工程质量管理条例》。

（5）地方建设规章　地方建设规章是指由省、自治区、直辖市人民政府制定颁布的或者经其批准颁布的由下级人民政府制定的建设方面的法规。如《成都市物业管理条例》等。

1.6 建设工程法律责任

1.6.1 建设工程法律责任的构成要件

1. 建设工程法律责任的一般构成要件

法律责任的一般构成要件包括以下几点。

（1）有损害事实发生　损害事实就是违法行为对法律所保护的社会关系和社会经济秩序所造成的侵害。其特点是：一方面已经客观存在，即没有存在损害事实的，则不会构成法律责任；另一方面损害事实不同于损害结果，损害结果是违法行为对行为指向的对象所造成的实质性损害。

（2）存在违法行为　法律规范中规定法律责任的目的是让国家的政治、社会、经济生活符合统治阶级的意志，以国家的强制力手段来保护其利益，制裁违法，减少犯罪。

（3）违法行为与损害事实之间有因果关系　违法行为与损害事实之间存在着客观的、必然的因果关系，即一定损害事实是该违法行为所引起的必然结果，该违法行为是产生损害事实的原因。

（4）违法者主观上有过错　主观上有过错是指行为人对其行为以及由此引起的损害事实所抱的主观态度，包括故意和过失行为。如果行为在主观上既没有故意也没有过失，则行为人对损害结果不必承担法律责任。例如，施工企业在施工中遇到严重的暴风雨而被迫停工，从而延误了工期。在这种情况下，停工行为和延误工期造成损失的结果并非出自承包商的故意或过失，而属于不可抗力，因而不应承担法律责任。

2. 建设工程法律责任的特殊构成要件

特殊构成要件是指由法律特殊规定的法律责任构成要件，它们不是有机地结合在一起的，而是区别于一般要件构成法律责任。

（1）特殊主体　在一般构成要件中对违法者（即承担法律责任的主体）没有特殊规定，只有具备了相应的行为能力才能成为责任主体。而特殊主体则不同，它是指法律规定违法者必须具备一定的身份和职务时才能承担法律责任，主要指刑事责任中的职务犯罪，如贪污、受贿；行政责任中的职务违法，如徇私舞弊、滥用职权等。不具备这一条件时，则不承担这类责任。

（2）特殊结果　在一般构成要件中，只要有损害事实的发生就要承担相应的法律责任，而在特殊结果中则要求后果严重、损失重大，否则不能构成法律责任。例如，若质量监督人员因工作疏忽，对工程的质量监督工作粗心大意、不负责任，致使应当发现的隐患而没有发现，造成严重的质量事故，则其应承担玩忽职守的法律责任。

（3）无过错责任　一般构成要件都要求违法者主观上必须有过错，但许多民事责任的构成要件则不要求行为者主观上是否有过错，只要有损害事实的发生，受益人就要承担一定的法律责任。这种责任主要反映了法律责任的补偿性，而不具有法律制裁意义。

（4）转承责任　一般构成要件都要求实施违法行为者承担法律责任，但在民法和行政法中，有些法律责任则要求与违法者有一定关系的第三人来承担。

1.6.2　建设工程相关法律责任的规定

1.《建筑法》关于法律责任的规定

1）未取得施工许可证或者开工报告未经批准擅自施工的，责令改正，对不符合开工条件的责令停止施工，可以处以罚款。

2）发包单位将工程发包给不具有相应资质条件的承包单位的，或者将建筑工程肢解发包的，责令改正，处以罚款。超越本单位资质等级承揽工程的，责令停止违法行为，处以罚款，可以责令停业整顿，降低资质等级；情节严重的，吊销资质证书；有违法所得的，予以没收。未取得资质证书承揽工程的，予以取缔，并处罚款；有违法所得的，予以没收。以欺骗手段取得资质证书的，吊销资质证书，处以罚款；构成犯罪的，依法追究刑事责任。

3）建筑施工企业转让、出借资质证书或者以其他方式允许他人以本企业的名义承揽工程的，责令改正，没收违法所得，并处罚款，可以责令停业整顿，降低资质等级；情节严重的，吊销资质证书。对因该项承揽工程不符合规定的质量标准造成的损失，建筑施工企业与使用本企业名义的单位或者个人承担连带赔偿责任。

4）承包单位将承包的工程转包的，或者违反《建筑法》规定进行分包的，责令改正，没收违法所得，并处罚款，可以责令停业整顿，降低资质等级；情节严重的，吊销资质证书。承包单位有上述规定的违法行为的，对因转包工程或者违法分包的工程不符合规定的质量标准造成的损失，与接受转包或者分包的单位承担连带赔偿责任。

5）在工程发包与承包中索贿、受贿、行贿，构成犯罪的，依法追究刑事责任；不构成犯罪的，分别处以罚款，没收贿赂的财物，对直接负责的主管人员和其他直接责任人员给予处分。对在工程承包中行贿的承包单位，除依照上述规定处罚外，可以责令停业整顿，降低资质等级或者吊销资质证书。

6）工程监理单位与建设单位或者建筑施工企业串通，弄虚作假、降低工程质量的，责令改正，处以罚款，降低资质等级或者吊销资质证书；有违法所得的，予以没收；造成损失的，承担连带赔偿责任；构成犯罪的，依法追究刑事责任。工程监理单位转让监理业务的，责令改正，没收违法所得，可以责令停业整顿，降低资质等级；情节严重的，吊销资质证书。

7）涉及建筑主体或者承重结构变动的装修工程擅自施工的，责令改正，处以罚款；造成损失的，承担赔偿责任；构成犯罪的，依法追究刑事责任。

8）建设单位要求建筑设计单位或者建筑施工企业违反建筑工程质量、安全标准，降低工程质量的，责令改正，可以处以罚款；构成犯罪的，依法追究刑事责任。

9）建筑设计单位不按照建筑工程质量、安全标准进行设计的，责令改正，处以罚款；造成工程质量事故的，责令停业整顿，降低资质等级或者吊销资质证书，没收违法所得，并处罚款；造成损失的，承担赔偿责任；构成犯罪的，依法追究刑事责任。

10）建筑施工企业对建筑安全事故隐患不采取措施予以消除的，责令改正，可以处以罚款；情节严重的，责令停业整顿，降低资质等级或者吊销资质证书；构成犯罪的，依法追究刑事责任。建筑施工企业的管理人员违章指挥、强令职工冒险作业，因而发生重大伤亡事故或者造成其他严重后果的，依法追究刑事责任。

11）建筑施工企业在施工中偷工减料的，使用不合格的建筑材料、建筑构配件和设备的，或者有其他不按照工程设计图或者施工技术标准施工的行为的，责令改正，处以罚款；情节严重的，责令停业整顿，降低资质等级或者吊销资质证书；造成建筑工程质量不符合规定的质量标准的，负责返工、修理，并赔偿因此造成的损失；构成犯罪的，依法追究刑事责任。

12）建筑施工企业不履行保修义务或者拖延履行保修义务的，责令改正，可以处以罚款，并对在保修期内因屋顶、墙面渗漏、开裂等质量缺陷造成的损失，承担赔偿责任。

2.《招标投标法》关于法律责任的规定

（1）应该招标而未招标的法律责任　必须进行招标的项目而不招标的，将必须进行招标的项目化整为零或者以其他任何方式规避招标的，责令限期改正，可以处项目合同金额千分之五以上千分之十以下的罚款；对全部或者部分使用国有资金的项目，可以暂停项目执行或者暂停资金拨付；对单位直接负责的主管人员和其他直接责任人员依法给予处分。

（2）招标代理机构的法律责任　招标代理机构泄露应当保密的与招标投标活动有关的情况和资料的，或者与招标人、投标人串通损害国家利益、社会公共利益或者他人合法权益的，处五万元以上二十五万元以下的罚款，对单位直接负责的主管人员和其他直接责任人员处单位罚款数额百分之五以上百分之十以下的罚款；有违法所得的，并处没收违法所得；情节严重的，禁止其1~2年内代理依法必须进行招标的项目并予以公告，直至由工商行政管理机关吊销营业执照；构成犯罪的，依法追究刑事责任。给他人造成损失的，依法承担赔偿责任。

上述所列行为影响中标结果的，中标无效。

（3）招标人的法律责任

1）招标人以不合理的条件限制或者排斥潜在投标人的，对潜在投标人实行歧视待遇的，强制要求投标人组成联合体共同投标的，或者限制投标人之间竞争的，责令改正，可以处一万元以上五万元以下的罚款。

2）依法必须进行招标的项目，招标人向他人透露已获取招标文件的潜在投标人的名称、数量或者可能影响公平竞争的有关招标投标的其他情况的，或者泄露标底的，给予警告，可以并处一万元以上十万元以下的罚款；对单位直接负责的主管人员和其他直接责任人员依法给予处分；构成犯罪的，依法追究刑事责任。上述所列行为影响中标结果的，中标无效。

3）依法必须进行招标的项目，招标人违反《招标投标法》规定，与投标人就投标价格、投标方案等实质性内容进行谈判的，给予警告，对单位直接负责的主管人员和其他直接责任人员依法给予处分。上述所列行为影响中标结果的，中标无效。

4）招标人在评标委员会依法推荐的中标候选人以外确定中标人的，依法必须进行招标的项目在所有投标被评标委员会否决后自行确定中标人的，中标无效，责令改正，可以处中标项目金额千分之五以上千分之十以下的罚款；对单位直接负责的主管人员和其他直接责任人员依法给予处分。

5）招标人与中标人不按照招标文件和中标人的投标文件订立合同的，或者招标人、中标人订立背离合同实质性内容的协议的，责令改正，可以处中标项目金额千分之五以上千分之十以下的罚款。

（4）投标人的法律责任

1）投标人相互串通投标或者与招标人串通投标的，投标人以向招标人或者评标委员会成员行贿的手段谋取中标的，中标无效，处中标项目金额千分之五以上千分之十以下的罚款，对单位直接负责的主管人员以及其他直接责任人员处单位罚款数额百分之五以上百分之十以下的罚款；有违法所得的，并处没收违法所得；情节严重的，取消其1~2年内参加依法必须进行招标项目的投标资格并予以公告,直至由工商行政管理机关吊销营业执照;构成犯罪的,应依法追究刑事责任;给他人造成损失的,依法承担赔偿责任。

2)投标人以他人名义投标或者以其他方式弄虚作假、骗取中标的,中标无效;给招标人造成损失的,依法承担赔偿责任;构成犯罪的,依法追究刑事责任。

依法必须进行招标的项目,投标人有1)、2)项所列行为但未构成犯罪的,处中标项目金额千分之五以上千分之十以下的罚款,对单位直接负责的主管人员和其他直接责任人员处单位罚款数额百分之五以上百分之十以下的罚款;有违法所得的,并处没收违法所得;情节严重的,取消其1~3年内参加依法必须进行招标项目的投标资格并予以公告,直至由县级及其以上工商行政管理机关吊销营业执照。

(5)评标委员会的法律责任　评标委员会成员收受投标人的财物或者其他好处的,评标委员会成员或者参加评标的有关工作人员向他人透露对投标文件的评审和比较、中标候选人的推荐以及与评标有关的其他情况的,给予警告,没收收受的财物,可以并处三千元以上五万元以下的罚款,对有所列违法行为的评标委员会成员取消担任评标委员会成员的资格,不得再参加任何依法必须进行招标项目的评标工作;构成犯罪的,依法追究刑事责任。

(6)中标人法律责任

1)中标人将中标项目转让给他人的,将中标项目肢解后分别转让给他人的,违反《招标投标法》的有关规定,将中标项目的部分主体、关键性工作分包给他人的,或者分包人再次分包的,转让、分包无效,处转让、分包项目金额千分之五以上千分之十以下的罚款;有违法所得的,并处没收违法所得,可以责令停业整顿;情节严重的,由工商行政管理机关吊销营业执照。

2)中标人不履行与招标人订立合同的,履约保证金不予退还,给招标人造成的损失超过履约保证金数额的,还应当对超过部分予以赔偿;没有提交履约保证金的,应当对招标人的损失承担赔偿责任(因不可抗力事件导致不能履行合同的除外)。

3)中标人不按照与招标人订立的合同履行义务,情节严重的,取消其2~5年内参加依法必须进行招标项目的投标资格并予以公告,直至由县级及其以上工商行政管理机关吊销营业执照(因不可抗力事件导致不能履行合同的除外)。

3.《安全生产法》关于法律责任的规定

2021年6月10日,中华人民共和国第十三届全国人民代表大会常务委员会第二十九次会议通过《全国人民代表大会常务委员会关于修改〈中华人民共和国安全生产法〉的决定》,自2021年9月1日起施行。

安全生产工作应当以人为本,坚持人民至上、生命至上,把保护人民生命安全摆在首位,树牢安全发展理念,坚持安全第一、预防为主、综合治理的方针,从源头上防范化解重大安全风险。安全生产工作实行管行业必须管安全、管业务必须管安全、管生产经营必须管安全，强化和落实生产经营单位主体责任与政府监管责任，建立生产经营单位负责、职工参与、政府监管、行业自律和社会监督的机制。

（1）安全生产监督管理法律责任　依法设立的为安全生产提供技术、管理服务的机构，依照法律、行政法规和执业准则，接受生产经营单位的委托为其安全生产工作提供技术、管理服务。生产经营单位委托上述规定的机构提供安全生产技术、管理服务的，保证安全生产的责任仍由本单位负责。

国家实行生产安全事故责任追究制度，依照《安全生产法》和有关法律、法规的规定，追究生产安全事故责任单位和责任人员的法律责任。

1）负有安全生产监督管理职责的部门的工作人员，有下列行为之一的，给予降级或者撤职的处分；构成犯罪的，依照刑法有关规定追究刑事责任：

①对不符合法定安全生产条件的涉及安全生产的事项予以批准或者验收通过的。

②发现未依法取得批准、验收的单位擅自从事有关活动或者接到举报后不予取缔或者不依法予以处理的。

③对已经依法取得批准的单位不履行监督管理职责，发现其不再具备安全生产条件而不撤销原批准或者发现安全生产违法行为不予查处的。

④在监督检查中发现重大事故隐患，不依法及时处理的。

负有安全生产监督管理职责的部门的工作人员有上述规定以外的滥用职权、玩忽职守、徇私舞弊行为的，依法给予处分；构成犯罪的，依照刑法有关规定追究刑事责任。

2）负有安全生产监督管理职责的部门，要求被审查、验收的单位购买其指定的安全设备、器材或者其他产品的，在对安全生产事项的审查、验收中收取费用的，由其上级机关或者监察机关责令改正，责令退还收取的费用；情节严重的，对直接负责的主管人员和其他直接责任人员依法给予处分。

3）承担安全评价、认证、检测、检验职责的机构出具失真报告的，责令停业整顿，并处三万元以上十万元以下的罚款；给他人造成损害的，依法承担赔偿责任。

承担安全评价、认证、检测、检验职责的机构租借资质、挂靠、出具虚假报告的，没收违法所得；违法所得在十万元以上的，并处违法所得二倍以上五倍以下的罚款，没有违法所得或者违法所得不足十万元的，单处或者并处十万元以上二十万元以下的罚款；对其直接负责的主管人员和其他直接责任人员处五万元以上十万元以下的罚款；给他人造成损害的，与生产经营单位承担连带赔偿责任；构成犯罪的，依照刑法有关规定追究刑事责任。

对有前款违法行为的机构及其直接责任人员，吊销其相应资质和资格，五年内不得从事安全评价、认证、检测、检验等工作；情节严重的，实行终身行业和职业禁入。

4）有关地方人民政府、负有安全生产监督管理职责的部门，对生产安全事故隐瞒不报、谎报或者迟报的，对直接负责的主管人员和其他直接责任人员依法给予处分；构成犯罪的，依照刑法有关规定追究刑事责任。

（2）生产经营单位安全法律责任

1）生产经营单位的决策机构、主要负责人或者个人经营的投资人不依照《安全生产法》的规定保证安全生产所必需的资金投入，致使生产经营单位不具备安全生产条件的，责令限期改正，提供必需的资金；逾期未改正的，责令生产经营单位停产停业整顿。

有上述违法行为，导致发生生产安全事故的，对生产经营单位的主要负责人给予撤职处分，对个人经营的投资人处二万元以上二十万元以下的罚款；构成犯罪的，依照刑法有关规定追究刑事责任。

2）生产经营单位的主要负责人未履行《安全生产法》规定的安全生产管理职责的，责令限期改正，处二万元以上五万元以下的罚款；逾期未改正的，处五万元以上十万元以下的罚款，责令生产经营单位停产停业整顿。

生产经营单位的主要负责人有上述违法行为，导致发生生产安全事故的，给予撤职处分；构成犯罪的，依照刑法有关规定追究刑事责任。

生产经营单位的主要负责人依照上述规定受刑事处罚或者撤职处分的，自刑罚执行完毕或者受处分之日起，五年内不得担任任何生产经营单位的主要负责人；对重大、特别重大生产安全事故负有责任的，终身不得担任本行业生产经营单位的主要负责人。

3）生产经营单位的主要负责人未履行本法规定的安全生产管理职责，导致发生生产安全事故的，由应急管理部门依照下列规定处以罚款：

①发生一般事故的，处上一年年收入百分之四十的罚款。

②发生较大事故的，处上一年年收入百分之六十的罚款。

③发生重大事故的，处上一年年收入百分之八十的罚款。

④发生特别重大事故的，处上一年年收入百分之一百的罚款。

4）生产经营单位的其他负责人和安全生产管理人员未履行《安全生产法》规定的安全生产管理职责的，责令限期改正，处一万元以上三万元以下的罚款；导致发生生产安全事故的，暂停或者吊销其与安全生产有关的资格，并处上一年年收入百分之二十以上百分之五十以下的罚款；构成犯罪的，依照刑法有关规定追究刑事责任。

5）生产经营单位有下列行为之一的，责令限期改正，处十万元以下的罚款；逾期未改正的，责令停产停业整顿，并处十万元以上二十万元以下的罚款，对其直接负责的主管人员和其他直接责任人员处二万元以上五万元以下的罚款：

①未按照规定设置安全生产管理机构或者配备安全生产管理人员、注册安全工程师的。

②危险物品的生产、经营、储存、装卸单位以及矿山、金属冶炼、建筑施工、运输单位的主要负责人和安全生产管理人员未按照规定经考核合格的。

③未按照规定对从业人员、被派遣劳动者、实习学生进行安全生产教育和培训，或者未按照规定如实告知有关的安全生产事项的。

④未如实记录安全生产教育和培训情况的。

⑤未将事故隐患排查治理情况如实记录或者未向从业人员通报的。

⑥未按照规定制定生产安全事故应急救援预案或者未定期组织演练的。

⑦特种作业人员未按照规定经专门的安全作业培训并取得相应资格,上岗作业的。

6)生产经营单位有下列行为之一的,责令停止建设或者停产停业整顿,限期改正,并处十万元以上五十万元以下的罚款,对其直接负责的主管人员和其他直接责任人员处二万元以上五万元以下的罚款;逾期未改正的,处五十万元以上一百万元以下的罚款,对其直接负责的主管人员和其他直接责任人员处五万元以上十万元以下的罚款;构成犯罪的,依照刑法有关规定追究刑事责任:

①未按照规定对矿山、金属冶炼建设项目或者用于生产、储存、装卸危险物品的建设项目进行安全评价的。

②矿山、金属冶炼建设项目或者用于生产、储存、装卸危险物品的建设项目没有安全设施设计或者安全设施设计未按照规定报经有关部门审查同意的。

③矿山、金属冶炼建设项目或者用于生产、储存、装卸危险物品的建设项目的施工单位未按照批准的安全设施设计施工的。

④矿山、金属冶炼建设项目或者用于生产、储存、装卸危险物品的建设项目竣工投入生产或者使用前,安全设施未经验收合格的。

7)生产经营单位有下列行为之一的,责令限期改正,处五万元以下的罚款;逾期未改正的,处五万元以上二十万元以下的罚款,对其直接负责的主管人员和其他直接责任人员处一万元以上二万元以下的罚款;情节严重的,责令停产停业整顿;构成犯罪的,依照刑法有关规定追究刑事责任:

①未在有较大危险因素的生产经营场所和有关设施、设备上设置明显的安全警示标志的。

②安全设备的安装、使用、检测、改造和报废不符合国家标准或者行业标准的。

③未对安全设备进行经常性维护、保养和定期检测的。

④关闭、破坏直接关系生产安全的监控、报警、防护、救生设备、设施,或者篡改、隐瞒、销毁其相关数据、信息的。

⑤未为从业人员提供符合国家标准或者行业标准的劳动防护用品的。

⑥危险物品的容器、运输工具,以及涉及人身安全、危险性较大的海洋石油开采特种设备和矿山井下特种设备未经具有专业资质的机构检测、检验合格,取得安全使用证或者安全标志,投入使用的。

⑦使用应当淘汰的危及生产安全的工艺、设备的。

⑧餐饮等行业的生产经营单位使用燃气未安装可燃气体报警装置的。

8)生产经营单位有下列行为之一的,责令限期改正,处十万元以下的罚款;逾期未改正的,责令停产停业整顿,并处十万元以上二十万元以下的罚款,对其直接负责的主管人员和其他直接责任人员处二万元以上五万元以下的罚款;构成犯罪的,依照刑法有关规定追究刑事责任:

①生产、经营、运输、储存、使用危险物品或者处置废弃危险物品，未建立专门安全管理制度、未采取可靠的安全措施的。

②对重大危险源未登记建档，未进行定期检测、评估、监控，未制定应急预案，或者未告知应急措施的。

③进行爆破、吊装、动火、临时用电以及国务院应急管理部门会同国务院有关部门规定的其他危险作业，未安排专门人员进行现场安全管理的。

④未建立安全风险分级管控制度或者未按照安全风险分级采取相应管控措施的。

⑤未建立事故隐患排查治理制度，或者重大事故隐患排查治理情况未按照规定报告的。

9) 生产经营单位未采取措施消除事故隐患的，责令立即消除或者限期消除，处五万元以下的罚款；生产经营单位拒不执行的，责令停产停业整顿，对其直接负责的主管人员和其他直接责任人员处五万元以上十万元以下的罚款；构成犯罪的，依照刑法有关规定追究刑事责任。

10) 生产经营单位将生产经营项目、场所、设备发包或者出租给不具备安全生产条件或者相应资质的单位或者个人的，责令限期改正，没收违法所得；违法所得十万元以上的，并处违法所得二倍以上五倍以下的罚款；没有违法所得或者违法所得不足十万元的，单处或者并处十万元以上二十万元以下的罚款；对其直接负责的主管人员和其他直接责任人员处一万元以上二万元以下的罚款；导致发生生产安全事故给他人造成损害的，与承包方、承租方承担连带赔偿责任。

生产经营单位未与承包单位、承租单位签订专门的安全生产管理协议或者未在承包合同、租赁合同中明确各自的安全生产管理职责，或者未对承包单位、承租单位的安全生产统一协调、管理的，责令限期改正，处五万元以下的罚款，对其直接负责的主管人员和其他直接责任人员处一万元以下的罚款；逾期未改正的，责令停产停业整顿。

11) 生产经营单位有下列行为之一的，责令限期改正，处五万元以下的罚款，对其直接负责的主管人员和其他直接责任人员处一万元以下的罚款；逾期未改正的，责令停产停业整顿；构成犯罪的，依照刑法有关规定追究刑事责任：

①生产、经营、储存、使用危险物品的车间、商店、仓库与员工宿舍在同一座建筑内，或者与员工宿舍的距离不符合安全要求的。

②生产经营场所和员工宿舍未设有符合紧急疏散需要、标志明显、保持畅通的出口、疏散通道，或者占用、锁闭、封堵生产经营场所或者员工宿舍出口、疏散通道的。

12) 生产经营单位与从业人员订立协议，免除或者减轻其对从业人员因生产安全事故伤亡依法应承担的责任的，该协议无效；对生产经营单位的主要负责人、个人经营的投资人处二万元以上十万元以下的罚款。

（3）生产经营单位的从业人员的法律责任　生产经营单位的从业人员不落实岗位安全责任，不服从管理，违反安全生产规章制度或者操作规程的，由生产经营单位给予批评教育，依照有关规章制度给予处分；构成犯罪的，依照刑法有关规定追究刑事责任。

（4）生产经营单位主要负责人的法律责任 生产经营单位的主要负责人在本单位发生生产安全事故时，不立即组织抢救或者在事故调查处理期间擅离职守或者逃匿的，给予降级、撤职的处分，并由应急管理部门处上一年年收入百分之六十至百分之一百的罚款；对逃匿的处十五日以下拘留；构成犯罪的，依照刑法有关规定追究刑事责任。

（5）生产经营单位的责任 发生生产安全事故，对负有责任的生产经营单位除要求其依法承担相应的赔偿等责任外，由应急管理部门依照下列规定处以罚款：

1）发生一般事故的，处三十万元以上一百万元以下的罚款。

2）发生较大事故的，处一百万元以上二百万元以下的罚款。

3）发生重大事故的，处二百万元以上一千万元以下的罚款。

4）发生特别重大事故的，处一千万元以上二千万元以下的罚款。

发生生产安全事故，情节特别严重、影响特别恶劣的，应急管理部门可以按照前款罚款数额的二倍以上五倍以下对负有责任的生产经营单位处以罚款。

（6）赔偿责任 生产经营单位发生生产安全事故造成人员伤亡、他人财产损失的，应当依法承担赔偿责任；拒不承担或者其负责人逃匿的，由人民法院依法强制执行。

生产安全事故的责任人未依法承担赔偿责任，经人民法院依法采取执行措施后，仍不能对受害人给予足额赔偿的，应当继续履行赔偿义务；受害人发现责任人有其他财产的，可以随时请求人民法院执行。

（7）《安全生产法》对发生生产安全事故的生产经营单位和个人处罚规定 相关规定见表1-3。

表1-3 对生产经营单位和个人处罚规定

发生事故等级	负有安全责任的单位应承担	负有安全责任单位的负责人应承担
一般事故	处30万元以上100万元以下罚款	上一年年收入的40%个人罚款
较大事故	处100万元以上200万元以下罚款	上一年年收入的60%个人罚款
重大事故	处200万元以上1000万元以下罚款	上一年年收入的80%个人罚款
特别重大事故	处1000万元以上2000万元以下罚款（最高2000万元）	上一年年收入的100%个人罚款

1.6.3 建设工程的主要民事责任

1. 违约责任

违约责任是指当事人不履行合同债务或者履行合同债务不符合约定时，依法产生的法律责任。与其他的法律责任相比，违约责任具有以下特点。

1）民事责任包括违约责任和侵权责任，因此，违约责任是民事责任的一种，不同于行政责任和刑事责任。

2）违约责任是当事人不履行债务所导致的结果：构成违约，必须存在有效成立的合同关系，而且有存在债务人不履行债务的事实。因此，违反合同义务是违约责任区别于侵权责任的重要特点。

3）违约责任具有相对性：违约责任只能发生在特定的合同当事人之间，只有守约方才能基于合同向违约方提出请求或提起诉讼。

4）当事人可以预先约定违约责任：当事人根据合同自由原则，在法律规定的范围内，对违约责任预先约定。例如，预先约定支付违约金的数额幅度，预先约定损害赔偿额的计算方法，预先设定免责条款等。当然，当事人对违约责任的预先约定必须公正合理，否则将会被宣告无效或被撤销。

5）违约责任具有惩罚、补偿的双重属性。一方面，违约责任具有惩罚性是通过法律对违约方的制裁促使债务人履行债务，预防或减少违约事件的发生。另一方面，根据平等、等价有偿的原则，违约责任以损害赔偿作为违约责任的主要方式，具有较强的补偿性。根据违约责任的补偿性，一方在违约后，所承担的赔偿责任应相当于另一方因此受到的损失。

2. 侵权责任

侵权责任是指民事主体因实施侵权行为而应承担的民事法律后果。其法律特征表现在：

1）侵权责任是民事主体因违反法律规定的义务而应承担的法律后果，民事义务有法定义务和约定义务。法定义务是通过法律的强制性规范、禁止性规范设定的义务。这种义务对于每个自然人、法人具有普遍的适用性，违反此种义务，即构成侵权行为责任。约定义务则是特定当事人之间设定的某种义务，违反约定义务，则构成违约责任。

2）侵权责任以侵权行为为前提要件：侵权责任产生的基础是侵权行为，没有侵权行为则不存在承担侵权责任的问题。侵权责任正是行为人实施侵权行为应承担的法律后果。

3）侵权责任的形成具有多样性：侵权责任的行为人或责任人除了要承担赔偿损失、返还财产等财产责任外，在很多情况下，还可能同时承担停止侵害、恢复名誉、消除影响、赔礼道歉等非财产形式的责任。

3. 违约责任与侵权责任的竞合

责任竞合是指由于某种法律事实的出现而导致两种或两种以上的责任产生，这几种责任之间是相互冲突的。在民法中，责任竞合主要表现在违约责任与侵权责任的竞合。从我国现行民事立法和司法实践看，我国对违约责任和侵权责任的竞合问题采取了从竞合禁止的立法模式逐步向有限制地允许竞合过渡的调整方式，主要表现如下：

1）《中华人民共和国民法典》将违约责任和侵权责任分开加以规定，对某些损害行为是违法行为或侵权行为做出具体界定。在司法实践中，当多种违法行为产生以后，受害人只能按照既定的方式提起诉讼和请求。人民法院在审理民事案件中，对于"侵权性的违约行为"和"违约性的侵权行为"一般都是按违约行为处理的，而对于一些已经发生责任竞合的案件都是按侵权行为处理。

2）因当事人一方的违约行为，侵害对方人身、财产权益，受损害方有权选择依法要求其承担违约责任或按照其他法律要求其承担侵权责任。

4. 承担民事责任的方式

承担民事责任的方式主要包括：停止侵害，排除妨碍，消除危险，返还财产，恢复原状，修理、重做、更换，继续履行，赔偿损失，支付违约金，消除影响、恢复名誉，赔礼道歉。以上承担民事责任的方式，可以单独使用，也可以合并使用。

1.6.4 建设工程行政责任和刑事责任

行政责任是行政法律责任的简称，指违反有关行政管理方面的法律、法规的规定，但尚未构成犯罪行为的应当依法承担的法律后果。刑事责任是指犯罪主体因违反刑法的规定，实施了犯罪行为后所应承担的法律责任。

1. 行政责任的种类及其承担方式

（1）行政责任的种类　行政责任的种类包括公民和法人因违反行政管理法律、法规的行为而应承担的行政责任；国家工作人员因违反纪律或在执行公务时违反行政法规的行为而应承担的行政责任。

（2）行政责任的承担方式　行政责任的承担方式有：行政处罚、行政处分。行政处罚是指由国家行政机关或授权的企事业单位、社会团体对公民、法人违反行政管理法规的行为所实施的制裁，主要有警告，罚款，没收违法所得、没收非法财物，责令停产停业，暂扣或者吊销许可证、暂扣或者吊销执照，行政拘留等。行政处分是指由国家机关、企事业单位对其工作人员违反行政法规或政纪的行为所实施的制裁，主要有警告、记过、记大过、降职、降薪、撤职、留用察看、开除等。

2. 刑事责任的种类及其承担方式

（1）刑事责任的种类　与建筑活动有关的主要刑事责任有：重大责任事故罪，重大劳动安全事故罪，工程重大安全事故罪，非国家工作人员受贿罪，贪污罪，介绍贿赂罪，单位行贿罪，签订、履行合同失职被骗罪，挪用公款罪、污染环境罪等。

（2）刑事责任的承担方式　刑事责任的承担方式有：主刑和附加刑。主刑包括管制、拘役、有期徒刑、无期徒刑和死刑。附加刑包括罚金、没收财产和剥夺政治权利。对有些刑事责任可以根据犯罪的具体情况免除刑事处罚。对免除刑事处罚的犯罪行为，有关部门还可以根据法律的规定使其承担其他种类的法律责任，如对贪污犯可以给予开除公职的行政处分等。

小 结

本章主要介绍了建设法律关系的构成要素、建设法律法规体系及其表现形式、建设工程法律责任的构成要件、法律责任的表现形式及其承担方式,重点阐述了与建设工程法律责任相对应的责任主体,包括建设工程招标投标、施工管理、安全生产、质量监督、工程监理以及材料设备供应、租赁等单位间的关系,全面系统地分析了建设工程法律法规体系的构成,为进一步学习相关的法规知识奠定基础。

思 考 题

1-1 简述建设法律关系及其构成三要素的概念。

1-2 建设法律关系的产生、变更、解除的原因是什么?

1-3 简述建设法律法规体系及其表现形式。

1-4 简述建设工程的法律责任及其承担方式。

1-5 简述建设工程法律关系主体与客体的关系。

建设法律法规基本制度

学习目标：

通过学习建设工程法律基本制度的内容，了解建筑业企业资质准入制度、工程监理企业经营资质许可制度及其资质变更管理；熟悉并掌握建筑工程施工许可证的申领条件、施工许可证的管理、从业人员准入制度以及相关的其他建设法规制度等。

关键词：

施工许可制度　安全生产管理制度　质量管理制度

建筑业在国民经济和社会发展方面发挥着重要的作用，加上建筑工程产品单件性、多样性、施工周期长、体积庞大、投资规模大且又涉及社会公众安全等特点，规范、引导、监督管理建筑业的建筑活动，建立与之配套的法律法规制度是非常必要的。《建筑法》是一部规范建筑活动的重要法律，它以规范建筑市场行为为目的，以建筑工程质量和安全为重点，从建筑立法的高度确立了建筑活动应遵守的基本制度，如建筑工程报建制度、建筑工程施工许可制度、从业单位经营资质准入制度、从业人员执业资格准入制度、建筑工程承发包制度（工程招标投标制度）、建筑工程监理制度、建筑安全生产管理制度、建筑工程质量管理制度、合同管理制度等。

2.1 建筑工程报建制度

建筑工程报建制度是指建设单位在完成工程项目的机会研究、可行性研究、项目环境评价、立项审批备案、选址定点、用地及建筑规划设计许可等阶段工作后，向县级以上建设主管部门报告工程前期准备工作结束，申请建设项目的实施转入建筑市场，建设主管部门则依法对建设项目的实施是否具备转入建筑市场的条件进行审查，对符合条件者，准许该项目进入建筑市场进行承发包的制度。为防止不具备条件的工程项目进入建筑市场，有效地控制建筑规模，规范建设工程实施程序的管理，建设单位应就报建的内容、程序、时间、范围等向当地有关部门进行报建。工程报建标志着工程建设的前期准备工作已经结束，工程项目可以进入建筑市场，转入建设项目的实施阶段。

2.1.1 建筑工程报建的范围和报建活动的实施

1. 报建的范围

所有的工程建设项目都必须报建。凡在我国境内投资兴建的项目，包括外国独资、合资、合作的工程项目，都必须实行建设工程报建制度，接受当地建设主管部门或其授权机构的监督管理。

2. 报建活动的实施

建设工程报建的时间是在完成建设工程项目的决策分析、准备阶段（规划、征地、拆迁）工作之后，建筑工程承发包前实施，由建设单位或其代理机构，向工程所在地建设主管部门或其授权机构进行报建。报建时要交验工程项目立项的批准备案文件，包括银行出具的资信证明以及批准的建设用地等其他文件。

2.1.2 建筑工程报建的内容和程序

1. 报建的内容

1）工程名称。

2）建设地点。

3）投资规模。

4）资金来源。

5）当年投资额。

6）工程规模。

7）开工、竣工日期。

8）发包方式。

9）工程筹建情况。

2. 报建的程序

1）建设单位（项目法人或者工程项目管理单位）要到工程所在地县级以上建设主管部门或其授权机构领取《工程建设项目报建表》。

2）工程项目报建单位按《工程建设项目报建表》的内容及要求逐行填写，严禁漏填或虚报。

3）工程项目报建单位向接受报建的县级以上建设主管部门或其授权机构报送已填好的

《工程建设项目报建表》，以备审查。

4）接受报建的县级以上建设主管部门或其授权机构，对报建的文件、资料进行核验审查，对符合条件的发放《工程发包许可证》。

在建设过程中，工程建设的投资和建设规模发生变化时，建设单位或项目法人应及时到原接受报建的建设主管部门或其授权机构进行补充登记。筹建负责人变更时，应重新登记。凡未报建的工程建设项目，不得办理招标手续和发放施工许可证，设计、施工单位不得承接该项工程的设计和施工任务。

3. 建筑工程报建的审批权限和职责

工程报建、招标、投标、施工许可、质量监督是工程建设实施阶段的几个重要的管理环节。这几个环节都涉及分级管理的规定。各地人民政府可以根据当地的实际情况制定具体的管理办法。大中型建设项目、国家和省重点工程，其建设单位应当在立项后、发包前，到省建设主管部门办理报建手续，其他工程应当到工程所在地的地（市）、县（市区）建设主管部门办理报建手续。

建设主管部门或其授权机构在工程报建管理工作中要履行的职责：贯彻实施法律、法规在建筑市场管理方面的规定和国家有关的方针政策；管理监督工程建设项目的报建登记；对报建的工程建设项目进行核实、分类、汇总；向上级主管机关提供综合的工程建设项目报建情况；查处隐瞒不报违章建设的行为。

2.2 建筑工程施工许可制度

2.2.1 建筑工程施工许可

建筑工程施工许可制度是指建设主管部门或者其授权机构根据建设单位的申请，依法对建筑工程是否具备施工条件进行审查，符合条件者，准许该工程开始施工并颁发《建筑工程施工许可证》的行政行为。一般是通过授予书面证书形式赋予建设单位的权利能力。对建筑工程实行施工许可制度，是建筑活动实施监督管理所采用的国际惯例做法。在我国对有关建筑工程实行施工许可制度，有利于保证开工建设的工程符合法定条件，在开工后能够顺利进行，避免不具备条件的建筑工程盲目开工而给相关建筑活动的当事人造成损失，同时也便于当地建设主管部门对其管辖范围内的建筑工程依法监督和指导，保证依法开展建筑活动。

2.2.2 建筑工程施工许可证的申领时间与范围

1. 建筑工程施工许可证的申领时间

建筑工程开工前，建设单位应当按照国家有关规定向工程所在地县级以上人民政府建设主管部门申请领取施工许可证。

2. 申领施工许可证的范围

必须申请领取施工许可证的情况，根据《建筑工程施工许可管理办法》第 2 条的规定，在中华人民共和国境内从事各类房屋建筑及其附属设施的建造、装修装饰和与其配套的线路、管道、设备的安装，以及城镇市政基础设施工程的施工，建设单位在开工前应当依照该办法的规定，向工程所在地的县级以上地方人民政府住房和城乡建设主管部门（以下简称发证机关）申请领取施工许可证。具体规定如下：

1）工程投资额在 30 万元以下或者建筑面积在 300m² 以下的建筑工程（即"限额以下的小型工程"），可以不申请办理施工许可证。省、自治区、直辖市人民政府住房和城乡建设主管部门可以根据当地的实际情况，对限额进行调整，并报国务院住房和城乡建设主管部门备案。

2）按照国务院规定的权限和程序批准开工报告的建筑工程（就是指具有行政法律效力的行政法规、规定、通知等所规定工程），不再领取施工许可证。

2.2.3 建筑工程施工许可证的申领条件

建设单位申请领取施工许可证，应当必须具备下列条件，并提交相应的证明文件：

1. 依法应当办理用地批准手续的，已经办理该建筑工程用地批准手续

根据我国《城市房地产管理法》和《土地管理法》的规定，建设单位取得建筑工程用地使用权，包括两种方式，即出让和划拨。土地使用权出让是指国家将国有土地使用权在一定年限内出让给土地使用者，由土地使用者向国家支付土地使用权出让金的行为。"一定年限"是指土地的合理使用年限。土地使用权划拨是指县级以上人民政府依法批准，在土地使用者缴纳补偿、安置等费用后将该幅土地交付其使用，或者将土地使用权无偿交付土地使用者使用的行为。建设单位依法以出让或划拨方式取得土地使用权，应当向县级以上地方人民政府土地管理部门申请登记，经县级以上地方人民政府土地管理部门核实，由同级人民政府颁发土地使用权证书。建设单位取得土地使用权证书表明已经办理了该建筑工程用地批准手续。

2. 依法应当办理建设工程规划许可证的，已经取得建设工程规划许可证

这是在城市规划区的建筑工程开工建设的前提条件。城市规划区是指城市市区、近郊区及城市行政区域内因城市建设和发展需要实行规划和控制的区域。城市规划区的具体范围由城市人民政府在编制的城市总体规划中划定。

1）建设用地规划许可证是由建设单位和个人提出建设用地申请，城市规划行政主管部门根据规划和建设项目用地的需要，确定建设用地位置、面积、界线的法定依据。我国《城市规划法》第 31 条规定："在城市规划区内进行建设需要申请用地的，必须持国家批准建设项目的有关文件，向城市规划行政主管部门申请定点，由城市规划行政主管部门核定其用地位置和界线，提供规划设计条件，核发建设用地规划许可证。建设单位或个人在取得建设用地规划许可证后，方可向县级以上地方人民政府土地管理部门申请用地。"因此，建设

单位必须在建设工程用地的使用权取得之前领取建设用地规划许可证。

2）建设工程规划许可证是由城市规划行政主管部门核发的，用于确认建设工程是否符合城市规划要求的行政行为。我国《城市规划法》第32条规定："在城市规划区新建、扩建和改建建筑物、构筑物、道路、管线和其他工程设施，必须持有关批准文件向城市规划行政主管部门提出申请，由城市规划行政主管部门根据城市规划提出的规划设计要求，核发建设工程规划许可证件。建设单位或个人在取得建设工程规划许可证件和其他有关批准文件后，方可申请办理开工手续。"建设单位将注明勘察、设计证号的总平面图，个体建筑的平面、立面、剖面图，基础图，地下室平面、剖面图等施工图样交城市规划行政主管部门进行审查，经审查批准后，符合条件的发放建设工程规划许可证。

3．施工场地已经基本具备施工条件

需要进行房屋拆迁的，其拆迁进度应符合施工要求。

4．已经确定建筑施工企业

按照规定应该招标的工程没有招标，应该公开招标的工程没有公开招标，或者肢解发包工程，以及将工程发包给不具备相应资质条件的，所确定的施工企业无效。

5．有满足施工需要的资金安排、施工图及技术资料

建设单位应当提供建设资金已经落实承诺书，施工图设计文件已按规定审查合格。

6．有保证工程质量和安全的具体措施

施工企业编制的施工组织设计中有根据建筑工程特点制定的相应质量、安全技术措施。建立工程质量安全责任制并落实到人。专业性较强的工程项目编制了专项质量、安全施工组织设计，并按照规定办理了工程质量、安全监督手续。

7．其他

县级以上地方人民政府住房和城乡建设主管部门不得违反法律法规规定，增设办理施工许可证的其他条件。

2.2.4 申请办理施工许可证的程序与施工许可证管理

建设单位要取得施工许可证，必须先提出申请。建设单位是建设项目的投资人，做好各项施工准备工作，是建设单位应尽的义务。因此，建设单位应当申领施工许可证。

1．申请办理施工许可证的程序

根据《建筑法》和《建筑工程施工许可管理办法》的规定，建设单位在提出申请办理施工许可证时，应当按照下列程序进行：

1）建设单位向发证机关领取《建筑工程施工许可证申请表》。

2）建设单位持加盖单位及法定代表人印签的《建筑工程施工许可证申请表》并附上规定的证明文件，向发证机关提出申请。

3）发证机关在收到建设单位报送的《建筑工程施工许可证申请表》和所附证明文件后，要对申请进行认真全面的审查，对于符合条件的，应当自收到申请之日起 15 日内颁发施工许可证，对于证明文件不齐全或者失效的，应当限期要求建设单位补正，审批时间可以自证明文件补证齐全后作相应顺延，对于不符合条件的，应当自收到申请之日起 15 日内书面通知建设单位并说明理由。

在建筑工程施工过程中，建设单位或者施工单位发生变更的，应当重新申请领取施工许可证。

2. 施工许可证的有效期与延期

施工许可证是建设行为主体开始进行建筑活动的有效法律凭证，为了维护施工许可证的严肃性，对施工许可证的有效期与延期进行限定。

1）建设单位应当自领取施工许可证之日起三个月内开工。这个规定保证了施工许可证的有效性，有利于发证机关进行监督。

2）工程因故不能按期开工的，应当在期满前向发证机关申请延期，并说明理由；延期以 2 次为限，每次不超过 3 个月。既不开工又不申请延期或者超过延期次数、时限的，施工许可证自行废止。

3）施工许可证的自行废止。自行废止是指自动失去法律效力。施工许可证失去法律效力后，建设单位如组织开工，还必须重新领取新的施工许可证。施工许可证自动废止的情况有两种：一是既不在 3 个月内开工，又不向发证机关申请延期；二是超过延期的次数和时限，即建设单位在申请的延期内仍没有开工。

《建筑法》对施工许可证的有效期和延期做出规定是非常必要，体现了行政机关对施工许可证的原则性与灵活性的统一。一方面，建设主管部门依法签发施工许可证，是国家对建筑活动进行宏观调控的一种手段，建设单位必须在施工许可证规定的有效期内开工，不得无故拖延；另一方面，由于不可抗力和某些合理的客观原因，可能使建筑工程受到影响而不能如期开工。因此，根据客观情况的变化，允许延期是必要的。明确规定施工许可证的有效期限，可以督促建设单位及时开工，保证施工的顺利进行，有利于加强对建筑施工的监督管理，保护参与建筑活动各方的合法权益，提高投资效益，维护施工许可证的严肃性。

3. 中止施工与恢复施工

中止施工与恢复施工是施工活动中两项非常重要的行为。《建筑法》第 10 条和《建筑工程施工许可管理办法》第 9 条对此做出了明确的规定，有利于建设主管部门掌握建筑工程的基本情况，加强对建筑施工的监督管理，有利于保证建筑工程质量和搞好建筑安全生产。

（1）中止施工　中止施工是指建筑施工开工后，在施工过程中，因特殊情况的发生而中途停止施工的一种行为。中止施工的时间一般都较长，恢复施工的日期难以在中止时确定。中止施工的原因，由于情况复杂，法律未做出具体明确的规定。在施工过程中，造成中止施工的特殊情况有：地震、洪水等不可抗力；宏观调控压缩基建规模等。中止施工后，建设单位应做好下列工作：

1）向发证机关报告中止施工的情况，包括中止施工的时间、原因、施工部位、维护管理措施等，此报告应在中止施工起 30 日内完成。

2）按照规定作好建筑工程的维护管理工作，建筑工程的维护管理工作主要有：对于中止施工，工程建设单位和施工单位应确立合理的停工部位；建设单位和施工单位应提出善后处理的具体方案；方案要明确双方的职责，确定各自的义务，提出明确的中止施工日期；建设单位要与施工单位共同做好中止施工工程的现场安全、防火、防盗、维护等各项工作，并保管好工程技术档案资料；做好与监理单位之间的善后息工事宜。

（2）恢复施工　恢复施工是指建筑工程中止施工后，造成中止施工的情况消除，而继续进行施工的一种行为。在恢复施工时，中止施工不满 1 年的，建设单位应当向该建筑工程的发证机关报告恢复施工的有关情况；中止施工满 1 年的，建筑工程恢复施工前，建设单位应当报发证机关核验施工许可证。建设主管部门对中止施工满 1 年的建筑工程进行审查，重新确定其是否仍具备组织施工的条件。符合条件的，应允许恢复施工，施工许可证继续有效；对不符合条件的，不许恢复施工，施工许可证收回，待具备条件后，建设单位重新申领施工许可证。

4. 建筑工程开工报告的管理

开工报告的审批也是一种政府行政许可的行为。开工报告批准后，建设单位应按照开工报告规定的期限尽快开工，不得随意改变和拖延时间。

1）按照国务院有关规定批准开工报告的建筑工程，因特殊情况发生，不能按照开工报告规定期限开工的，建设单位应尽快向批准该开工报告的机关报告情况。

2）按照国务院有关规定批准开工报告的建筑工程，已经按照开工报告规定的期限开始施工，在施工过程中，因特殊情况发生而中途停止施工的，建设单位应尽快向批准该开工报告的机关报告中止施工的有关情况。

3）因特殊情况不能按照开工报告规定的期限开工，时间超过六个月的，开工报告自行失效。建设单位应当按照国务院有关规定重新向批准开工报告的机关办理开工报告的批准手续。

5. 罚则

对于未取得施工许可证或者为规避办理施工许可证将工程项目分解后擅自施工的，由有管辖权的发证机关责令停止施工，限期改正，对建设单位处工程合同价款 1% 以上 2% 以下罚款；对施工单位处 3 万元以下的罚款。

建设单位采用欺骗、贿赂等不正当手段取得施工许可证的，由原发证机关撤销施工许可证，责令停止施工，并处 1 万元以上 3 万元以下罚款；构成犯罪的，依法追究刑事责任。

建设单位隐瞒有关情况或者提供虚假材料申请施工许可证的，发证机关不予受理或者不予许可，并处 1 万元以上 3 万元以下罚款；构成犯罪的，依法追究刑事责任。

第 2 章　建设法律法规基本制度

建设单位伪造或者涂改施工许可证的，由发证机关责令停止施工，并处 1 万元以上 3 万元以下罚款；构成犯罪的，依法追究刑事责任。

依照《建筑工程施工许可管理办法》规定，给予单位罚款处罚的，对单位直接负责的主管人员和其他直接责任人员处单位罚款数额 5% 以上 10% 以下的罚款。单位及相关责任人受到处罚的，作为不良行为记录予以通报。

建设工程施工许可证由国务院住房和城乡建设主管部门制定格式，由各省、自治区、直辖市人民政府住房和城乡建设主管部门统一印制。施工许可证分为正本和副本，正本和副本具有同等法律效力。复印的施工许可证无效。

2.3　从业单位经营资质准入制度

从业单位经营资质准入制度包括从业单位经营准入制度和从业单位资质准入制度。为了建立和维护建筑市场的正常秩序，确立进入建筑市场从事建筑活动的准入规则，《建筑法》规定了从事建筑活动的建筑施工企业、勘察单位、设计单位、工程监理单位进入建筑市场参与建筑活动必须实行从业单位经营准入制度和从业单位资质准入制度。

2.3.1　从业单位经营准入制度

从业单位经营准入制度就是指从事建筑活动的建筑施工企业、勘察单位、设计单位、工程监理单位等必须依法设立的独立法人。独立法人应具备的条件如下。

1. 有符合国家规定的注册资本

注册资本反映的是企业法人的财产，是判断企业经济力量的依据之一。从事经营活动的企业组织都必须具备基本的责任能力，能够承担与其经营活动相适应的财产义务。这既是法律权利与义务相一致、利益与风险相一致的反映，也是保证债权人利益的需要。因此，建筑施工企业、勘察单位、设计单位和工程监理单位的注册资本必须适应从事建筑活动的需要，不得低于规定的限额。

2. 具有法定执业资格且有与其从事建筑活动相适应的专业技术人员

由于建筑活动是一种涉及公众生命和财产安全，专业性、技术性、经济性相结合的特殊活动，所以从事建筑活动的建筑施工企业、勘察单位、设计单位和工程监理单位必须有足够的专业技术人员。例如，工程监理单位就其从事的建筑活动而言，必须具有建筑、结构、水电、暖通、安装、造价、咨询等方面的执业工程师。

3. 已完成的工程业绩

证明已完工程业绩的标志是具有本工程的中标通知书、合同、工程竣工验收报告或者工程移交证书等，并完成了工程信息登记申报。

4. 有从事相关建筑活动所应有的技术装备

建筑活动具有专业性、技术性、经济性相结合的特点，没有相应的技术装备是无法参与建筑市场竞争的。就从事建筑施工活动的施工承包人而言，就必须具备土方挖掘机、塔式起重机、施工升降机、混凝土输送泵、自振打夯机等与施工相适应的施工机械设备，与施工生产相关的质量检验测试设备，如混凝土回弹仪、钢筋扫描仪等。

5. 法律、行政法规规定的其他条件

建筑施工企业、勘察单位、设计单位和工程监理单位必须具备从事经营活动所应具备的其他条件。如《中华人民共和国民法典》规定，法人应当有自己的名称、组织机构住所、财产或经费；《中华人民共和国公司法》规定，设立有限责任公司和股份有限公司，股东或发起人必须符合法定人数；股东共同制订或发起人制定公司章程；有公司名称，建立符合要求的组织机构，有公司住所等。

2.3.2 建筑业企业从业资质准入制度

由于建筑工程种类很多，建筑工程的建设规模和技术要求的复杂程度也不同，因而，从事建筑活动的施工企业、勘察单位、设计单位和工程监理单位的资质等级也各有不同。如《建筑法》规定，从事建筑活动的建筑施工企业、勘察单位、设计单位和工程监理单位，按照其拥有的注册资本、专业技术人员、技术装备和已完成的建筑工程业绩等资质条件，划分不同的资质等级，经资质审查合格，取得相应等级资质证书后，方可在其资质等级许可证的范围内从事建筑活动。这就是参与建筑活动从业单位资质准入制度在法律上的立法依据。它明确规定了从事建筑活动的各类企业法人资质等级构成要素：注册资本、专业技术人员、技术装备和已完成的建筑工程业绩。下面重点介绍建筑工程总承包施工企业、工程监理单位等法人资质等级标准。

1. 建筑业企业资质等级规定

建筑业企业资质等级规定是指根据《建筑业企业资质管理规定》和《建筑业企业资质标准》对建筑业企业的资质等级标准、申请与审批、监督与管理、业务范围等的规定。建筑业企业资质等级分为建筑工程施工总承包、专业承包和劳务分包三个序列。获得施工总承包资质的企业，可以对工程实行施工总承包或者对主体工程实行施工承包。承担施工总承包的企业可以对所承接的工程全部自行施工，也可以将非主体工程或者劳务作业分包给具有相应专业承包资质或者劳务分包资质的其他建筑业企业。获得专业承包资质的企业可以承接施工总承包企业分包的专业工程或者建设单位按照规定发包的专业工程。施工总承包资质、专业承包资质按照工程性质和技术特点分别划分为若干资质类别，各资质类别按照规定的条件划分为若干等级，划分标准由国务院建设主管部门会同国务院有关部门制定。例如，房屋建筑工程施工总承包企业和公路工程施工总承包企业的资质等级均分为特级、一级、二级、三级。下面介绍房屋建筑工程施工总承包企业资质等级标准：

根据住房和城乡建设部印发的《建筑业企业资质标准》(建市〔2014〕159号),建筑业企业资质标准分为三个部分:施工总承包企业资质等级标准包括12个类别,一般分为四个等级(特级、一级、二级、三级);专业承包企业资质等级标准包括36个类别,一般分为三个等级(一级、二级、三级)。

(1)特级资质标准　企业注册资本金3亿元以上;企业净资产3.6亿元以上;企业近3年年平均工程结算收入15亿元以上;企业其他条件达到一级资质标准。

不过,中华人民共和国住房和城乡建设部建市施函〔2017〕32号文件提出关于《施工总承包企业特级资质标准》,施工总承包企业特级资质须达到下列要求:

1)企业资信能力:企业净资产6亿元以上,企业近三年营业收入均在50亿元以上,企业银行授信额度近3年均在10亿元以上,企业未被列入失信被执行人名单[注:申报公路工程特级资质的企业其行业主管部门当期信用评价等级为优良(AA级或A级);申报港口与航道工程特级资质的企业,近3年未被行业主管部门评为过最低信用等级;申报铁路工程特级资质的企业,近3年在国家级信用平台没有严重失信行为记录],近3年未被列入行贿犯罪档案。

2)企业技术负责人:技术负责人应当具有15年以上从事本类别工程技术管理经历,且具有工程序列高级工程师或注册建造师执业资格;主持完成过2项符合施工总承包一级资质标准要求的代表工程。

3)科技进步水平:企业具有省部级(或相当于省部级水平)及以上的企业技术中心;企业近3年科技活动经费支出均达到营业收入的0.8%以上。

4)企业工程业绩:建筑工程类近5年承担过下列4类中的3类工程的施工总承包或主体工程承包且工程质量合格:高度120m以上的建筑物,钢筋混凝土结构单跨30m以上(或钢结构单跨36m以上)的建筑工程2项,以工程总承包方式承建的单项合同额5亿元以上的建筑工程,高度60m以上的预制装配式建筑工程。公路类的工程业绩近10年承担过下列5类中的4类以上工程的工程总承包、施工总承包或主体工程承包且工程质量合格:累计修建一级以上公路路基300km以上;累计修建高级路面1000万m^2以上;累计修建单座桥长≥500m或单跨跨度≥100m的公路特大桥18座以上;累计修建单座隧道长≥1000m的公路隧道6座以上,或单座隧道长≥500m的公路隧道9座以上;单项合同额6亿元以上的公路工程9个以上。

(2)一级资质标准

1)企业净资产1亿元以上。

2)企业主要人员:建筑工程、机电安装工程专业一级注册建造师合计不少于12人,其中建筑工程专业一级注册建造师合计不少于9人。技术负责人具有10年以上从事工程施工技术管理工作经历且具有结构专业高级职称;建筑工程相关专业中级以上职称不少于30人,且结构、给排水、暖通、电气专业齐全。持有岗位证书的施工现场管理人员不少于50人,且施工员、质量员、安全员、机械员、造价员、劳资员齐全;经考核或培训合格的中级工以上技术工人不少于 150 人。

3）企业近 5 年承担过下列 4 类中的 2 类工程的施工总承包或主体工程承包且工程质量合格，如地上 25 层以上的民用建筑工程 1 项或地上 18~24 层的民用建筑工程 2 项；高度 100m 以上的构筑物工程 1 项或高度 80~100m（不含）的构筑物工程 2 项；建筑面积 3 万 m^2 以上的单体工业、民用建筑 1 项或建筑面积 2 万 ~3 万 m^2（不含）的单体工业、民用建筑 2 项；钢筋混凝土结构单跨 30m 以上（或钢结构单跨 36m 以上）的建筑工程 1 项或钢筋混凝土结构单跨 27~30m（不含）[或钢结构单跨 30~36m（不含）] 的建筑工程 2 项。

4）企业近 3 年最高年工程结算收入 2 亿元以上。

5）企业具有与承包工程范围相适应的施工机械和质量检测设备。

（3）二级资质标准

1）企业净资产 4000 万元以上。

2）建筑工程、机电安装工程专业注册建造师合计不少于 12 人，其中建筑工程专业注册建造师不少于 9 人。技术负责人具有 8 年以上从事工程施工技术管理工作经历且具有结构专业高级职称或建筑工程专业一级注册建造师执业资格；建筑工程相关专业中级以上职称不少于 15 人，且结构、给排水、暖通、电气专业齐全。持有岗位证书的施工现场管理人员不少于 30 人，且施工员、质量员、安全员、机械员、造价员、劳资员齐全；经考核或培训合格的中级工以上技术工人不少于 75 人。

3）企业近 5 年承担过下列 4 类中的 2 类工程的施工总承包或主体工程承包且工程质量合格，如地上 12 层以上的民用建筑工程 1 项或地上 8~11 层的民用建筑工程 2 项；高度 50m 以上的构筑物工程 1 项或高度 35~50m（不含）的构筑物工程 2 项；建筑面积 1 万 m^2 以上的单体工业、民用建筑 1 项或建筑面积 0.6~1 万 m^2（不含）的单体工业、民用建筑 2 项；钢筋混凝土结构单跨 21m 以上（或钢结构单跨 24m 以上）的建筑工程 1 项或钢筋混凝土结构单跨 18~21m（不含）[或钢结构单跨 21~24m（不含）] 的建筑工程 2 项。

4）单项建安合同额 3000 万元以上的房屋建筑工程。

5）企业近 3 年最高年工程结算收入 8000 万元以上。

6）企业具有与承包工程范围相适应的施工机械和质量检测设备。

（4）三级资质标准

1）企业净资产 800 万元以上。

2）建筑工程、机电安装工程专业注册建造师合计不少于 5 人，其中建筑工程专业注册建造师不少于 4 人。技术负责人具有 5 年以上从事工程施工技术管理工作经历且具有结构专业中级职称或建筑工程专业注册建造师执业资格；建筑工程相关专业中级以上职称不少于 6 人，且结构、给排水、电气专业齐全。持有岗位证书的施工现场管理人员不少于 15 人，且施工员、质量员、安全员、机械员、造价员、劳资员齐全；经考核或培训合格的中级工以上技术工人不少于 30 人。

2. 资质申请与审批

（1）资质申请

1）对下列建筑业企业资质，由国务院住房和城乡建设主管部门许可：施工总承包资质序列特级资质，一级资质及铁路工程施工总承包二级资质，专业承包资质序列公路、水运、水利、铁路、民航方面的专业承包一级资质及铁路、民航方面的专业承包二级资质，涉及多个专业的专业承包一级资质。所属企业申请施工总承包特级、一级和专业承包一级资质的，由中央管理的企业向国务院建筑主管部门申请，同时，向企业注册所在地省级建筑主管部门备案。

2）对下列建筑业企业资质，由企业工商注册所在地省、自治区、直辖市人民政府住房和城乡建设主管部门许可：施工总承包资质序列二级资质及铁路、通信工程施工总承包三级资质，专业承包资质序列一级资质（不含公路、水运、水利、铁路、民航方面的专业承包一级资质及涉及多个专业的专业承包一级资质），专业承包资质序列二级资质（不含铁路、民航方面的专业承包二级资质），铁路方面专业承包三级资质，特种工程专业承包资质。

3）对下列建筑业企业资质，由企业工商注册所在地设区的市人民政府住房和城乡建设主管部门许可：施工总承包资质序列三级资质（不含铁路、通信工程施工总承包三级资质），专业承包资质序列三级资质（不含铁路方面专业承包资质）及预拌混凝土、模板脚手架专业承包资质，燃气燃烧器具安装、维修企业资质。

新设立的建筑业企业到当地工商行政管理主管部门办理登记注册手续并取得企业法人营业执照后，方可到住房和城乡建设主管部门的资质管理部门办理资质申请手续。新设立的企业申请资质时，需提交的资料有：建筑业企业资质申请表及相应的电子文档、企业营业执照正副本复印件、企业章程复印件、企业资产证明文件复印件、企业主要人员证明文件复印件、企业资质标准要求的技术装备的相应证明文件复印件、企业安全生产条件有关材料复印件、按照国家有关规定应提交的其他材料。

申请施工总承包资质的建筑业企业应当在总承包序列内选择一类资质作为本企业的主项资质，并可以在总承包序列内申请不高于企业主项资质级别或者不高于企业主项资质级别其他增项资质。

（2）资质审批　建筑业企业的资质实行分级审批：施工总承包序列特级和一级企业、专业承包序列一级企业资质经省级建设主管部门审核同意后，由国务院建设主管部门审批；其中铁道、交通、信息产业、民航等方面的建筑业企业资质，由省级建设主管部门会同同级有关部门审核同意后，报国务院建设主管部门并经国务院有关部门初审同意后，由国务院建设主管部门审批。

施工总承包序列和专业承包序列二级及二级以下企业资质，由企业注册所在地省、自治区、直辖市人民政府建设主管部门审批；其中交通、水利、通信等方面的建筑业企业资质，由省、自治区、直辖市人民政府建设主管部门征得同级有关部门初审同意后审批；劳务分包序列企业资质由企业注册所在地省、自治区、直辖市人民政府建设主管部门审批。

省、自治区、直辖市人民政府住房和城乡建设主管部门应当自受理申请之日起20个工作日内初审完毕，并将初审意见和申请材料报国务院住房和城乡建设主管部门。国务院住房和城乡建设主管部门应当自省、自治区、直辖市人民政府住房和城乡建设主管部门受理申请材料之日起60个工作日内完成审查，并在公众媒体上公示审查意见，公示时间为10个工作日。

建筑业企业资质证书分为正本和副本，由国务院住房和城乡建设主管部门统一印制，正、副本具备同等法律效力。资质证书有效期为5年。

（3）不予批准的资质申请　企业申请建筑业企业资质升级、资质增项，在申请之日起前一年至资质许可决定做出前，有下列情形之一的，资质许可机关不予批准其建筑业企业资质升级申请和增项申请：

1）超越本企业资质等级或以其他企业的名义承揽工程，或允许其他企业或个人以本企业的名义承揽工程的。

2）与建设单位或企业之间相互串通投标，或者以行贿等不正当手段谋取中标的。

3）未取得施工许可证擅自施工的。

4）将承包的工程转包或者违法分包的。

5）严重违反国家工程建设强制性标准的。

6）恶意拖欠分包企业工程款或者劳务人员工资的。

7）隐瞒或者谎报、拖延报告工程质量安全事故或者破坏事故现场、阻碍对事故调查的。

8）按照国家规定需要持证上岗的技术工种的作业人员未经培训、考核，没有取得证书上岗、情节严重的。

9）未依法履行工程质量保修义务或拖延履行保修义务的。

10）伪造、变造、倒卖、出租、出借或者以其他形式非法转让建筑业企业资质证书的。

11）发生过较大以上质量安全事故或者发生过两起以上一般质量安全事故的。

12）其他违反法律、法规的。

（4）承包工程范围　房屋建筑工程施工总承包企业的承包工程范围划分如下：

1）特级企业可承担各类房屋建筑工程的施工。

2）一级企业可承担单项建安合同金额在3000万元以上的下列工程：高度在200m以下的工业与民用建筑；高度在240m以下的构筑物。

3）二级企业可承担下列建筑工程的施工：高度在100m以下的工业、民用建筑；高度在120m以下的构筑物；建筑面积在4万m^2以下的单体工业、民用建筑；单跨跨度在39m以下的建筑工程。

4）三级企业可承担下列建筑工程的施工：高度在50m以下的工业、民用建筑；高度在70m以下的构筑物；建筑面积在1.2万m^2以下的单体工业、民用建筑；单跨跨度在27m以下的建筑工程。

（5）特别说明

1）此处的建筑工程是指各类结构形式的民用建筑工程、工业建筑工程、构筑物工程以及相配套的道路、通信、管网管线的设施工程。

2）工程内容：地基与基础、主体结构、建筑屋面、装饰装修、附建人防工程、给排水及供暖、通风与空调、电气、消防、智能化、防雷等配套工程。

3）建筑工程相关专业职称包括：结构、给排水、暖通、电气等专业。

4）单项建安合同金额在3000万元以下且超过建筑工程施工总承包二级资质承包工程范围的建筑工程施工的应由建筑工程施工总承包一级资质企业承担。

（6）监督与管理　国务院建设行政主管部门负责全国建筑业企业资质的归口管理工作。国务院铁道、交通、水利、信息产业、民航等有关部门配合国务院建设主管部门实施相关资质类别建筑业企业资质的管理工作。省、自治区、直辖市人民政府建设主管部门负责本行政区域内建筑业企业资质的归口管理工作。省、自治区、直辖市人民政府交通、水利、信息等有关部门配合同级建设主管部门实施相关资质类别建筑业企业资质的管理工作。县级以上人民政府建设主管部门和其他有关部门应当加强对建筑业企业资质的监督管理。禁止任何部门采取法律、行政法规规定以外的其他资信、许可等建筑市场准入限制。

3. 建筑业"四库一平台"信息化系统建设

（1）建筑业"四库一平台"的概念　"四库一平台"是中华人民共和国住房和城乡建设部主办的"全国建筑市场监管与诚信发布平台"的简称。

"四库一平台"包括企业库、人员库、项目库、信用库，四库互联互通，以身份证可以查人员，以单位名可以查人员，以人员可查单位。作用是解决数据多头采集、重复录入、真实性核实、项目数据缺失、诚信信息难以采集、市场监管与行政审批脱离、"市场与现场"两场无法联动等问题，保证数据的全面性、真实性、关联性和动态性，全面实现全国建筑市场"数据一个库、监管一张网、管理一条线"的信息化监管目标。基于各地实际管理的需要，平台建筑内容不尽相同。如四川省建筑市场监管与诚信一体化工作平台包括资质资格管理、工程项目管理、信用体系评价、综合信息查询、行政执法管理等5大平台；数据共享交换、标准、信息安全等3大体系；全省统一的从业企业、从业人员、工程项目、信用评价和公共资源5大基础数据库等构建了四川省行政区域内的"四库一平台"系统，集四川省建筑市场信息采集发布、网上办事办公、行政审批、市场监管、从业主体诚信评价于一体，达到了省、市、县三级联动，系统共生、数据同源的一体化工作平台要求。

（2）四库的主要内容

1）企业数据库基本信息主要包括取得住房和城乡建设主管部门颁发的工程勘察资质、工程设计资质、建筑业企业资质、工程监理企业资质、工程招标代理机构资质、工程设计施工一体化企业资质、工程造价咨询企业资质、施工图审查机构名录、质量检测机构资质等企业的基本信息和资质信息。

2）注册人员数据库基本信息主要包括取得全国（或省级）注册建筑师管理委员会颁发的注册建筑师注册证书和取得住房和城乡建设主管部门颁发的勘察设计注册工程师、注册监理工程师、注册建造师、造价工程师等注册证书的注册人员的注册信息。

3）工程项目数据库基本信息主要包括各类工程项目名称、类型、规模、造价等信息；参与工程项目建筑的建筑、勘察、设计、施工、监理、招标代理等单位及其注册建筑师、勘察设计注册工程师、注册监理工程师、注册建造师、造价工程师等注册人员信息；参与工程项目建筑的现场管理人员信息；工程项目招投标、合同备案、施工图审查、施工许可、现场管理、竣工验收等环节的监管信息。

4）诚信信息数据库基本信息主要包括企业诚信信息、注册人员诚信信息等，分为不良行为信息和良好行为信息。不良行为信息是指企业和注册人员所受到的行政处罚、行政处理、通报等信息。良好行为信息是指企业或注册人员获得省部级以上奖项、市级以上行政主管部门评优、社会认可的信用中介机构评级、科技创新、获取专利、参加社会公益行为等信息。

（3）"四库一平台"的主要应用

1）基础数据库可应用于建筑市场权威数据信息发布。中华人民共和国住房和城乡建设部在门户网站上设立发布平台，整合各级住房和城乡建设主管部门上报采集的建筑市场监管与诚信信息，建立与工商、税务、社保、教育、安监等部门的信息共享机制，共同构建全国建筑市场监管与诚信权威信息发布管理体系，供各级住房和城乡建设主管部门、相关行政管理部门和社会公众查询使用。

2）基础数据库可应用于建筑市场监管。各级住房和城乡建设主管部门应将建筑市场监管与诚信信息数据作为各地实施建筑市场监管、行政处罚的有效法律依据，应将建筑市场监管与诚信信息数据作为权威监管数据，用于对企业和人员资质资格进行行政审批、企业人员资质资格动态监管、企业和人员跨省承接业务管理、投标企业资信评估、企业和人员资质资格证书电子化管理等，优化完善现有业务管理流程，提升建筑市场监管效能。

3）基础数据库可为建筑市场监管提供统计分析和决策支持。各级住房和城乡建设主管部门可对企业、人员、工程项目等发布情况进行统计分析，实现动态监测及供求预测，进行政策研究，及时制定调整建筑市场监管与诚信体系建筑等相关政策。

"四库一平台"系统实现从个人执业注册、企业资质申请、工程项目投标、工程项目建筑的全过程规范化、透明化管理，避免个人资质和企业资质挂靠的乱象，从而让有能力的企业和个人承担工程项目建筑的任务，为工程质量提升奠定良好的基础。

2.3.3 工程监理企业从业经营资质许可制度

《工程监理企业资质管理规定》对工程监理企业的资质等级、资质标准、申请与审批、业务范围等做了明确规定。

1. 资质等级与资质标准

工程监理企业资质分为综合资质、专业资质和事务所三个序列。综合资质只设甲级；

专业资质原则上分为甲、乙、丙三个级别,并按照工程性质和技术特点划分为14个专业工程类别;除房屋建筑、水利水电、公路和市政公用四个专业工程类别设丙级资质外,其他专业工程类别不设丙级资质;事务所不分等级。其中,工程监理企业资质中综合资质、专业资质按照工程性质和技术特点划分为若干工程类别,见表2-1。

表2-1 工程监理企业的资质等级与资质标准一览表

资质等级	资质等级标准		
	技术负责人	取得监理工程师及其他注册人员	注册资本
综合资质(具有5个以上工程类别的专业甲级工程监理资质)	企业技术负责人应为注册监理工程师,并具有15年以上从事工程建设工作的经历或者具有工程类高级职称	注册监理工程师不少于60人,注册造价工程师不少于5人,一级注册建造师、一级注册建筑师、一级注册结构工程师或者其他勘察设计注册工程师合计不少于15人次	600万元
甲级	具有15年以上从事工程建设工作的经历,企业技术负责人应当取得监理工程师注册证书	注册监理工程师、注册造价工程师、一级注册建造师、一级注册建筑师、一级注册结构工程师或者其他勘察设计注册工程师合计不少于25人次,其中,相应专业注册监理工程师不少于《专业资质注册监理工程师人数配备表》中要求配备的人数,注册造价工程师不少于2人	不少于300万元
乙级	企业技术负责人应为注册监理工程师,并具有10年以上从事工程建设工作的经历	注册监理工程师、注册造价工程师、一级注册建造师、一级注册建筑师、一级注册结构工程师或者其他勘察设计注册工程师合计不少于15人次,其中,相应专业注册监理工程师不少于《专业资质注册监理工程师人数配备表》中要求配备的人数,注册造价工程师不少于1人	不少于100万元
丙级	企业技术负责人应为注册监理工程师,并具有8年以上从事工程建设工作的经历	相应专业的注册监理工程师不少于《专业资质注册监理工程师人数配备表》中要求配备的人数	不少于50万元

工程监理企业具体的详细标准如下:

(1)综合资质标准 具有独立法人资格且注册资本不少于600万元;企业技术负责人应为注册监理工程师并具有15年以上从事工程建设工作的经历,或者具有工程类高级职称;具有5个以上工程类别的专业甲级工程监理资质;注册监理工程师不少于60人,注册造价工程师不少于5人,一级注册建造师、一级注册建筑师、一级注册结构工程师或者其他勘察设计注册工程师合计不少于15人次;企业具有完善的组织结构和质量管理体系,有健全的技术、档案等管理制度;企业具有必要的工程试验检测设备;申请工程监理资质之日前两年内,企业没有违反法律、法规及规章的行为;申请工程监理资质之日前两年内,没有因本企业监理责任造成重大质量事故;申请工程监理资质之日前两年内,没有因本企业监理责任发生三级以上工程建设重大生产安全事故,或者发生两起以上四级工程建设生产安全事故。

(2)专业资质标准(甲级) 具有独立法人资格且注册资本不少于300万元;企业技术

负责人应为注册监理工程师,并具有15年以上从事工程建设工作的经历或者具有工程类高级职称;注册监理工程师、注册造价工程师、一级注册建造师、一级注册建筑师、一级注册结构工程师或者其他勘察设计注册工程师合计不少于25人次;其中,相应专业注册监理工程师不少于《专业资质注册监理工程师人数配备表》中要求配备的人数,注册造价工程师不少于2人;企业近2年内独立监理过3个以上相应专业的二级工程项目,但是,具有甲级设计资质或一级及以上施工总承包资质的企业申请本专业工程类别甲级资质的除外;企业具有完善的组织结构和质量管理体系,有健全的技术、档案等管理制度;企业具有必要的工程试验检测设备;申请工程监理资质之日前两年内,企业没有违反法律、法规及规章的行为;申请工程监理资质之日前两年内没有因本企业监理责任造成重大质量事故;申请工程监理资质之日前两年内没有因本企业监理责任发生三级以上工程建设重大生产安全事故或者发生两起以上四级工程建设生产安全事故。

(3)专业资质标准(乙级) 具有独立法人资格且注册资本不少于100万元;企业技术负责人应为注册监理工程师,并具有10年以上从事工程建设工作的经历;注册监理工程师、注册造价工程师、一级注册建造师、一级注册建筑师、一级注册结构工程师或者其他勘察设计注册工程师合计不少于15人次。其中,相应专业注册监理工程师不少于"专业资质注册监理工程师人数配备表"中要求配备的人数,注册造价工程师不少于1人;有较完善的组织结构和质量管理体系,有技术、档案等管理制度;有必要的工程试验检测设备;申请工程监理资质之日前两年内,企业没有违反法律、法规及规章的行为;申请工程监理资质之日前两年内没有因本企业监理责任造成重大质量事故;申请工程监理资质之日前两年内没有因本企业监理责任发生三级以上工程建设重大生产安全事故或者发生两起以上四级工程建设生产安全事故。

(4)专业资质标准(丙级) 具有独立法人资格且注册资本不少于50万元;企业技术负责人应为注册监理工程师,并具有8年以上从事工程建设工作的经历;相应专业的注册监理工程师不少于《专业资质注册监理工程师人数配备表》中要求配备的人数;有必要的质量管理体系、档案管理和规章制度;有必要的工程试验检测设备。

(5)事务所资质标准 取得合伙企业营业执照,具有书面合作协议书;合伙人中有不少于3名注册监理工程师,合伙人均有5年以上从事建设工程监理的工作经历;有固定的工作场所;有必要的质量管理体系、档案管理和规章制度;有必要的工程试验检测设备。

2. 资质申请、审批

(1)资质申请 申请综合资质、专业甲级资质的可以向企业工商注册所在地的省、自治区、直辖市人民政府住房城乡建设主管部门提交申请材料。省、自治区、直辖市人民政府住房城乡建设主管部门收到申请材料后,应当在5日内将全部申请材料报审批部门。国务院住房城乡建设主管部门在收到申请材料后,应当依法做出是否受理的决定,并出具凭证;申请材料不齐全或者不符合法定形式的应当在5日内一次性告知申请人需要补正的全部内容。逾期不告知的，自收到申请材料之日起即为受理。国务院住房和城乡建设主管部门应当自受理之日起 20 日内做出审批决定。自做出决定之日起 10 日内公告审批结果。其中，涉及铁路、交通、水利、通信、民航等专业工程监理资质的，由国务院住房和城乡建设主管部门送国务院有关部门审核。国务院有关部门应当在 15 日内审核完毕，并将审核意见报国务院住房和城乡建设主管部门。组织专家评审所需时间不计算在上述时限内，但应当明确告知申请人。

企业申请工程监理企业资质，在资质许可机关的网站或审批平台提出申请事项，提交专业技术人员、技术装备和已完成业绩等电子材料。

（2）资质审批 专业乙级、丙级资质和事务所资质由企业所在地省、自治区、直辖市人民政府住房和城乡建设主管部门审批。专业乙级、丙级资质和事务所资质许可、延续的实施程序由省、自治区、直辖市人民政府住房和城乡建设主管部门依法确定。省、自治区、直辖市人民政府住房和城乡建设主管部门应当自做出决定之日起 10 日内，将准予资质许可的决定报国务院住房和城乡建设主管部门备案。

工程监理企业资质证书分为正本和副本，每套资质证书包括一本正本、四本副本。正、副本具有同等法律效力。工程监理企业资质证书的有效期为 5 年。工程监理企业资质证书由国务院住房城乡建设主管部门统一印制并发放。

（3）监督管理 不得非法扣压、没收《工程监理企业资质证书》。工程监理企业在领取新的《工程监理企业资质证书》的同时，应当将原资质证书交回原发证机关予以注销。工程监理企业因破产、倒闭、撤销、停业的，应当将资质证书交回原发证机关予以注销。工程监理企业遗失《工程监理企业资质证书》，应当在公众媒体上声明作废。其中，甲级监理企业应当在中国工程建设和建筑业信息网上声明作废。工程监理企业不得有下列行为：

1）与建设单位串通投标或者与其他工程监理企业串通投标，以行贿手段谋取中标。
2）与建设单位或者施工单位串通弄虚作假、降低工程质量。
3）将不合格的建设工程、建筑材料、建筑构配件和设备按照合格签字。
4）超越本企业资质等级或以其他企业名义承揽监理业务。
5）允许其他单位或个人以本企业的名义承揽工程。
6）将承揽的监理业务转包。
7）在监理过程中实施商业贿赂。
8）不得涂改、伪造、出借、转让《工程监理企业资质证书》。
9）其他违反法律法规的行为。

3. 监理工作服务范围

（1）综合资质 可以承担所有专业工程类别建设工程项目的工程监理业务，以及建设工程的项目管理、技术咨询等相关服务。

（2）专业甲级资质 可承担相应专业工程类别建设工程项目的工程监理业务，以及相应类别建设工程的项目管理、技术咨询等相关服务。

（3）专业乙级资质　可承担相应专业工程类别二级（含二级）以下建设工程项目的工程监理业务，以及相应类别和级别建设工程的项目管理、技术咨询等相关服务。

（4）专业丙级资质　可承担相应专业工程类别三级建设工程项目的工程监理业务，以及相应类别和级别建设工程的项目管理、技术咨询等相关服务。

（5）事务所资质　可承担三级建设工程项目的工程监理业务，以及相应类别和级别建设工程项目管理、技术咨询等相关服务。但是，国家规定必须实行强制监理的建设工程监理业务除外。

4. 监督管理

国务院建设主管部门负责全国工程监理企业资质的统一监督管理工作。国务院铁道、交通、水利、信息产业、民航等有关部门配合国务院建设主管部门实施相关资质类别工程监理企业资质的监督管理工作。省、自治区、直辖市人民政府建设主管部门负责本行政区域内工程监理企业资质的统一监督管理工作。

5. 工程监理企业资质等级异动管理

工程监理企业资质等级异动管理包含企业资质升级和工程监理企业合并与分立等。

（1）企业资质升级　工程监理企业申请资质升级，应向建设主管部门提供下列资料：工程监理企业资质申请表；企业法人营业执照；企业章程；企业负责人和技术负责人的工作简历、监理工程师注册证书等有关证明材料；工程监理人员的监理工程师注册证书；企业原资质证书正、副本；企业的财务决算年报表；《监理业务手册》及已完成代表工程的监理合同、监理规划及监理工作总结；需要出具的其他有关证件、资料。工程监理企业在申请之日前1年内有下列行为之一的，建设主管部门不予批准其晋升资质等级申请：

1）与建设单位或者工程监理企业之间相互串通投标，或者以行贿等不正当手段谋取中标的。

2）与建设单位或者施工单位串通，弄虚作假、降低工程质量的。

3）将不合格的建设工程、建设材料、建设构配件和设备按照合格签字的。

4）超越本单位资质等级承揽监理业务的。

5）允许其他单位或个人以本单位的名义承揽工程的。

6）转让工程监理业务的。

7）因监理责任而发生过三级以上工程建设重大质量事故或者发生过两起以上四级工程建设质量事故的。

8）其他违反法律法规的。

（2）工程监理企业合并与分立　工程监理企业合并的，合并后存续或者新设立的工程监理企业可以承继合并前各方中较高的资质等级，但应当符合相应的资质等级条件。工程监理企业分立的，分立后企业的资质等级根据实际达到的资质条件，按照规定的审批程序核定。企业需增补工程监理企业资质证书的（含增加、更换、遗失补办），应当持资质证书增补申请及电子文档等材料向资质许可机关申请办理。遗失资质证书的，在申请补办前应当在公众媒体刊登遗失声明。资质许可机关应当自受理申请之日起 3 日内予以办理。

2.4 从业人员执业资格准入制度

执业资格许可制度是指对具备一定专业学历的从事建筑活动的专业技术人员，通过考试和注册确定其执业的技术资格，获得相应建筑工程文件签字权的一种制度。《建筑法》第 14 条规定："从事建筑活动的专业技术人员，应当依法取得相应的执业资格证书，并在执业资格证书许可的范围内从事建筑活动。"推行从业人员执业资格准入制度是我国建筑工程管理体制改革的需要，它完善了从业单位经营资质准入制度和从业人员执业资格准入制度的立法理论体系，在工程建设实践中避免了高资质单位承接业务，由不具备执业资格且业务水平低的专业技术人员参与建筑活动的现象，从而使建筑工程质量提高，保证投资效益最大化；为适应我国建设工程领域与国际惯例接轨奠定了基础，并逐步为我国建立专业技术人员执业资格制度与国际工程师协会对等互认创造条件；是加速人才培养，提高专业技术人员业务水平和队伍素质的需要。

我国按国际惯例通行的做法建立了严格的工程师考试、注册和继续教育执业资格制度。如注册城乡规划师、注册建筑师、注册结构工程师、建造师、注册土木工程师（岩土）、注册土木工程师（港口与航道工程）、注册化工工程师、注册安全工程师、监理工程师、造价工程师、咨询工程师（投资）、环境影响评价工程师等执业资格制度。本节重点介绍注册建造师、中级注册安全工程师、监理工程师、造价工程师、注册消防工程师、注册计量师、注册测绘师等的执业资格制度。

2.4.1 建造师执业资格制度

建造师是指取得中华人民共和国注册建造师执业资格证书，并按照规定注册，担任施工单位项目负责人及从事相关活动的专业技术人员。2002 年 12 月 9 日人事部、建设部印发《建造师执业资格制度暂行规定》（人发〔2002〕111 号），对注册建造师的执业资格做出规定。我国注册建造师分为两级，即一级建造师和二级建造师。

1. 建造师执业资格考试

一级建造师执业资格考试实行全国统一大纲、统一命题、统一组织的考试制度，由住房和城乡建设部、人力资源社会保障部共同组织实施，原则上每年举行一次考试，考试时间定于每年的第三季度。

一级建造师执业资格考试设"建设工程经济""建设工程法规及相关知识""建设工程项目管理"和"专业工程管理与实务"4 个科目。前 3 个科目属于综合知识与能力部分，第 4

个科目属于专业知识与能力部分。按照建设工程专业规划要求,《专业工程管理与实务》考试科目分为:建筑工程、公路工程、铁路工程、民航机场工程、港口与航道工程、水利水电工程、矿业工程、市政公用工程、通信与广电工程、机电工程共 10 个专业类别。

2. 考试报名条件

申请参加建造师考试,必须符合国家规定的教育标准和职业实践要求。

(1) 一级建造师考试报名的条件 凡遵守国家法律、法规,具备下列条件之一者,可以申请参加一级建造师执业资格考试:

1) 取得工程类或工程经济类专业大学专科学历,从事建设工程项目施工管理工作满 4 年。

2) 取得工学门类、管理科学与工程类专业大学本科学历,从事建设工程项目施工管理工作满 3 年。

3) 取得工学门类、管理科学与工程类专业硕士学位,从事建设工程项目施工管理工作满 2 年。

4) 取得工学门类、管理科学与工程类专业博士学位,从事建设工程项目施工管理工作满 1 年。

为适应专业拓广需要,对已经取得一级建造师执业资格证书的人员,也可根据实际工作需要,选择《专业工程管理与实务》科目的相应专业,报名参加考试。考试合格后核发国家统一印制的相应专业合格证明。国家鼓励实施"一师多岗"制度。

(2) 二级建造师考试报名的条件 凡遵纪守法并具备工程类或工程经济类中等专科以上学历并从事建设工程项目施工管理工作满 2 年,可报名参加二级建造师执业资格考试。

(3) 考试合格证书的颁发 参加一级建造师执业资格考试合格,由各省、自治区、直辖市人事部门颁发人事部统一印制,住房和城乡建设部和人社部用印的《中华人民共和国一级建造师执业资格证书》,该证书在全国范围内有效。参加二级建造师执业资格考试合格,由省、自治区、直辖市人事部门颁发由住房和城乡建设部和人社部统一格式的《中华人民共和国二级建造师执业资格证书》,该证书在所在行政区域内有效。

3. 建造师的注册

取得建造师执业资格证书的人员,必须经过注册登记,方可以建造师名义执业。建造师的注册管理机构:住房和城乡建设部或其授权的机构为一级建造师执业资格的注册管理机构;省、自治区、直辖市建设主管部门或其授权的机构为二级建造师执业资格的注册管理机构。

(1) 注册的条件 申请注册的人员必须同时具备以下条件:

1) 经考核认定或考试合格取得资格证书。

2) 受聘且只受聘于一个单位。

3) 达到继续教育要求。

4) 没有下列情形之一的。

①不具有完全民事行为能力的。
②受聘于两个或者两个以上单位的。
③未达到注册建造师继续教育要求的。
④受到刑事处罚，刑事处罚尚未执行完毕的。
⑤因执业活动受到刑事处罚，自刑事处罚执行完毕之日起至申请注册之日止不满5年的。
⑥因前项规定以外的原因受到刑事处罚，自刑事处罚执行完毕之日起至申请注册之日止不满3年的。
⑦被吊销注册证书，自处罚决定之日起至申请注册之日止不满2年的。
⑧在申请注册之日前3年内担任项目负责人、项目技术负责人期间，所负责项目发生过较大以上质量事故和生产安全事故的。
⑨行政许可机关依法做出决定前年龄超过65周岁的。
⑩法律、法规规定不予注册的其他情形。

（2）注册的程序和注册证的发放　一级建造师执业资格注册，由本人提出申请，由各省、自治区、直辖市建设主管部门或其授权的机构初审合格后，报建设部或其授权的机构注册。准予注册的申请人，由建设部或其授权的注册管理机构发放由建设部统一印制的《中华人民共和国一级建造师注册证》。二级建造师执业资格注册，由省、自治区、直辖市建设主管部门制定，颁发辖区内有效的《中华人民共和国二级建造师注册证》，并报建设部或其授权的注册管理机构备案。

（3）注册的有效期　建造师执业资格注册有效期一般为3年，有效期满前3个月，持证者应到原注册管理机构办理续期注册手续。在注册有效期内，变更执业单位者，应当及时办理变更手续。再次注册者，除应符合上述条件外，还必须提供接受继续教育的证明。

（4）注册的检查、监督管理　经注册的建造师有下列情况之一的，由原注册管理机构撤销注册：

1）有下列情形发生的之一：聘用单位破产的，聘用单位被注销或吊销营业执照的，已与聘用单位解除聘用合同关系的，注册有效期满且未延续注册的，年龄超过65周岁的，死亡或不具有完全民事行为能力的，其他导致注册失效的情形。

2）依法被撤销注册的。
3）依法被吊销注册证书的。
4）受到刑事处罚的。
5）法律、法规规定应当注销的其他情形。

4．建造师的执业

不同级别的建造师的执业范围不同：一级建造师可以担任特级、一级建筑业企业资质的建设工程项目施工的项目经理；二级建造师可以担任二级及以下建筑业企业资质的建设工

程项目施工的项目经理。注册建造师有权以建造师名义从事下列建筑活动:

1) 担任建设工程项目施工的项目经理。

2) 从事其他施工活动的管理工作。

3) 法律、行政法规或国务院建设主管部门规定的其他业务。

5. 建造师的执业技术能力

(1) 一级注册建造师应当具备的执业技术能力

1) 具有一定的工程技术、工程管理理论和相关经济理论水平,并具有丰富的施工管理专业知识。

2) 能够熟练掌握和运用与施工管理业务相关的法律、法规、工程建设强制性标准和行业管理的各项规定。

3) 具有丰富的施工管理实践经验和资历,有较强的施工组织能力,能保证工程质量和安全生产。

4) 有一定的外语水平。

(2) 二级注册建造师应当具备的执业技术能力

1) 了解工程建设的法律、法规、工程建设强制性标准及有关行业管理的规定。

2) 具有一定的施工管理专业知识。

3) 具有一定的施工管理实践经验和资历,有一定的施工组织能力,能保证工程质量和安全生产。

6. 建造师的权利和义务

(1) 建造师的权利 建造师享有下列权利:使用建造师名称,在规定范围内从事执业活动,在本人执业活动中形成的文件上签字,保管和使用本人注册证书,对本人执业活动进行解释和辩护,接受继续教育,获得相应的劳动报酬,对侵犯本人权利的行为进行申述。

(2) 建造师的义务 建造师应当履行下列义务:遵守法律法规、有关管理规定和合同约定,到岗尽责,恪守职业道德;执行技术标准、规范和规程;保证执业成果的质量,并承担相应责任,对工程质量终身负责;接受继续教育,努力提高执业水准;保守在执业中知悉的国家秘密和他人的商业、技术等秘密;与当事人有利害关系的,应当主动回避;协助注册管理机关完成相关工作。

在工作中必须严格遵守法律、法规和行业管理的各项规定,恪守职业道德;不得同时在两个及以上建筑业企业执行业务;不得准许他人以本人名义执行业务;按规定接受必要的继续教育,更新知识,不断提高业务水平,定期进行业务和法规培训。

2.4.2 注册安全工程师职业资格制度

注册安全工程师是指通过职业资格考试取得中华人民共和国注册安全工程师职业资格证书(以下简称注册安全工程师职业资格证书),经注册后从事安全生产管理、安全工程技术工作或提供安全生产专业服务的专业技术人员。国家设置注册安全工程师准入类职业资格，纳入国家职业资格目录。

注册安全工程师级别设置为：高级、中级、初级。各级别注册安全工程师中英文名称分别为：高级注册安全工程师（Senior Certified Safety Engineer）、中级注册安全工程师（Intermediate Certified Safety Engineer）、初级注册安全工程师（Assistant Certified Safety Engineer）。注册安全工程师专业类别划分为煤矿安全、金属非金属矿山安全、化工安全、金属冶炼安全、建筑施工安全、道路运输安全、其他安全（不包括消防安全）。

国家应急管理部、人力资源社会保障部共同制定注册安全工程师职业资格制度，并按照职责分工负责注册安全工程师职业资格制度的实施与监管。各省、自治区、直辖市应急管理、人力资源社会保障部门按照职责分工负责本行政区域内注册安全工程师职业资格制度的实施与监管。

1. 注册安全工程师的考试

中级注册安全工程师职业资格考试全国统一大纲、统一命题、统一组织。初级注册安全工程师职业资格考试全国统一大纲，由各省、自治区、直辖市自主命题，一般应按照专业类别组织实施。应急管理部或其授权的机构负责拟定注册安全工程师职业资格考试科目；组织编制中级注册安全工程师职业资格考试公共科目和专业科目（建筑施工安全、道路运输安全类别专业科目除外）的考试大纲，组织相应科目命题和审题工作；会同国务院有关行业主管部门或其授权的机构编制初级注册安全工程师职业资格考试大纲。

住房和城乡建设部、交通运输部或其授权的机构分别负责组织拟定建筑施工安全、道路运输安全类别中级注册安全工程师职业资格考试专业科目的考试大纲，组织相应科目命题和审题工作。人力资源社会保障部负责审定考试科目、考试大纲，负责中级注册安全工程师职业资格考试的考务工作，会同应急管理部确定中级注册安全工程师职业资格考试合格标准。各省、自治区、直辖市应急管理、人力资源社会保障部门，会同有关行业主管部门，按照全国统一的考试大纲和相关规定组织实施初级注册安全工程师职业资格考试，确定考试合格标准。

（1）中级注册安全工程师报名资格 中级注册安全工程师职业资格考试合格者，由各省、自治区、直辖市人力资源社会保障部门颁发注册安全工程师职业资格证书（中级）。该证书由人力资源社会保障部统一印制，应急管理部、人力资源社会保障部共同用印，在全国范围内有效。凡遵守中华人民共和国宪法、法律、法规，具有良好的业务素质和道德品行，具备下列条件之一者，可以申请参加中级注册安全工程师职业资格考试：

1）具有安全工程及相关专业大学专科学历，从事安全生产业务满5年；或具有其他专业大学专科学历，从事安全生产业务满7年。

2）具有安全工程及相关专业大学本科学历，从事安全生产业务满3年；或具有其他专业大学本科学历，从事安全生产业务满5年。

3）具有安全工程及相关专业第二学士学位，从事安全生产业务满2年；或具有其他专业第二学士学位，从事安全生产业务满3年。

4）具有安全工程及相关专业硕士学位，从事安全生产业务满1年；或具有其他专业硕士学位，从事安全生产业务满2年。

5）具有博士学位，从事安全生产业务满1年。

6）取得初级注册安全工程师职业资格后，从事安全生产业务满3年。

（2）初级注册安全工程师报名资格　初级注册安全工程师职业资格考试合格者，由各省、自治区、直辖市人力资源社会保障部门颁发注册安全工程师职业资格证书（初级）。该证书由各省、自治区、直辖市应急管理、人力资源社会保障部门共同用印，原则上在所在行政区域内有效。凡遵守中华人民共和国宪法、法律、法规，具有良好的业务素质和道德品行，具备下列条件之一者，可以申请参加初级注册安全工程师职业资格考试：

1）具有安全工程及相关专业中专学历，从事安全生产业务满4年；或具有其他专业中专学历，从事安全生产业务满5年。

2）具有安全工程及相关专业大学专科学历，从事安全生产业务满2年；或具有其他专业大学专科学历，从事安全生产业务满3年。

3）具有大学本科及以上学历，从事安全生产业务。

对以不正当手段取得注册安全工程师职业资格证书的，按照国家专业技术人员资格考试违纪违规行为处理规定进行处理。

（3）考试科目　人力资源社会保障部人事考试中心承担中级注册安全工程师职业资格考试的具体考务工作。应急管理部委托中国安全生产科学研究院承担中级注册安全工程师职业资格考试公共科目和专业科目（建筑施工安全、道路运输安全类别专业科目除外）考试大纲的编制和命题、审题组织工作，会同国务院有关行业主管部门或其授权的机构编制初级注册安全工程师职业资格考试大纲。住房和城乡建设部、交通运输部或其授权的机构分别负责建筑施工安全、道路运输安全类别中级注册安全工程师职业资格考试专业科目考试大纲的编制和命题、审题工作。各省、自治区、直辖市人力资源社会保障及应急管理部门共同负责本地区中级注册安全工程师职业资格考试考务工作，会同有关行业主管部门组织实施本地区初级注册安全工程师职业资格考试工作，具体职责分工由各地协商确定。其中，中级注册安全工程师职业资格考试包含4个模块，分别设置公共科目"安全生产法律法规""安全生产管理"，专业科目"安全生产技术基础""安全生产专业实务"（具体包括煤矿安全、金属非金属矿山安全、化工安全、金属冶炼安全、建筑施工安全、道路运输安全和其他安全（消防安全除外）。中级注册安全工程师职业资格考试分4个半天进行，每个科目的考试时间均为2.5h。

初级注册安全工程师职业资格考试设"安全生产法律法规""安全生产实务"2个科目。初级注册安全工程师职业资格考试分2个半天进行。"安全生产法律法规"科目考试时间为2h，"安全生产实务"科目考试时间为2.5h。

若采用电子化考试，各科目考试时间可酌情缩短。

（4）成绩管理　中级注册安全工程师职业资格考试成绩实行 4 年为一个周期的滚动管理办法，参加全部 4 个科目考试的人员必须在连续的 4 个考试年度内通过全部科目，免试 1 个科目的人员必须在连续的 3 个考试年度内通过应试科目，免试 2 个科目的人员必须在连续的 2 个考试年度内通过应试科目，方可取得中级注册安全工程师职业资格证书。初级注册安全工程师职业资格考试成绩实行 2 年为一个周期的滚动管理办法，参加考试人员必须在连续的 2 个考试年度内通过全部科目，方可取得初级注册安全工程师职业资格证书。

已取得中级注册安全工程师职业资格证书的人员，报名参加其他专业类别考试的可免试公共科目。考试合格后核发人力资源社会保障部统一印制的相应专业类别考试合格证明。该证明作为注册时变更专业类别等事项的依据。

对符合中级注册安全工程师职业资格考试报名条件，具有高级或正高级工程师职称，并从事安全生产业务满 10 年的人员，可免试"安全生产管理"和"安全生产技术基础" 2 个科目。符合中级注册安全工程师职业资格考试报名条件，本科毕业时所学安全工程专业，经全国工程教育专业认证的人员可免试"安全生产技术基础"科目。

2. 注册安全工程师的注册

（1）国家对注册安全工程师职业资格实行执业注册管理制度　按照专业类别进行注册。取得注册安全工程师职业资格证书的人员，经注册后方可以注册安全工程师名义执业。住房和城乡建设部、交通运输部或其授权的机构按照职责分工，分别负责相应范围内建筑施工安全、道路运输安全类别中级注册安全工程师的注册初审工作。各省、自治区、直辖市应急管理部门和经应急管理部授权的机构，负责其他中级注册安全工程师的注册初审工作。应急管理部负责中级注册安全工程师的注册终审工作，具体工作由中国安全生产科学研究院实施。终审通过的建筑施工安全、道路运输安全类别中级注册安全工程师名单分别抄送住房和城乡建设部、交通运输部。申请注册的人员，必须同时具备下列基本条件：

1）取得注册安全工程师职业资格证书。

2）遵纪守法，恪守职业道德。

3）受聘于生产经营单位安全生产管理、安全工程技术类岗位或安全生产专业服务机构从事安全生产专业服务。

4）具有完全民事行为能力，年龄不超过 70 周岁。

申请中级注册安全工程师初始注册的，应当自取得中级注册安全工程师职业资格证书之日起 5 年内由本人向注册初审机构提出。超过规定时间申请初始注册的，按逾期初始注册办理。准予注册的申请人，由应急管理部核发中级注册安全工程师注册证书（纸质或电子证书）。中级注册安全工程师注册有效期为 5 年。有效期满前 3 个月，需要延续注册的，应向注册初审机构提出延续注册申请。有效期满未延续注册的，可根据需要申请重新注册。中级注册安全工程师在注册有效期内变更注册的，须及时向注册初审机构提出申请。中级注册安全工程师初始注册、延续注册、变更注册、重新注册和逾期初始注册的具体要求按相关规定执行。

以不正当手段取得注册证书的，由发证机构撤销其注册证书，5年内不予重新注册；构成犯罪的，依法追究刑事责任。注册安全工程师注册有关情况应当由注册证书发证机构向社会公布，促进信息共享。初级注册安全工程师注册管理办法由各省、自治区、直辖市应急管理部门会同有关部门依法制定。

（2）不予初始注册的情形　申请人有下列情形之一的，不予初始注册：

1）不具备完全民事行为能力的。

2）受过刑事处罚，且自刑事处罚执行完毕之日起至申请注册之日不满5年的。

3）在申请注册过程中有弄虚作假行为的。

国家注册管理机构自收到初审意见之日起20日内完成审查工作。经审查合格的，颁发注册证，不合格的，不予颁发注册证，并书面说明理由。

（3）初始注册的有效期　注册安全工程师初始注册的有效期限为2年，自核准注册之日起计算。国家注册管理机构定期将核准初始注册的注册安全工程师名单向社会公布。

（4）续期注册　注册安全工程师注册证有效期满需要继续执业的，应当在注册证有效期满前3个月向省级或部门注册管理机构申请续期注册，并提交申请续期注册所需的下列材料：续期注册申请表、聘用单位的意见、履行职责期间的业绩考核情况、继续教育和培训情况、省级或部门注册管理机构规定的其他材料。

（5）不予续期注册的情形　注册安全工程师有下列情形之一的，不予续期注册：

1）无业绩考核证明的。

2）未按照规定参加注册安全工程师继续教育和培训或者继续教育和培训不合格的。

3）允许他人以本人名义执业的。

4）在执业活动中有弄虚作假行为的。

5）同时在2个及以上单位执业的。

3. 注册安全工程师的执业范围

注册安全工程师在执业活动中，必须遵纪守法，恪守职业道德和从业规范，诚信执业，主动接受有关主管部门的监督检查，加强行业自律。注册安全工程师不得同时受聘于两个或两个以上单位执业，不得允许他人以本人名义执业，不得出租出借证书。违反上述规定的，由发证机构撤销其注册证书，5年内不予重新注册；构成犯罪的，依法追究刑事责任。注册安全工程师具体的执业范围如下：

1）安全生产管理。

2）安全生产技术。

3）生产安全事故调查与分析。

4）安全评估评价、咨询、论证、检测、检验、教育、培训及其他安全生产专业服务。

中级注册安全工程师按照专业类别可在各类规模的危险物品生产及储存、矿山、金属冶炼等单位中执业，初级注册安全工程师的执业单位规模由各地结合实际依法制定。各专业类别注册安全工程师执业行业界定见表 2-2。

表 2-2　各专业类别注册安全工程师执业行业界定

序号	专业类别	执业行业
1	煤矿安全	煤炭行业
2	金属非金属矿山安全	金属非金属矿山行业
3	化工安全	化工、医药等行业（包括危险化学品生产、储存，石油天然气储存）
4	金属冶炼安全	冶金、有色冶炼行业
5	建筑施工安全	建设工程各行业
6	道路运输安全	道路旅客运输、道路危险货物运输、道路普通货物运输、机动车维修和机动车驾驶培训行业
7	其他安全（不包括消防安全）	除上述行业以外的烟花爆竹、民用爆炸物品石油天然气开采、燃气、电力等其他行业

4．注册安全工程师的权利和义务

注册安全工程师享有下列权利：

1）按规定使用注册安全工程师称谓和本人注册证书。

2）从事规定范围内的执业活动。

3）对执业中发现的不符合相关法律、法规和技术规范要求的情形提出意见和建议，并向相关行业主管部门报告。

4）参加继续教育。

5）获得相应的劳动报酬。

6）对侵犯本人权利的行为进行申诉。

7）法律、法规规定的其他权利。

注册安全工程师应当履行下列义务：

1）遵守国家有关安全生产的法律、法规和标准。

2）遵守职业道德，客观、公正执业，不弄虚作假，并承担在相应报告上签署意见的法律责任。

3）维护国家、集体、公众的利益和受聘单位的合法权益。

4）严格保守在执业中知悉的单位、个人技术和商业秘密。

取得注册安全工程师注册证书的人员，应当按照国家专业技术人员继续教育的有关规定接受继续教育，更新专业知识，提高业务水平。对施行前取得的注册安全工程师执业资格证书、注册助理安全工程师资格证书，分别与按照本规定取得的中级、初级注册安全工程师职业资格证书效用等同。专业技术人员取得中级注册安全工程师、初级注册安全工程师职业资格，即视其具备工程师、助理工程师职称，并可作为申报高一级职称的条件。

2.4.3 监理工程师职业资格制度

监理工程师是指通过职业资格考试取得中华人民共和国监理工程师职业资格证书,并经注册后从事建设工程监理及相关业务活动的专业技术人员。国家设置监理工程师准入类职业资格,纳入国家职业资格目录。凡从事工程监理活动的单位应当配备监理工程师。住房和城乡建设部、交通运输部、水利部、人力资源和社会保障部共同制定监理工程师职业资格制度,并按照职责分工分别负责监理工程师职业资格制度的实施与监管。各省、自治区、直辖市住房和城乡建设、交通运输、水利、人力资源和社会保障行政主管部门,按照职责分工负责本行政区域内监理工程师职业资格制度的实施与监管。

1. 监理工程师考试

监理工程师职业资格考试实行全国统一大纲、统一命题、统一组织。监理工程师职业资格考试设置基础科目和专业科目。住房和城乡建设部牵头组织,交通运输部、水利部参与拟定监理工程师职业资格考试基础科目的考试大纲,组织监理工程师基础科目命题和审题工作。住房和城乡建设部、交通运输部、水利部按照职责分工分别负责拟定监理工程师职业资格考试专业科目的考试大纲,组织监理工程师专业科目命题和审题工作。人力资源和社会保障部负责审定监理工程师职业资格考试科目和考试大纲,负责监理工程师职业资格考试考务工作,并会同住房和城乡建设部、交通运输部、水利部对监理工程师职业资格考试工作进行指导、监督、检查。人力资源和社会保障部会同住房和城乡建设部、交通运输部、水利部确定监理工程师职业资格考试合格标准。

(1)考试报名条件 凡遵守中华人民共和国宪法、法律、法规,具有良好的业务素质和道德品行,具备下列条件之一者,可以申请参加监理工程师职业资格考试:

1)具有各工程大类专业大学专科学历(或高等职业教育),从事工程施工、监理、设计等业务工作满6年。

2)具有工学、管理科学与工程类专业大学本科学历或学位,从事工程施工、监理、设计等业务工作满4年。

3)具有工学、管理科学与工程一级学科硕士学位或专业学位,从事工程施工、监理、设计等业务工作满2年。

4)具有工学、管理科学与工程一级学科博士学位。

(2)考试管理

1)考试管理机构。住房和城乡建设部、交通运输部、水利部、人力资源和社会保障部共同委托人力资源和社会保障部人事考试中心承担监理工程师职业资格考试的具体考务工作。住房和城乡建设部、交通运输部、水利部可分别委托具备相应能力的单位承担监理工程师职业资格考试工作的命题、审题和主观试题阅卷等具体工作。各省、自治区、直辖市住房和城乡建设、交通运输、水利、人力资源和社会保障行政主管部门共同负责本地区监理工程师职业资格考试组织工作,具体职责分工由各地协商确定。

2）考试科目。监理工程师职业资格考试设"建设工程监理基本理论和相关法规""建设工程合同管理""建设工程目标控制""建设工程监理案例分析"4个科目。其中,"建设工程监理基本理论和相关法规""建设工程合同管理"为基础科目,"建设工程目标控制""建设工程监理案例分析"为专业科目。

监理工程师职业资格考试专业科目分为土木建筑工程、交通运输工程、水利工程3个专业类别,考生在报名时可根据实际工作需要选择。其中,土木建筑工程专业由住房和城乡建设部负责;交通运输工程专业由交通运输部负责;水利工程专业由水利部负责。监理工程师职业资格考试分4个半天进行。

3）考试成绩管理。监理工程师职业资格考试成绩实行4年为一个周期的滚动管理办法,在连续的4个考试年度内通过全部考试科目,方可取得监理工程师职业资格证书。已取得监理工程师一种专业职业资格证书的人员,报名参加其他专业科目考试的,可免考基础科目。考试合格后,核发人力资源社会保障部门统一印制的相应专业考试合格证明。该证明作为注册时增加执业专业类别的依据。免考基础科目和增加专业类别的人员,专业科目成绩按照2年为一个周期滚动管理。具备以下条件之一的,参加监理工程师职业资格考试可免考基础科目:

①已取得公路水运工程监理工程师资格证书。

②已取得水利工程建设监理工程师资格证书。

申请免考部分科目的人员在报名时应提供相应材料。符合监理工程师职业资格考试报名条件的报考人员,按当地人事考试机构规定的程序和要求完成报名。参加考试人员凭准考证和有效证件在指定的日期、时间和地点参加考试。中央和国务院各部门所属单位、中央管理企业的人员按属地原则报名参加考试。考点原则上设在直辖市、自治区首府和省会城市的大、中专院校或者高考定点学校。

参加原监理工程师执业资格考试并在有效期内的合格成绩有效期顺延,按照4年为一个周期管理。"建设工程监理基本理论和相关法规""建设工程合同管理""建设工程质量、投资、进度控制""建设工程监理案例分析"科目合格成绩分别对应"建设工程监理基本理论和相关法规""建设工程合同管理""建设工程目标控制""建设工程监理案例分析"科目。

监理工程师职业资格考试原则上每年一次。

监理工程师职业资格考试合格者,由各省、自治区、直辖市人力资源社会保障行政主管部门颁发中华人民共和国监理工程师职业资格证书(或电子证书)。该证书由人力资源社会保障部统一印制,住房和城乡建设部、交通运输部、水利部按专业类别分别与人力资源社会保障部用印,在全国范围内有效。各省、自治区、直辖市人力资源社会保障行政主管部门会同住房和城乡建设、交通运输、水利行政主管部门应加强学历、从业经历等监理工程师职业资格考试资格条件的审核。对以贿赂、欺骗等不正当手段取得监理工程师职业资格证书的,按照国家专业技术人员资格考试违纪违规行为处理规定进行处理。经批准同意开展试点的地区,申请参加监理工程师职业资格考试的,应当具有大学本科及以上学历或学位。

2. 监理工程师的注册

国家对监理工程师职业资格实行执业注册管理制度。取得监理工程师职业资格证书且从事工程监理及相关业务活动的人员，经注册方可以监理工程师名义执业。住房和城乡建设部、交通运输部、水利部按照职责分工制定相应监理工程师注册管理办法并监督执行。住房和城乡建设部、交通运输部、水利部按专业类别分别负责监理工程师注册及相关工作。

经批准注册的申请人，由住房和城乡建设部、交通运输部、水利部分别核发《中华人民共和国监理工程师注册证》（或电子证书）。监理工程师执业时应持注册证书和执业印章。注册证书、执业印章样式以及注册证书编号规则由住房和城乡建设部会同交通运输部、水利部统一制定。执业印章由监理工程师按照统一规定自行制作。注册证书和执业印章由监理工程师本人保管和使用。住房和城乡建设部、交通运输部、水利部按照职责分工建立监理工程师注册管理信息平台，保持通用数据标准统一。住房和城乡建设部负责归集全国监理工程师注册信息，促进监理工程师注册、执业和信用信息互通共享。注册的专业类别分别有：房屋建筑工程、冶炼工程、矿山工程、化工石油工程、水利水电工程、电力工程、农林工程、铁路工程、公路工程、港口与航道工程、航天航空工程、通信工程市、政公用工程和机电安装工程。

住房和城乡建设部、交通运输部、水利部负责建立完善监理工程师的注册和退出机制，对以不正当手段取得注册证书等违法违规行为，依照注册管理的有关规定撤销其注册证书。

3. 监理工程师的执业

监理工程师在工作中，必须遵纪守法，恪守职业道德和从业规范，诚信执业，主动接受有关部门的监督检查，加强行业自律。住房和城乡建设部、交通运输部、水利部按照职责分工建立健全监理工程师诚信体系，制定相关规章制度或从业标准规范，并指导监督信用评价工作。监理工程师不得同时受聘于两个或两个以上单位执业，不得允许他人以本人名义执业，严禁"证书挂靠"。出租出借注册证书的，依据相关法律法规进行处罚；构成犯罪的，依法追究刑事责任。监理工程师依据职责开展工作，在本人执业活动中形成的工程监理文件上签章，并承担相应责任。监理工程师的具体执业范围由住房和城乡建设部、交通运输部、水利部按照职责另行制定。监理工程师未执行法律、法规和工程建设强制性标准实施监理，造成质量安全事故的，依据相关法律法规进行处罚；构成犯罪的，依法追究刑事责任。取得监理工程师注册证书的人员，应当按照国家专业技术人员继续教育的有关规定接受继续教育，更新专业知识，提高业务水平。

对已经取得的公路水运工程监理工程师资格证书及水利工程建设监理工程师资格证书，效用不变：按有关规定，通过人力资源和社会保障部、住房和城乡建设部组织的全国统一考试，取得的监理工程师执业资格证书与本规定中监理工程师职业资格证书效用等同。同时对专业技术人员取得监理工程师职业资格，可认定其具备工程师职称，并可作为申报高一级职称的条件。

2.4.4 造价工程师职业资格制度

根据《国家职业资格目录》《造价工程师职业资格制度规定》《造价工程师职业资格考试实施办法》的规定，造价工程师是指通过职业资格考试取得中华人民共和国造价工程师职业资格证书，并经注册后从事建设工程造价工作的专业技术人员。国家设置造价工程师准入类职业资格，纳入《国家职业资格目录》。工程造价咨询企业应配备造价工程师；工程建设活动中有关工程造价管理岗位按需要配备造价工程师。造价工程师分为一级造价工程师（Class1 Cost Engineer）和二级造价工程师（Class2 Cost Engineer）。住房和城乡建设部、交通运输部、水利部、人力资源和社会保障部共同制定造价工程师职业资格制度，并按照职责分工负责造价工程师职业资格制度的实施与监管。各省、自治区、直辖市住房和城乡建设、交通运输、水利、人力资源社会保障行政主管部门，按照职责分工负责本行政区域内造价工程师职业资格制度的实施与监管。

1. 造价工程师考试

一级造价工程师职业资格考试全国统一大纲、统一命题、统一组织。二级造价工程师职业资格考试全国统一大纲，各省、自治区、直辖市自主命题并组织实施。住房和城乡建设部组织拟定一级造价工程师和二级造价工程师职业资格考试基础科目的考试大纲，组织一级造价工程师基础科目的命题和审题工作。住房和城乡建设部、交通运输部、水利部按照职责分别负责拟定一级造价工程师和二级造价工程师职业资格考试专业科目的考试大纲，组织一级造价工程师专业科目的命题和审题工作。人力资源社会保障部负责审定一级造价工程师和二级造价工程师职业资格考试科目和考试大纲，负责一级造价工程师职业资格考试考务工作，并会同住房和城乡建设部、交通运输部、水利部对造价工程师职业资格考试工作进行指导、监督、检查。各省、自治区、直辖市住房和城乡建设、交通运输、水利行政主管部门会同人力资源社会保障行政主管部门，按照全国统一的考试大纲和相关规定组织实施二级造价工程师职业资格考试。人力资源和社会保障部会同住房和城乡建设部、交通运输部、水利部确定一级造价工程师职业资格考试合格标准。各省、自治区、直辖市人力资源社会保障行政主管部门会同住房和城乡建设、交通运输、水利行政主管部门确定二级造价工程师职业资格考试合格标准。

2. 造价工程师考试报名资格

凡遵守中华人民共和国宪法、法律、法规，具有良好的业务素质和道德品行，具备下列条件之一的可以报考一级造价工程师：

1）具有工程造价专业大学专科（或高等职业教育）学历，从事工程造价业务工作满 5 年；具有土木建筑、水利、装备制造、交通运输、电子信息、财经商贸大类大学专科（或高等职业教育）学历，从事工程造价业务工作满 6 年。

2）具有通过工程教育专业评估（认证）的工程管理、工程造价专业大学本科学历或学位，从事工程造价业务工作满 4 年；具有工学、管理学、经济学门类大学本科学历或学位，从事工程造价业务工作满 5 年。

3）具有工学、管理学、经济学门类硕士学位或者第二学士学位，从事工程造价业务工作满 3 年。

4）具有工学、管理学、经济学门类博士学位，从事工程造价业务工作满 1 年。

5）具有其他专业相应学历或者学位的人员，从事工程造价业务工作年限相应增加 1 年。

凡遵守中华人民共和国宪法、法律、法规，具有良好的业务素质和道德品行，具备下列条件之一者，可以申请参加二级造价工程师职业资格考试：

1）具有工程造价专业大学专科（或高等职业教育）学历，从事工程造价业务工作满 2 年；具有土木建筑、水利、装备制造、交通运输、电子信息、财经商贸大类大学专科（或高等职业教育）学历，从事工程造价业务工作满 3 年。

2）具有工程管理、工程造价专业大学本科及以上学历或学位，从事工程造价业务工作满 1 年；具有工学、管理学、经济学门类大学本科及以上学历或学位，从事工程造价业务工作满 2 年。

3）具有其他专业相应学历或学位的人员，从事工程造价业务工作年限相应增加 1 年。

一级和二级造价工程师职业资格考试均设置基础科目和专业科目。其中，一级造价工程师职业资格考试共设置 4 个考试模块，分别是"建设工程造价管理"和"建设工程计价"为基础科目；"建设工程技术与计量"和"建设工程造价案例分析"为专业科目；二级造价工程师职业资格考试设共设置 2 个考试模块，分别是"建设工程造价管理基础知识"为基础科目，"建设工程计量与计价实务"为专业科目。造价工程师职业资格考试专业科目分为土木建筑工程、交通运输工程、水利工程和安装工程 4 个专业类别，考生在报名时可根据实际工作需要选择其一。其中，土木建筑工程、安装工程专业由住房和城乡建设部负责，交通运输工程专业由交通运输部负责，水利工程专业由水利部负责。

3. 考试成绩管理

一级造价工程师职业资格考试成绩实行 4 年为一个周期的滚动管理办法，在连续的 4 个考试年度内通过全部考试科目，方可取得一级造价工程师职业资格证书。二级造价工程师职业资格考试成绩实行 2 年为一个周期的滚动管理办法，参加全部 2 个科目考试的人员必须在连续的 2 个考试年度内通过全部科目，方可取得二级造价工程师职业资格证书。已取得造价工程师一种专业职业资格证书的人员，报名参加其他专业科目考试的，可免考基础科目。考试合格后，核发人力资源社会保障部门统一印制的相应专业考试合格证明。该证明作为注册时增加执业专业类别的依据。具有以下条件之一的，参加一级造价工程师考试可免考基础科目：

1）已取得公路工程造价人员资格证书（甲级）。

2）已取得水运工程造价工程师资格证书。

3）已取得水利工程造价工程师资格证书。

具有以下条件之一的，参加二级造价工程师考试可免考基础科目：

1）已取得全国建设工程造价员资格证书。

2）已取得公路工程造价人员资格证书（乙级）。

3）具有经专业教育评估（认证）的工程管理、工程造价专业学士学位的大学本科毕业生。

4. 造价工程师注册

国家对造价工程师职业资格实行执业注册管理制度。取得造价工程师职业资格证书且从事工程造价相关工作的人员，经注册方可以造价工程师名义执业。住房和城乡建设部、交通运输部、水利部按照职责分工，制定相应注册造价工程师管理办法并监督执行。住房和城乡建设部、交通运输部、水利部分别负责一级造价工程师注册及相关工作。各省、自治区、直辖市住房和城乡建设、交通运输、水利行政主管部门按专业类别分别负责二级造价工程师注册及相关工作。经批准注册的申请人，由住房和城乡建设部、交通运输部、水利部核发《中华人民共和国一级造价工程师注册证》（或电子证书），或由各省、自治区、直辖市住房和城乡建设、交通运输、水利行政主管部门核发《中华人民共和国二级造价工程师注册证》（或电子证书）。造价工程师执业时应持注册证书和执业印章。注册证书、执业印章样式以及注册证书编号规则由住房和城乡建设部会同交通运输部、水利部统一制定。执业印章由注册造价工程师按照统一规定自行制作。住房和城乡建设部、交通运输部、水利部按照职责分工建立造价工程师注册管理信息平台，保持通用数据标准统一。住房和城乡建设部负责归集全国造价工程师注册信息，促进造价工程师注册、执业和信用信息互通共享。住房和城乡建设部、交通运输部、水利部负责建立完善造价工程师的注册和退出机制，对以不正当手段取得注册证书等违法违规行为，依照注册管理的有关规定撤销其注册证书。

5. 造价工程师执业

在工作中，必须遵纪守法，恪守职业道德和从业规范，诚信执业，主动接受有关主管部门的监督检查，加强行业自律。住房和城乡建设部、交通运输部、水利部共同建立健全造价工程师执业诚信体系，制定相关规章制度或从业标准规范，并指导监督信用评价工作。造价工程师不得同时受聘于两个或两个以上单位执业，不得允许他人以本人名义执业，严禁"证书挂靠"。出租出借注册证书的，依据相关法律法规进行处罚；构成犯罪的，依法追究刑事责任。一级造价工程师的执业范围包括建设项目全过程的工程造价管理与咨询等，具体工作内容如下：

1）项目建议书、可行性研究投资估算与审核，项目评价造价分析。

2）建设工程设计概算、施工预算编制和审核。

3）建设工程招标投标文件工程量和造价的编制与审核。

4）建设工程合同价款、结算价款、竣工决算价款的编制与管理。

5）建设工程审计、仲裁、诉讼、保险中的造价鉴定，工程造价纠纷调解。

6）建设工程计价依据、造价指标的编制与管理。

7）与工程造价管理有关的其他事项。

二级造价工程师主要协助一级造价工程师开展相关工作，可独立开展以下具体工作：

1）建设工程工料分析、计划、组织与成本管理，施工图预算、设计概算编制。

2）建设工程量清单、最高投标限价、投标报价编制。

3）建设工程合同价款、结算价款和竣工决算价款的编制。

造价工程师应在本人工程造价咨询成果文件上签章，并承担相应责任。工程造价咨询成果文件应由一级造价工程师审核并加盖执业印章。对出具虚假工程造价咨询成果文件或者有重大工作过失的造价工程师，不再予以注册，造成损失的，依法追究其责任。取得造价工程师注册证书的人员应当按照国家专业技术人员继续教育的有关规定接受继续教育，更新专业知识，提高业务水平。专业技术人员取得一级造价工程师、二级造价工程师职业资格，可认定其具备工程师、助理工程师职称，并可作为申报高一级职称的条件。

6. 造价工程师的权利与义务

造价工程师享有以下权利：使用造价工程师名称，依法独立执行业务；同时造价工程师还应当履行下列义务：遵守法律、法规，恪守职业道德；接受继续教育，提高业务技术水平；在执业中保守技术和经济秘密；不得允许他人以本人名义执业；按照有关规定提供工程造价资料。

2.4.5　注册消防工程师资格制度

注册消防工程师是指取得相应级别注册消防工程师资格证书并依法注册后，从事消防设施维护保养检测、消防安全评估和消防安全管理等工作的专业技术人员。注册消防工程师实行注册执业管理制度。注册消防工程师分为一级注册消防工程师和二级注册消防工程师。应急管理部消防局对全国注册消防工程师的注册、执业和继续教育实施指导和监督管理。

县级以上地方应急管理部门对本行政区域内注册消防工程师的注册、执业和继续教育实施指导和监督管理。注册消防工程师应当严格遵守有关法律、法规和国家标准、行业标准，恪守职业道德和执业准则，增强服务意识和社会责任感，不断提高专业素质和业务水平。鼓励依托消防协会成立注册消防工程师行业协会。注册消防工程师行业协会应当依法登记和开展活动，加强行业自律管理，规范执业行为，促进行业健康发展。注册消防工程师行业协会不得从事营利性社会消防技术服务活动，不得通过制定行业规则或者其他方式妨碍公平竞争，损害他人利益和社会公共利益。

1. 一级注册消防工程师报名条件

1）取得消防工程专业大学专科学历，工作满 6 年，其中从事消防安全技术工作满 4 年；或者取得消防工程相关专业（见消防工程相关专业新旧对照表，下同）大学专科学历，工作满7年，其中从事消防安全技术工作满5年。

2）取得消防工程专业大学本科学历或者学位，工作满4年，其中从事消防安全技术工作满3年；或者取得消防工程相关专业大学本科学历，工作满5年，其中从事消防安全技术工作满4年。

3）取得含消防工程专业在内的双学士学位或者研究生班毕业，工作满3年，其中从事消防安全技术工作满2年；或者取得消防工程相关专业在内的双学士学位或者研究生班毕业，工作满4年，其中从事消防安全技术工作满3年。

4）取得消防工程专业硕士学历或者学位，工作满2年，其中从事消防安全技术工作满1年；或者取得消防工程相关专业硕士学历或者学位，工作满3年，其中从事消防安全技术工作满2年。

5）取得消防工程专业博士学历或者学位，从事消防安全技术工作满1年；或者取得消防工程相关专业博士学历或者学位，从事消防安全技术工作满2年。

6）取得其他专业相应学历或者学位的人员的工作年限和从事消防安全技术工作年限均相应增加1年。

2. 部分免试条件

凡自2011年12月31日前评聘高级工程师技术职务的；通过全国统一考试取得一级注册建设师资格证书，或者勘察设计各专业注册工程师资格证书的可免试"消防安全技术实务"科目，只参加"消防安全技术综合能力""消防安全案例分析"2个科目的考试。

3. 一级注册消防工程师考试

一级注册消防工程师考试成绩实行滚动管理方式，参加全部3个科目考试的人员，必须在连续3个考试年度内通过全部科目考试，方可获得一级注册消防工程师资格证书；参加2个科目考试的人员，必须在连续2个考试年度内通过应试科目，方可获得一级注册消防工程师资格证书。

4. 注册消防工程师注册

取得注册消防工程师资格证书的人员，必须经过注册，方能以相应级别注册消防工程师的名义执业。未经注册，不得以注册消防工程师的名义开展执业活动。省、自治区、直辖市消防机构（以下简称省级消防机构）是一级、二级注册消防工程师的注册审批部门。注册消防工程师的注册分为初始注册、延续注册和变更注册。

（1）申请注册的人员应当同时具备的条件

1）依法取得注册消防工程师资格证书。

2）受聘于一个消防技术服务机构或者消防安全重点单位，并担任技术负责人、项目负责人或者消防安全管理人。

3）无下列情形之一的，可以被注册：

①不具有完全民事行为能力或者年龄超过70周岁的

②申请在非消防技术服务机构、非消防安全重点单位，或者两个以上消防技术服务机构、消防安全重点单位注册的。

③刑事处罚尚未执行完毕，或者因违法执业行为受到刑事处罚，自刑事处罚执行完毕之日起至申请注册之日止不满 5 年的。

④未达到继续教育、执业业绩要求的。

⑤因存在违法行为被撤销注册，自撤销注册之日起至申请注册之日止不满 3 年的。

⑥因存在违法执业行为之一被注销注册，自注销注册之日起至申请注册之日止不满 3 年的。

⑦因存在以个人名义承接执业业务、开展执业活动的或者超出本人执业范围（聘用单位业务范围）开展执业活动而被注销注册，自注销注册之日起至申请注册之日止不满 1 年的。

⑧因违法执业行为受到消防机构行政处罚未履行完毕的。

4）不能注册的情况：

①不具有完全民事行为能力或者年龄超过 70 周岁的。

②申请注销注册或者注册有效期满超过 3 个月未延续注册的。

③被撤销注册、吊销注册证的。

④在一个注册有效期内有《注册消防工程师管理规定》第五十五条第二项、第五十六条、第五十七条所列情形一次以上，或者第五十五条第一项、第三项所列情形两次以上的。

⑤执业期间受到刑事处罚的。

⑥聘用单位破产、解散、被撤销，或者被注销消防技术服务机构资质的。

⑦与聘用单位解除（终止）工作关系超过 3 个月的。

⑧法律、行政法规规定的其他情形。

（2）申请注册时应提供的材料　申请注册的人员，应当通过聘用单位向单位所在地（企业工商注册地）的省级或者地市级消防机构提交注册申请材料。申请注册的人员拟在消防技术服务机构的分支机构所在地开展执业活动的，应当通过该分支机构向其所在地的省级或者地市级消防机构提交注册申请材料。

消防机构收到注册申请材料后，对申请材料齐全、符合法定形式的，应当出具受理凭证；不予受理的，应当出具不予受理凭证并载明理由。对申请材料不齐全或者不符合法定形式的，应当当场或者在 5 日内一次告知申请人需要补正的全部内容，逾期不告知的，自收到申请材料之日起即为受理。地市级消防机构受理注册申请后，应当在 3 日内将申请材料送至省级消防机构。省级消防机构应当自受理之日起 20 日内对申请人条件和注册申请材料进行审查并做出注册决定。在规定的期限内不能做出注册决定的，经省级消防机构负责人批准，可以延长 10 日，并应当将延长期限的理由告知申请人。省级消防机构应当自做出注册决定之日起 10 日内颁发相应级别的注册证、执业印章，并向社会公告；对做出不予注册决定的，应当出具不予注册决定书并载明理由。注册消防工程师的注册证、执业印章式样由应急管理部消防局统一制定，省级消防机构组织制作。注册证、执业印章的有效期为

3年，自做出注册决定之日起计算。申请人领取一级注册消防工程师注册证、执业印章时，已经取得二级注册消防工程师注册证、执业印章的，应当同时将二级注册消防工程师注册证、执业印章交回。

（3）注册消防工程师执业

1）注册证、执业印章是注册消防工程师的执业凭证，由注册消防工程师本人保管、使用。一级注册消防工程师可以在全国范围内执业；二级注册消防工程师可以在注册所在省、自治区、直辖市范围内执业。

一级注册消防工程师的执业范围包括：

①消防技术咨询与消防安全评估。

②消防安全管理与消防技术培训。

③消防设施维护保养检测（含灭火器维修）。

④消防安全监测与检查。

⑤火灾事故技术分析。

⑥应急管理部或者省级应急管理机关规定的其他消防安全技术工作。

二级注册消防工程师的执业范围包括：

①除100m以上公共建筑、大型的人员密集场所、大型的危险化学品单位外的火灾高危单位消防安全评估。

②除250m以上公共建筑、大型的危险化学品单位外的消防安全管理。

③单体建筑面积4万m^2以下建筑的消防设施维护保养检测（含灭火器维修）。

④消防安全监测与检查。

⑤应急管理部或者省级应急管理机关规定的其他消防安全技术工作。

省级应急管理机关消防机构应当结合实际，根据上款规定确定本地区二级注册消防工程师的具体执业范围。

2）注册消防工程师的执业范围应当与其聘用单位业务范围和本人注册级别相符合，本人的执业范围不得超越其聘用单位的业务范围。受聘于消防技术服务机构的注册消防工程师，每个注册有效期应当至少参与完成3个消防技术服务项目；受聘于消防安全重点单位的注册消防工程师，一个年度内应当至少签署1个消防安全技术文件。

注册消防工程师的聘用单位应当加强对本单位注册消防工程师的管理，对其执业活动依法承担法律责任。下列消防安全技术文件应当以注册消防工程师聘用单位的名义出具，并由担任技术负责人、项目负责人或者消防安全管理人的注册消防工程师签名，加盖执业印章：

①消防技术咨询、消防安全评估、火灾事故技术分析等书面结论文件。

②消防安全重点单位年度消防工作综合报告。

③消防设施维护保养检测书面结论文件。

④灭火器维修合格证。

⑤法律、法规规定的其他消防安全技术文件。

修改经注册消防工程师签名盖章的消防安全技术文件，应当由原注册消防工程师进行；因特殊情况，原注册消防工程师不能进行修改的，应当由其他相应级别的注册消防工程师修改，并签名、加盖执业盖章，对修改部分承担相应的法律责任。

3）注册消防工程师的权利与义务。注册消防工程师享有下列权利：

①使用注册消防工程师称谓。

②保管和使用注册证和执业印章。

③在规定的范围内开展执业活动。

④对违反相关法律、法规和国家标准、行业标准的行为提出劝告，拒绝签署违反国家标准、行业标准的消防安全技术文件。

⑤参加继续教育。

⑥依法维护本人的合法执业权利。

注册消防工程师应当履行下列义务：

①遵守和执行法律、法规和国家标准、行业标准。

②接受继续教育，不断提高消防安全技术能力。

③保证执业活动质量，承担相应的法律责任。

④保守知悉的国家秘密和聘用单位的商业、技术秘密。

2.4.6 注册计量师职业资格制度

国家注册计量师是指经考试取得相应级别注册计量师资格证书，并依法注册后，从事规定范围计量技术工作的专业技术人员。注册计量师分为一级注册计量师（Level 1 Certified Metrology Engineer）和二级注册计量师（Level 2 Certified Metrology Engineer）。注册计量师职业资格实行全国统一大纲、统一命题的考试制度，原则上每年举行一次，成绩滚动 2 年有效。

1. 报名条件

凡中华人民共和国公民，遵守国家法律、法规，恪守职业道德，并符合注册计量师职业资格考试相应报名条件的人员，均可申请参加相应级别注册计量师的考试。

其中，一级注册计量师职业资格考试报名条件如下：①取得理学类或工学类专业大学专科学历，工作满 6 年，其中从事计量技术工作满 4 年；②取得理学类或工学类专业大学本科学历，工作满 4 年，其中从事计量技术工作满 3 年；③取得理学类或工学类专业双学士学位或研究生班毕业，工作满 3 年，其中从事计量技术工作满 2 年；④取得理学类或工学类专业硕士学位，工作满 2 年，其中从事计量技术工作满 1 年；⑤取得理学类或工学类专业博士学位，从事计量技术工作满 1 年；⑥取得其他类专业相应学历、学位的人员，工作年限和从事计量技术工作年限相应增加 2 年。

二级注册计量师职业资格考试报名条件如下：①取得工学类中专学历后，从事计量技术工作满2年；②取得理学类或工学类专业大学专科及以上学历或学位，从事计量技术工作满1年。

2．成绩管理

一级注册计量师职业资格考试合格，颁发人社部统一印制的《中华人民共和国一级注册计量师资格证书》，该证书在全国范围内有效。二级注册计量师职业资格考试合格，由相应省、自治区、直辖市人事行政部门颁发《中华人民共和国二级注册计量师资格证书》。

3．注册

市场监管总局为一级注册计量师的注册审批机构。各省、自治区、直辖市市场监管部门为二级注册计量师的注册审批机构。申请注册者必须同时具备下列条件：

1）取得注册计量师职业资格证书（简称注册证）。

2）遵纪守法，恪守职业道德。

3）受聘于国家依法设置的计量检定机构或各级市场监管部门依法授权的计量技术机构。

4）取得所申请注册的《计量专业项目考核合格证明》（原各级质量技术监督部门颁发《计量检定员证》中核准的专业项目可视同计量专业项目考核合格证明）。

注册证注册有效期为5年。注册证在有效期限内是注册计量师的执业凭证，由注册计量师本人保管和使用。申请人以不正当手段取得注册证的，应当予以撤销，当事人在3年内不得再次申请注册；构成犯罪的，依法追究刑事责任。注册审批机构应当定期向社会公布相应级别注册计量师注册的有关情况。

4．执业

注册计量师应当依据国家计量法律、法规的规定，在工作单位计量技术工作资质规定的业务范围内，开展相应的执业活动。一级注册计量师执业范围：开展计量标准器具和工作计量器具的检定、校准及其他计量技术工作，出具计量技术报告或相关证书，指导和培训其他计量技术人员开展量值传递工作。二级注册计量师执业范围：开展计量标准器具的检定和工作计量器具的检定、校准及其他计量技术工作，出具计量技术报告或相关证书。因注册计量师出具的计量技术报告或相关证书不符合国家有关法律、法规、规章和技术规范要求，给用户造成经济损失的，由注册计量师所在工作单位承担赔偿责任，其工作单位可向相应注册计量师追偿。

（1）一级注册计量师应当具备的能力

1）有丰富的计量技术工作经验，熟悉国家计量法律、法规、规章及相关法律规定，熟练运用计量基本知识，进行测量不确定度分析与评定。

2）熟悉本专业计量技术，了解国际相关标准或技术规范，以及计量技术发展前沿情况，具有计量技术课题研究能力和解决本领域复杂、疑难技术问题的能力。

3）熟练掌握本领域计量技术规范，具有建立、使用和维护相关计量基准、计量标准，开展量值传递及出具计量技术报告或相关证书的能力；能够指导本专业二级计量师开展量值传递工作。

（2）二级注册计量师应当具备的能力

1）有一定的计量技术工作经验，熟悉国家计量法律、法规、规章及相关法律规定，掌握计量基础知识，具有正确使用和表述测量不确定度的能力。

2）熟悉本专业计量技术，熟练掌握本领域计量技术法规，具有建立、使用和维护相关计量标准，开展量值传递及出具计量技术报告或相关证书的能力。

2.4.7 注册测绘师资格制度

国家注册测绘师（Registered Surveyor）是指经考试取得《中华人民共和国注册测绘师资格证书》并依法注册后，从事测绘活动的专业技术人员。

国家对从事测绘活动的专业技术人员实行职业准入制度。注册测绘师资格实行全国统一大纲、统一命题的考试制度，原则上每年举行一次，成绩滚动2年有效。在中华人民共和国境内注册测绘师的注册、执业、继续教育和监督管理必须遵守有关法律规定。国家测绘地理信息局负责全国注册测绘师的执业管理工作。县级以上地方测绘地理信息行政主管部门负责本行政区域内注册测绘师的执业管理工作，具体职责分工由省级测绘地理信息行政主管部门确定。国务院有关部门所属单位和中央管理企业的注册测绘师按照属地原则进行管理。

1. 报名条件

凡中华人民共和国公民，遵守国家法律、法规，恪守职业道德，并具备下列条件之一的，可申请参加注册测绘师资格考试：

1）取得测绘类专业大学专科学历，从事测绘业务工作满4年。

2）取得测绘类专业大学本科学历，从事测绘业务工作满3年。

3）取得含测绘类专业在内的双学士学位或者测绘类专业研究生班毕业，从事测绘业务工作满2年。

4）取得测绘类专业硕士学位，从事测绘业务工作满1年。

5）取得测绘类专业博士学位。

6）取得其他理学类或者工学类专业学历或者学位的人员，其从事测绘业务工作年限相应增加1年。

2. 注册

依法取得中华人民共和国注册测绘师资格证书（简称资格证书）的人员，通过一个且只能是一个具有测绘资质的单位（简称注册单位）办理注册手续，并取得《中华人民共和国注册测绘师注册证》(简称注册证）和执业印章后，方可以注册测绘师名义开展执业活动。注册单位与注册测绘师人事关系所在单位或聘用单位可以不一致。注册证和执业印章每一注册有效期为3年，期满需要继续执业的，应在期满30个工作日前提出延续注册申请。变更注册单位须及时办理变更注册手续，距离原注册有效期满半年以内申请变更注册的，可同时申请延续注册。准予延续注册的，注册有效期重新计算。申请注册测绘师注册应提交初始（延续、变更）注册申请表及与注册单位签订的聘用（劳动）合同或相关证明。提供上述材料的同时申请初始注册，须同时提交资格证书及身份证明；申请延续注册或逾期初始注册，须同时提交注册测绘师继续教育证书；申请变更注册，须同时提交与原注册单位解除聘用（劳动）或合作关系的证明材料。超过70周岁申请初始注册、延续注册及变更注册，均须提供身体健康证明。注册证、执业印章和注册测绘师继续教育证书样式由国家测绘地理信息局统一确定。

（1）申请注册测绘师注册程序

1）申请人填写注册申请表。

2）注册单位审核后，报省级测绘地理信息行政主管部门。

3）省级测绘地理信息行政主管部门审查并提出意见后报国家测绘地理信息局。

4）国家测绘地理信息局审批。

5）国家测绘地理信息局做出批准注册决定后在国家测绘地理信息局网站公布。

（2）受理、审查和审批的具体要求

1）测绘地理信息项目的设计文件、成果质量检查报告、最终成果文件及产品测试报告、项目监理报告等，须注册测绘师签字并加盖执业印章后生效。

2）注册测绘师签字盖章的文件修改原则上由注册测绘师本人进行，因特殊情况该注册测绘师不能进行修改的，应由其他注册测绘师修改，并签字、加盖执业盖章，同时对修改部分承担责任。

3）取得资格证书超过1年且不满3年的提出申请初始注册者，须提供不少于30学时继续教育必修内容培训的证明。取得资格证书3年以上的提出申请初始注册者，须提供相当于一个注册有效期要求的继续教育证明。注册测绘师注册通过注册系统进行在线申请。有关材料原件通过系统扫描报送电子文件。申请人和注册单位对相关材料的真实性负责并承担相应法律责任。注册测绘师注册证或执业印章遗失或污损，需要补办的，应当持在省级以上公众媒体上刊登的遗失声明或污损的原注册证或执业印章，经注册地省级测绘地理信息行政主管部门审核后，向国家测绘地理信息局申请补办。

3. 执业

注册测绘师开展执业活动，必须依托注册单位并与注册单位的资质等级和业务许可范围相适应。测绘地理信息项目的技术和质检负责人等关键岗位须由注册测绘师担任。因测绘地理信息成果质量问题造成的经济损失，由注册单位承担赔偿责任。注册单位依法向承担该业务的注册测绘师追责。探索建立注册测绘师执业责任保险制度。测绘资质单位须配备一定数量的注册测绘师，具体数量要求根据单位的资质等级、业务性质和范围、人员规模等，由国家测绘地理信息局在《测绘资质分级标准》中规定。省级测绘地理信息主管部门可探索建立注册测绘师事务所管理制度，在征得国家测绘地理信息局同意后实施。注册测绘师应恪守职业道德，严守国家秘密和委托单位的商业、技术秘密，保证执业活动中相应的测绘地理信息成果质量并承担终身责任。任何组织和个人不得以任何理由要求注册测绘师在不符合质量要求的项目文件上签字盖章。

4. 继续教育

注册测绘师延续注册、重新申请注册和逾期初始注册，应当完成本专业的继续教育。注册测绘师继续教育分为必修内容和选修内容，在一个注册有效期内，必修内容和选修内容均不得少于60学时。注册测绘师继续教育必修内容通过培训的形式进行，由国家测绘地理信息局推荐的机构承担。必修内容培训每次30学时，注册测绘师须在一个注册有效期内参加2次不同内容的培训。注册测绘师继续教育选修内容通过参加指定的网络学习获得40学时，另外20学时通过出版专业著作、承担科研课题、获得科技奖励、发表学术论文、参加学习等方式取得。国家测绘地理信息局在人力资源和社会保障部指导下，负责组织编写必修课培训大纲，审查培训教材，评估培训机构，下达年度继续教育培训计划。注册测绘师继续教育实行登记制度。注册单位应积极为注册测绘师提供继续教育学习经费和学习时间，以及参加继续教育的其他必要条件。必要时逐步建立注册测绘师执业责任鉴定机制、注册测绘师信用信息公开制度。

2.5 建设工程质量监督管理制度

2.5.1 建设工程质量监督制度

建设工程质量监督制度是指由政府有关部门委托的专门机构对建设工程质量进行的监督，监督的依据是有关法律、法规、技术标准以及设计文件。实行建设工程质量监督制度是工程质量管理工作的一项重要措施。为了保证建设工程质量监督的有效进行，应当对从事建筑活动的单位进行质量体系认证，同时要明确勘察设计单位、建筑施工企业以及建筑材料、建筑构配件和设备供应单位在建设工程质量方面的责任，还要严格实行建设工程竣工验收制度，严把竣工验收关。

国家实行建设工程质量监督管理制度，凡新建、扩建、改建的工业、交通和民用、市政公用工程及构配件生产，均应由建设行政主管部门或国务院工业、交通行政主管部门授权的城市或专业质量监督机构实施质量监督。国务院建设行政主管部门对全国的建设工程质量实施统一监督管理。国务院铁路、交通、水利等有关部门按照国务院规定的职责分工，负责对全国的有关专业建设工程质量的监督管理。县级以上地方人民政府建设行政主管部门对本行政区域内的建设工程质量实施监督管理。县级以上地方人民政府交通、水利等有关部门在各自的职责范围内，负责对本行政区域内的专业建设工程质量的监督管理。国务院建设行政主管部门和国务院铁路、交通、水利等有关部门应当加强对有关建设工程质量的法律、法规和强制性标准执行情况的监督检查。

2.5.2 建设工程质量监督备案的程序

办理建设工程质量监督备案的前置条件是：施工图设计文件和勘察报告必须通过审查批准，工程已经进行招投标并确定了施工总承包单位和监理单位。

1. 建筑工程质量监督备案所需的材料

建筑工程质量监督备案所需的材料包括：房屋建筑工程施工图设计文件审查通知书及审查合格书、建设（监理）单位确定的工程质量检测见证取样送检人员名单及授权书一份。凡在工程建设过程中增加了装饰、网架、钢结构、幕墙工程以及工程发生重大变更的，应补办质量监督备案手续，建设单位须提供《房屋建筑施工图设计文件审查备案合格书》《房屋建筑施工图设计文件审查备案报告》。

2. 市政工程质量监督备案所需的材料

市政工程质量监督备案所需的材料包括：中标通知书或者能反映工程造价的有关文件、建设（监理）单位确定的工程质量检测见证取样送检人员名单及授权书一份、市政基础设施工程施工图设计文件审查合格书及其审查备案报告。

3. 办理程序

1）建设单位按规定领取并填写《建筑工程和市政基础设施工程质量监督备案表》（建筑工程一式三份并签章，市政工程一式四份并签章）。

2）建设单位持相关质量文件（资料）向质量监督备案机构提出申请后，经备案机构审查，对建设单位提供材料齐全、符合法定形式的房屋建筑工程当场予以备案，并发放《建设工程质量监督书》。

2.6 建设工程质量责任终身制度

2.6.1 建设单位的质量责任和义务

1）建设单位应对其选择的设计、施工单位和负责供应的设备等原因发生质量问题承担相应责任。

2）建设单位应根据工程特点配备相应的质量管理人员，或委托工程建设监理单位进行管理。委托监理单位的，建设单位应与工程建设监理单位签订监理合同，明确双方的责任、权利和义务。

3）建设单位必须根据工程特点和技术要求，按有关规定选择相应资格（质）等级的勘察设计、施工单位，并签订工程承包合同。工程承包合同必须有质量条款，明确质量责任。

4）建设单位在工程开工前，必须办理有关工程质量监督手续，组织设计和施工单位认真进行设计交底和施工图会审；施工中应按照国家现行有关工程建设法律、法规、技术标准及合同规定，对工程质量进行检查；工程竣工后，应及时组织有关部门进行竣工验收。

5）建设单位按照工程承包合同中规定供应的设备等产品的质量，必须符合国家现行的有关法律、法规和技术标准的要求。

2.6.2　工程勘察设计单位的质量责任和义务

1）勘察设计单位应对本单位编制的勘察设计文件的质量负责。

2）勘察设计单位必须按资格等级承担相应的勘察设计任务，不得擅自超越资格等级及业务范围承接任务，应当接受工程质量监督机构对其资格监督检查。

3）勘察设计单位应按照国家现行有关规定、技术标准和合同进行勘察设计，建立健全质量保证体系，加强设计过程的质量控制，健全设计文件的审核签订制度，参与施工图会审，做好设计文件的技术交底工作。

4）勘察设计文件必须符合下列基本要求：设计文件应符合国家现行的有关法律、法规、工程设计技术、标准和合同的规定；工程勘察文件应反映工程地质、地形地貌、水文地质状况，评价准确，数据可靠；设计文件的深度应满足相应设计阶段的技术要求；施工应配套，细部节点应交代清楚，标准说明应清晰、完整；设计中选用的材料、设备等，应注明其规格、型号、性能、色泽等，并提出质量要求，但不得指定生产厂家。

5）对大型建设工程、超高层建筑以及采用新技术、新结构的工程，应在合同中规定设计单位向施工现场派驻设计代表。

2.6.3　施工单位的质量责任和义务

1）施工单位应当对本单位施工的工程质量负责。

2）施工单位必须按资质等级承担相应的工程任务；不得擅自超越资质等级及业务范围承包工程；必须依据勘察设计文件和技术标准精心施工，应当接受工程质量监督机构的监督检查。

3）实行总包的工程，总包单位对工程质量和竣工交付使用的保修工作负责；实行分包的工程，分包单位要对其分包的工程质量和竣工交付使用的保修工作负责。

4）施工单位应建立健全质量保证体系，落实质量责任制，加强施工现场的质量管理，加强计量、检测等基础工作，抓好职工培训，提高企业技术素质，广泛采用新技术和适用技术。

2.6.4 建设工程监理单位的质量责任和义务

1）工程监理单位转让工程监理业务的，责令改正，没收违法所得，处合同约定的监理酬金25%以上50%以下的罚款；可以责令停业整顿，降低资质等级；情节严重的，吊销资质证书。

2）工程监理单位有下列行为之一的，责令改正，处50万元以上100万元以下的罚款，降低资质等级或者吊销资质证书；有违法所得的，予以没收；造成损失的，承担连带赔偿责任；构成犯罪的，依法追究刑事责任。

① 与建设单位或者施工单位串通，弄虚作假、降低工程质量的。
② 将不合格的建设工程、建筑材料、建筑构配件和设备按照合格签字的。

3）工程监理单位与被监理工程的施工承包单位以及建筑材料、建筑构配件和设备供应单位有隶属关系或者其他利害关系承担该项建设工程的监理业务的，责令改正，处5万元以上10万元以下的罚款，降低资质等级或者吊销资质证书；有违法所得的，予以没收。

4）监理工程师等注册执业人员因过错造成质量事故的，责令停止执业1年；造成重大质量事故的，吊销执业资格证书，5年以内不予注册；情节特别恶劣的，终身不予注册。工程监理单位违反国家规定，降低工程质量标准，造成重大安全事故，构成犯罪的，对直接责任人员依法追究刑事责任。

5）工程监理单位的工作人员因调动工作、退休等原因离开该单位后，被发现在该单位工作期间违反国家有关建设工程质量管理规定，造成重大工程质量事故的，仍应当依法追究法律责任。

2.6.5 建筑材料、构配件生产及设备供应单位的质量责任和义务

1）建筑材料、构配件生产及设备供应单位对其生产或供应的产品质量负责。

2）建筑材料、构配件生产及设备的供需双方均应订立购销合同，并按合同条款进行质量验收。

3）建筑材料、构配件生产及设备供应单位必须具备相应的生产条件、技术装备和质量保证体系，具备必要的检测人员和设备，把好产品看样、订货、储存、运输和检验的质量关。

4）建筑材料、构配件及设备质量应当符合下列要求：符合国家或行业现行有关技术标准规定的合格标准和设计要求；符合在建筑材料、构配件及设备或其包装上注明采用的标准；符合以建筑材料、构配件及设备说明、实物样品等方式表明的质量状况。

5）建筑材料、构配件及设备或者包装上的标记应符合下列要求：有产品质量检验合格证明；有中文标明的产品名称、生产厂厂名和厂址；产品包装和商标样式符合国家有关规定和标准要求；设备应有产品详细的使用说明书，电气设备还应附有线路图；实施生产许可证或使用产品质量认证标志的产品，应有许可证或质量认证的编号、批准日期和有效期限。

2.7 建设工程质量责任主体及从业人员个人诚信体系建设

2.7.1 个人诚信体系建设的意义

为弘扬诚信传统美德，增强社会成员诚信意识，加强个人诚信体系建设，褒扬诚信，惩戒失信，提高全社会信用水平，营造优良信用环境，以培育和践行社会主义核心价值观为根本，大力弘扬诚信文化，加快个人诚信记录建设，完善个人信息安全、隐私保护与信用修复机制，健全守信激励与失信惩戒机制，使守信者受益、失信者受限，让诚信成为全社会共同的价值追求和行为准则，积极营造"守信光荣、失信可耻"的良好社会氛围。充分发挥政府在个人诚信体系建设中的组织、引导、推动和示范作用。规范发展征信市场，鼓励调动社会力量广泛参与，共同推进，形成个人诚信体系建设合力。健全个人信息法律法规、规章制度和标准规范，严格保护个人隐私和信息安全。以重点领域、重点人群为突破口，推动建立各地区各行业个人诚信记录机制。依托全国信用信息共享平台与各地方信用信息共享平台、金融信用信息基础数据库与个人征信机构，分别实现个人公共信用信息、个人征信信息的记录、归集、处理和应用。积极培育个人公共信用信息产品应用市场，推广个人公共信用信息社会化应用，拓宽应用范围。建立健全个人诚信奖惩联动机制，加大个人守信激励与失信惩戒力度。

2.7.2 个人诚信教育

1）将诚信文化建设摆在突出位置，以培育和践行社会主义核心价值观为根本，大力普及信用知识，制定颁布公民诚信守则，将诚信教育贯穿公民道德建设和精神文明创建全过程。加强社会公德、职业道德、家庭美德和个人品德教育，营造"守信者荣、失信者耻、无信者忧"的社会氛围。

2）积极推介诚信典型。充分发挥媒体舆论宣传引导作用，大力发掘、宣传有关部门和社会组织评选的诚信道德模范、优秀志愿者等诚信典型。组织各类网站开设网络诚信专题，经常性地宣传推广各类诚信典型、诚信事迹，推出一批高质量的网络诚信主题文化作品，加强网络失信案例警示教育。支持有关部门和社会组织向社会推介诚信典型和无不良信用记录者，推动实施跨部门、跨领域的守信联合激励措施。

3）广泛开展信用教育培训。建立健全信用管理职业培训与专业考评制度。加大对信用从业人员的培训力度，丰富信用知识，提高信用管理水平。鼓励各类社会组织和企业建立信用管理和教育制度，组织签署入职信用承诺书和开展信用知识培训活动，培育企业信用文化。组织编写信用知识读本，依托社区（村）各类基层组织，向公众普及信用知识。

2.7.3 加快推进个人诚信记录建设

1)推动完善个人实名登记制度。以公民身份号码制度为基础,推进公民统一社会信用代码制度建设。推动居民身份证登记指纹信息工作,实现公民统一社会信用代码全覆盖。运用信息化技术手段,不断加强个人身份信息的查核工作,确保个人身份识别信息的唯一性。以互联网、邮寄递送、电信、金融账户等领域为重点,推进建立实名登记制度,为准确采集个人诚信记录奠定基础。

2)建立重点领域个人诚信记录。以食品药品、安全生产、消防安全、交通安全、环境保护、生物安全、产品质量、税收缴纳、医疗卫生、劳动保障、工程建设、金融服务、知识产权、司法诉讼、电子商务、志愿服务等领域为重点,以公务员、企业法定代表人及相关责任人、律师、教师、医师、执业药师、评估师、税务师、注册消防工程师、会计审计人员、房地产中介从业人员、认证人员、金融从业人员、导游等职业人群为主要对象,有关部门要加快建立和完善个人信用记录形成机制,及时归集有关人员在相关活动中形成的诚信信息,确保信息真实准确,实现及时动态更新。金融信用信息基础数据库和个人征信机构要大力开展重点领域个人征信信息的归集与服务。鼓励行业协会、商会等行业组织建立健全会员信用档案。

2.7.4 完善个人信息安全、隐私保护、信用修复及共享机制

1)保护个人信息安全。有关部门要严格按照规定建立健全并严格执行保障信息安全的规章制度,明确个人信息查询使用权限和程序,做好数据库安全防护工作,建立完善个人信息查询使用登记和审查制度,防止信息泄露。严格按照相关法律法规,加大对金融信用信息基础数据库、征信机构的监管力度,确保个人征信业务合规开展,保障信息主体合法权益,确保国家信息安全。建立征信机构及相关人员信用档案和违规经营"黑名单"制度。

2)加强隐私保护。未经法律法规授权不得采集个人公共信用信息。加大对泄露、篡改、毁损、出售或者非法向他人提供个人信息等行为的查处力度。对金融机构、征信机构、互联网企业、大数据公司、移动应用程序开发企业实施重点监控,规范其个人信息采集、提供和使用行为。

3)建立信用修复机制。建立个人公共信用信息纠错、修复机制,制定异议处理、行政复议等管理制度及操作细则。明确各类公共信用信息展示期限,不再展示使用超过期限的公共信用信息。畅通信用修复渠道,丰富信用修复方式,探索通过事后主动履约、申请延期、自主解释等方式减少失信损失,通过按时履约、志愿服务、慈善捐助等方式修复信用。

4)推动个人公共信用信息共享。制定全国统一的个人公共信用信息目录、分类标准和共享交换规范。依托各地方信用信息共享平台建立个人公共信用信息数据库。依托全国信用信息共享平台,逐步建立跨区域、跨部门、跨行业个人公共信用信息的互联、互通、互查机制。

5）积极开展个人公共信用信息服务。各级人民政府要依法依规及时向社会提供个人公共信用信息授权查询服务。探索依据个人公共信用信息构建分类管理和诚信积分管理机制。有条件的地区和行业应建立个人公共信用信息与金融信用信息基础数据库的共享关系，并向个人征信机构提供服务。

2.7.5 完善个人守信激励和失信惩戒机制

1）为优良信用个人提供更多服务便利。对有关部门和社会组织实施信用分类监管确定的信用状况良好的行政相对人、诚信道德模范、优秀志愿者，行业协会商会推荐的诚信会员，以及新闻媒体挖掘的诚信主体等建立优良信用记录，各级人民政府要创新守信激励措施，对具有优良信用记录的个人，在教育、就业、创业等领域给予重点支持，尽力提供更多便利服务；在办理行政许可过程中，对具有优良信用记录的个人和连续三年以上无不良信用记录的行政相对人，可根据实际情况依法采取"绿色通道"和"容缺受理"等便利服务措施。鼓励社会机构依法使用征信产品，对具有优良信用记录的个人给予优惠和便利，使守信者在市场中获得更多机会和收益。

2）对重点领域严重失信个人实施联合惩戒。依法依规对严重危害人民群众身体健康和生命安全、严重破坏市场公平竞争秩序和社会正常秩序、拒不履行法定义务严重影响司法机关和行政机关公信力以及拒不履行国防义务等个人严重失信行为采取联合惩戒措施。将恶意逃废债务、非法集资、不依法诚信纳税等严重失信个人列为重点监管对象，依法依规采取行政性约束和惩戒措施。在对失信企事业单位进行联合惩戒的同时，依照法律法规和政策规定对相关责任人员采取相应的联合惩戒措施，将联合惩戒措施落实到人。鼓励将金融信用信息基础数据库和个人征信机构采集的个人在市场经济活动中产生的严重失信记录，推送至全国信用信息共享平台，作为实施信用惩戒措施的参考。

3）推动形成市场性、社会性约束和惩戒。建立健全个人严重失信行为披露、曝光与举报制度，依托"信用中国"网站，依法向社会公开披露各级人民政府掌握的个人严重失信信息，充分发挥社会舆论监督作用，形成强大的社会震慑力。鼓励市场主体对严重失信个人采取差别化服务。支持征信机构采集严重失信行为信息，纳入信用记录和信用报告。

2.7.6 建立完善的守信联合激励和失信联合惩戒制度

健全社会信用体系，加快构建以信用为核心的新型市场监管体制，有利于进一步推动简政放权和政府职能转变，营造公平诚信的市场环境。为建立完善守信联合激励和失信联合惩戒制度，加快推进社会诚信建设。紧紧围绕"四个全面"战略布局，牢固树立创新、协调、绿色、开放、共享发展理念，落实加强和创新社会治理要求，加快推进社会信用体系建设，加强信用信息公开和共享，依法依规运用信用激励和约束手段，构建政府、社会共同参与的跨地区、跨部门、跨领域的守信联合激励和失信联合惩戒机制，促进市场主体依法诚信经营，维护市场正常秩序，营造诚信社会环境。

1. 实施企业责任主体信用评级的基本原则

1）褒扬诚信，惩戒失信。充分运用信用激励和约束手段，加大对诚信主体激励和对严重失信主体惩戒力度，让守信者受益、失信者受限，形成褒扬诚信、惩戒失信的制度机制。

2）部门联动，社会协同。通过信用信息公开和共享，建立跨地区、跨部门、跨领域的联合激励与惩戒机制，形成政府部门协同联动、行业组织自律管理、信用服务机构积极参与、社会舆论广泛监督的共同治理格局。

3）依法依规，保护权益。严格依照法律法规和政策规定，科学界定守信和失信行为，开展守信联合激励和失信联合惩戒。建立健全信用修复、异议申诉等机制，保护当事人合法权益。

4）突出重点，统筹推进。坚持问题导向，着力解决当前危害公共利益和公共安全、人民群众反映强烈、对经济社会发展造成重大负面影响的重点领域失信问题。鼓励支持地方人民政府和有关部门创新示范，逐步将守信激励和失信惩戒机制推广到经济社会各领域。

2. 健全褒扬和激励诚信行为机制

1）多渠道选树诚信典型。将有关部门和社会组织实施信用分类监管确定的信用状况良好的行政相对人、诚信道德模范、优秀青年志愿者，行业协会商会推荐的诚信会员，新闻媒体挖掘的诚信主体等树立为诚信典型。鼓励有关部门和社会组织在监管和服务中建立各类主体信用记录，向社会推介无不良信用记录者和有关诚信典型，联合其他部门和社会组织实施守信激励。鼓励行业协会商会完善会员企业信用评价机制。引导企业主动发布综合信用承诺或产品服务质量等专项承诺，开展产品服务标准等自我声明公开，接受社会监督，形成企业争做诚信模范的良好氛围。

2）探索建立行政审批"绿色通道"。在办理行政许可过程中，对诚信典型和连续三年无不良信用记录的行政相对人，可根据实际情况实施"绿色通道"和"容缺受理"等便利服务措施。对符合条件的行政相对人，除法律法规要求提供的材料外，部分申报材料不齐备的，如其书面承诺在规定期限内提供，应先行受理，加快办理进度。

3）优先提供公共服务便利。在实施财政性资金项目安排、招商引资配套优惠政策等各类政府优惠政策中，优先考虑诚信市场主体，加大扶持力度。在教育、就业、创业、社会保障等领域对诚信个人给予重点支持和优先便利。在有关公共资源交易活动中，提倡依法依约对诚信市场主体采取信用加分等措施。

4）优化诚信企业行政监管安排。各级市场监管部门应根据监管对象的信用记录和信用评价分类，注重运用大数据手段，完善事中事后监管措施，为市场主体提供便利化服务。对符合一定条件的诚信企业，在日常检查、专项检查中优化检查频次。

5）降低市场交易成本。鼓励有关部门和单位开发"税易贷""信易贷""信易债"等守信激励产品，引导金融机构和商业销售机构等市场服务机构参考使用市场主体信用信息、信用积分和信用评价结果，对诚信市场主体给予优惠和便利，使守信者在市场中获得更多机会和实惠。

6）大力推介诚信市场主体。各级人民政府有关部门应将诚信市场主体优良信用信息及时在政府网站和"信用中国"网站进行公示，在会展、银企对接等活动中重点推介诚信企业，让信用成为市场配置资源的重要考量因素。引导征信机构加强对市场主体正面信息的采集，在诚信问题反映较为集中的行业领域，对守信者加大激励性评分比重。推动行业协会商会加强诚信建设和行业自律，表彰诚信会员，讲好行业"诚信故事"。

2.7.7 健全约束和惩戒失信行为机制

1）对重点领域和严重失信行为实施联合惩戒。在有关部门和社会组织依法依规对本领域失信行为做出处理和评价基础上，通过信息共享，推动其他部门和社会组织依法依规对严重失信行为采取联合惩戒措施。重点包括：一是严重危害人民群众身体健康和生命安全的行为，包括生态环境、工程质量、安全生产、消防安全、强制性产品认证等领域的严重失信行为。二是严重破坏市场公平竞争秩序和社会正常秩序的行为，包括贿赂、逃税骗税、恶意逃废债务、恶意拖欠货款或服务费、恶意欠薪、非法集资、合同欺诈、无证照经营、制售假冒伪劣产品和故意侵犯知识产权、出借和借用资质投标、围标串标、虚假广告、侵害消费者或证券期货投资者合法权益、严重破坏网络空间传播秩序、聚众扰乱社会秩序等严重失信行为。三是拒不履行法定义务，严重影响司法机关、行政机关公信力的行为，包括当事人在司法机关、行政机关做出判决或决定后，有履行能力但拒不履行、逃避执行等严重失信行为。四是拒绝、拖延民用资源征用或者阻碍对被征用的民用资源进行改造，危害国防利益，破坏国防设施等行为。

2）依法依规加强对失信行为的行政性约束和惩戒。对严重失信主体，各地区、各有关部门应将其列为重点监管对象，依法依规采取行政性约束和惩戒措施。从严审核行政许可审批项目，从严控制生产许可证发放，限制新增项目审批、核准，限制股票发行上市融资或发行债券，限制在全国股份转让系统挂牌、融资，限制发起设立或参股金融机构以及小额贷款公司、融资担保公司、创业投资公司、互联网融资平台等机构，限制从事互联网信息服务等。严格限制申请财政性资金项目，限制参与有关公共资源交易活动，限制参与基础设施和公用事业特许经营。对严重失信企业及其法定代表人、主要负责人和对失信行为负有直接责任的注册执业人员等实施市场和行业禁入措施。及时撤销严重失信企业及其法定代表人、负责人、高级管理人员和对失信行为负有直接责任的董事、股东等人员的荣誉称号，取消参加评先评优资格。

3）加强对失信行为的市场性约束和惩戒。对严重失信主体，有关部门和机构应以统一社会信用代码为索引，及时公开披露相关信息，便于市场识别失信行为，防范信用风险。督促有关企业和个人履行法定义务，对有履行能力但拒不履行的严重失信主体实施限制出境和限制购买不动产、乘坐飞机、乘坐高等级列车和席次、旅游度假、入住星级以上宾馆及其他高消费行为等措施。支持征信机构采集严重失信行为信息,纳入信用记录和信用报告。引导商业银行、证券期货经营机构、保险公司等金融机构按照风险定价原则,对严重失信主体提高贷款利率和财产保险费率,或者限制向其提供贷款、保荐、承销、保险等服务。

4)加强对失信行为的行业性约束和惩戒。建立健全行业自律公约和职业道德准则,推动行业信用建设。引导行业协会商会完善行业内部信用信息采集、共享机制,将严重失信行为记入会员信用档案。鼓励行业协会商会与有资质的第三方信用服务机构合作,开展会员企业信用等级评价。支持行业协会商会按照行业标准、行规、行约等,视情节轻重对失信会员实行警告、行业内通报批评、公开谴责、不予接纳、劝退等惩戒措施。

5)加强对失信行为的社会性约束和惩戒。充分发挥各类社会组织作用,引导社会力量广泛参与失信联合惩戒。建立完善失信举报制度,鼓励公众举报企业严重失信行为,对举报人信息严格保密。支持有关社会组织依法对污染环境、侵害消费者或公众投资者合法权益等群体性侵权行为提起公益诉讼。鼓励公正、独立、有条件的社会机构开展失信行为大数据舆情监测,编制发布地区、行业信用分析报告。

6)完善个人信用记录,推动联合惩戒措施落实到人。对企事业单位严重失信行为,在记入企事业单位信用记录的同时,记入其法定代表人、主要负责人和其他负有直接责任人员的个人信用记录。在对失信企事业单位进行联合惩戒的同时,依照法律法规和政策规定对相关责任人员采取相应的联合惩戒措施。通过建立完整的个人信用记录数据库及联合惩戒机制,使失信惩戒措施落实到人。

7)建立触发反馈机制。在社会信用体系中华人民共和国住房和城乡建设部际联席会议制度下,建立守信联合激励和失信联合惩戒的发起与响应机制。各领域守信联合激励和失信联合惩戒的发起部门负责确定激励和惩戒对象,实施部门负责对有关主体采取相应的联合激励和联合惩戒措施。

8)实施部省协同和跨区域联动。鼓励各地区对本行政区域内确定的诚信典型和严重失信主体,发起部省协同和跨区域联合激励与惩戒。充分发挥社会信用体系中华人民共和国住房和城乡建设部际联席会议制度的指导作用,建立健全跨地区、跨部门、跨领域的信用体系建设合作机制,加强信用信息共享和信用评价结果互认。

9)建立健全信用信息公示机制。推动政务信用信息公开,全面落实行政许可和行政处罚信息上网公开制度。除法律法规另有规定外,县级以上人民政府及其部门要将各类自然人、法人和其他组织的行政许可、行政处罚等信息在7个工作日内通过政府网站公开,并及时归集至"信用中国"网站,为社会提供"一站式"查询服务。涉及企业的相关信息按照企业信息公示暂行条例规定在企业信用信息公示系统公示。推动司法机关在"信用中国"网站公示司法判决、失信被执行人名单等信用信息。

10)建立健全信用信息归集共享和使用机制。依托国家电子政务外网,建立全国信用信息共享平台,发挥信用信息归集共享枢纽作用。加快建立健全各省(区、市)信用信息共享平台和各行业信用信息系统，推动青年志愿者信用信息系统等项目建设，归集整合本地区、本行业信用信息，与全国信用信息共享平台实现互联互通和信息共享。依托全国信用信息共享平台，根据有关部门签署的合作备忘录，建立守信联合激励和失信联合惩戒的信用信息管理系统，实现发起响应、信息推送、执行反馈、信用修复、异议处理等动态协同功能。各级人民政府及其部门应将全国信用信息共享平台信用信息查询使用嵌入审批、监管工作流程中，确保"应查必查""奖惩到位"。健全政府与征信机构、金融机构、行业协会商会等组织的信息共享机制，促进政务信用信息与社会信用信息互动融合，最大限度发挥守信联合激励和失信联合惩戒作用。

11）规范信用红黑名单制度。不断完善诚信典型"红名单"制度和严重失信主体"黑名单"制度，依法依规规范各领域红黑名单产生和发布行为，建立健全退出机制。在保证独立、公正、客观前提下，鼓励有关群众团体、金融机构、征信机构、评级机构、行业协会商会等将产生的"红名单"和"黑名单"信息提供给政府部门参考使用。

12）建立激励和惩戒措施清单制度。在有关领域合作备忘录基础上，梳理法律法规和政策规定明确的联合激励和惩戒事项，建立守信联合激励和失信联合惩戒措施清单，主要分为两类：一类是强制性措施，即依法必须联合执行的激励和惩戒措施；另一类是推荐性措施，即由参与各方推荐的，符合褒扬诚信、惩戒失信政策导向，各地区、各部门可根据实际情况实施的措施。社会信用体系中华人民共和国住房和城乡建设部际联席会议应总结经验，不断完善两类措施清单，并推动相关法律法规建设。

13）建立健全信用修复机制。联合惩戒措施的发起部门和实施部门应按照法律法规和政策规定明确各类失信行为的联合惩戒期限。在规定期限内纠正失信行为、消除不良影响的，不再作为联合惩戒对象。建立有利于自我纠错、主动自新的社会鼓励与关爱机制，支持有失信行为的个人通过社会公益服务等方式修复个人信用。

14）建立健全信用主体权益保护机制。建立健全信用信息异议、投诉制度。有关部门和单位在执行失信联合惩戒措施时主动发现、经市场主体提出异议申请或投诉发现信息不实的，应及时告知信息提供单位核实，信息提供单位应尽快核实并反馈。联合惩戒措施在信息核实期间暂不执行。经核实有误的信息应及时更正或撤销。因错误采取联合惩戒措施损害有关主体合法权益的，有关部门和单位应积极采取措施恢复其信誉、消除不良影响。支持有关主体通过行政复议、行政诉讼等方式维护自身合法权益。

15）建立跟踪问效机制。各地区、各有关部门要建立完善信用联合激励惩戒工作的各项制度，充分利用全国信用信息共享平台的相关信用信息管理系统，建立健全信用联合激励惩戒的跟踪、监测、统计、评估机制并建立相应的督查、考核制度。对信用信息归集、共享和激励惩戒措施落实不力的部门和单位，进行通报和督促整改，切实把各项联合激励和联合惩戒措施落到实处。

第 2 章 建设法律法规基本制度

小 结

本章主要从《建筑法》、建设工程质量管理活动的角度介绍了建设、监理、施工、设计、勘察以及建筑材料、构配件生产及设备供应单位的质量责任和义务等内容；重点介绍了建筑业企业资质准入制度、工程监理企业经营资质许可制度及其资质变更管理，以及建筑工程施工许可证的申请时间、范围、申领条件，同时还介绍了几个与读者将来执业相关的国家执业资格考试制度。

思 考 题

2-1　如何申领建筑工程施工许可证？
2-2　建设工程有哪些从业人员注册制度？
2-3　建设工程法律基本制度包括哪些内容？
2-4　有哪些与建设工程质量终身制度有关的责任主体？
2-5　简述企业责任主体诚信制度体系及其基本内容。
2-6　建设行业从业人员诚信制度体系及其基本内容有哪些？

建设工程项目管理法律法规

学习目标：

通过学习建设工程项目管理法律法规的基本知识，了解建设工程项目法人责任制度、施工图审查制度；熟悉并掌握建设工程质量检测制度、质量保修制度、建设工程监理制度，以及建设工程强制保险制度等相关的法律规范。

关键词：

建设工程质量保修制度　建设工程监理制度　建设工程强制保险制度

建设工程项目管理制度作为建设工程法规体系的补充与配套规定，为建设法规在建筑活动实践中的运用提供了操作指南，并使建设法规在实践中更具有可操作性。建设工程项目管理的基本制度主要包括：项目法人责任制度、建设工程施工图设计文件审查制度、建设工程质量检测制度、建设工程监理制度、建设工程强制性保险制度、工程招标投标制度、合同管理制度等。本章将重点介绍项目法人责任制度、建设工程施工图设计文件审查制度、建设工程质量检测制度、建设工程质量保修制度、建设工程强制保险制度、建设工程监理制度的法律法规。

3.1 项目法人责任制度

3.1.1 项目法人的设立

为了建立投资责任约束机制，规范项目法人的行为，明确其责、权、利，提高投资效益，根据《公司法》的要求，国有单位经营性基本建设大中型项目在建设阶段必须组建项目法人。项目法人可按《公司法》的规定设立有限责任公司（包括国有独资公司）和股份有限公司等形式。实行项目法人责任制,由项目法人对项目的策划、资金筹措、建设实施、生产经营、偿还债和资产的保值增值,实行全过程负责。项目法人组织要精干、高效,建设管理工作要充分发挥全过程咨询法人责任主体责任能力,集项目咨询、监理、造价、审计、会计师和律师事务所等各类中介组织一体化服务。

3.1.2 项目法人的组织形式和职责

项目法人主要负责项目初步设计文件,组织工程设计,制订招标方案,进行项目实施前期准备工作,并对董事会、股东会负责,汇报工作。项目法人组织形式和职责一览表见表3-1。

表3-1 项目法人组织形式和职责一览表

组织形式	职能部门的设立	职责范围
国有独资公司	董事会,由投资方组建	对项目的重大事项如经济支出等以董事会决议形式予以确认
国有控股或参股的有限责任公司	股东会、董事会、监事会	
股份有限公司		

3.2 建设工程施工图设计文件审查制度

3.2.1 施工图审查制度的概念

建设工程施工图设计文件审查是指由县级以上建设主管部门或其授权机构对建设工程施工图设计文件进行质量监督管理的行为。施工图审查是指施工图审查机构(以下简称审查机构)按照有关法律、法规,对施工图涉及公共利益、公众安全和工程建设强制性标准的内容进行的审查。施工图审查应当坚持先勘察、后设计的原则。审查机构对施工图审查工作负责,承担审查责任。施工图经审查合格后,仍有违反法律、法规和工程建设强制性标准的问题,给建设单位造成损失的,审查机构依法承担相应的赔偿责任。

国家实施施工图设计文件(含勘察文件,以下简称施工图)审查制度。施工图未经审查或者审查不合格的,不得使用。从事房屋建设工程、市政基础设施工程施工、监理等活动,以及实施对房屋建设和市政基础设施工程质量安全监督管理,应当以审查合格的施工图为依据。省、自治区、直辖市人民政府住房城乡建设主管部门应当会同有关主管部门按照规定的审查机构条件,结合本行政区域内的建设规模,确定相应数量的审查机构,逐步推行以政府购买服务方式开展施工图设计文件审查,并对施工图审查工作实施监督管理,并接受国务院建设主管部门的指导和监督;市、县人民政府建设主管部门负责对本行政区域内的施工图审查工作实施日常监督管理,并接受省、自治区、直辖市人民政府建设主管部门的指导和监督。

3.2.2 施工图审查机构

审查机构按承接业务范围分两类,一类机构承接房屋建设、市政基础设施工程,它的施工图审查业务范围不受限制;二类机构可以承接二级及以下房屋建设、市政基础设施工程的施工图审查。

1. 一类审查机构应当具备的条件

1)有健全的技术管理和质量保证体系。

2)审查人员应当有良好的职业道德;有15年以上所需专业勘察、设计工作经历;主持过不少于5项大型房屋建设工程、市政基础设施工程相应专业的设计或者甲级工程勘察项目相应专业的勘察;已实行执业注册制度的专业,审查人员应当具有一级注册建设师、一级注册结构工程师或者勘察设计注册工程师资格,并在本审查机构注册;未实行执业注册制度的专业,审查人员应当具有高级工程师职称;近5年内未因违反工程建设法律法规和强制性标准受到行政处罚。

3)在本审查机构专职工作的审查人员数量:从事房屋建设工程施工图审查的,结构专业审查人员不少于7人,建设专业不少于3人,电气、暖通、给水排水、勘察等专业审查人员各不少于2人;从事市政基础设施工程施工图审查的,所需专业的审查人员不少于7人,其他必须配套的专业审查人员各不少于2人;专门从事勘察文件审查的,勘察专业审查人员不少于7人。

承担超限高层建设工程施工图审查的,还应当具有主持过超限高层建设工程或者100m以上建设工程结构专业设计的审查人员不少于3人。

4)60岁以上审查人员不超过该专业审查人员规定数的1/2。

5)注册资金不少于300万元。

2. 二类审查机构应当具备的条件

1)有健全的技术管理和质量保证体系。

2)审查人员应当有良好的职业道德;有10年以上所需专业勘察、设计工作经历;主持过不少于5项中型以上房屋建设工程、市政基础设施工程相应专业的设计或者乙级以上工程勘察项目相应专业的勘察;对于已实行执业注册制度的专业,审查人员应当具有一级注册建设师、一级注册结构工程师或者勘察设计注册工程师资格,并在本审查机构注册;对于未实行执业注册制度的专业,审查人员应当具有高级工程师职称;近5年内未因违反工程建设法律法规和强制性标准受到行政处罚。

3)在本审查机构专职工作的审查人员数量:从事房屋建设工程施工图审查的,结构专业审查人员不少于3人,建设、电气、暖通、给水排水、勘察等专业审查人员各不少于2人;从事市政基础设施工程施工图审查的,所需专业的审查人员不少于4人,其他必须配套的专业审查人员各不少于2人;专门从事勘察文件审查的,勘察专业审查人员不少于4人。

4)60岁以上审查人员不超过该专业审查人员规定数的1/2。

5)注册资金不少于100万元。

3.2.3 施工图报审及其审查范围

在中华人民共和国境内从事房屋建设工程、市政基础设施工程施工图设计文件审查和实施监督管理的，都必须遵守《房屋建筑和市政基础设施工程施工图设计文件审查管理办法》的规定。建设单位应当将施工图送审查机构审查。建设单位可以自主选择审查机构，但是审查机构不得与所审查项目的建设单位、勘察设计企业有隶属关系或者其他利害关系。建设单位应当向审查机构提供下列资料并对所提供资料的真实性负责：

1）作为勘察、设计依据的政府有关部门的批准文件及附件。
2）全套施工图。
3）其他应当提交的材料。

3.2.4 施工图审查的内容及其审查程序

1. 施工图审查内容

审查机构当对施工图审查的内容包括：

1）是否符合工程建设强制性标准。
2）地基基础和主体结构的安全性。
3）消防安全性。
4）人防工程（不含人防指挥工程）防护安全性。
5）是否符合民用建筑节能强制性标准，对执行绿色建筑标准的项目，还应当审查是否符合绿色建筑标准。
6）勘察设计企业和注册执业人员以及相关人员是否按规定在施工图上加盖相应的图章和签字。
7）涉及消防安全性、人防工程（不含人防指挥工程）防护安全性的，由县级以上人民政府有关部门按照职责分工实施监督检查和行政处罚，并将监督检查结果向社会公布。
8）法律、法规、规章规定必须审查的其他内容，例如施工图是否达到设计深度等。

2. 施工图审查程序

建设单位向施工图审查机构报送的施工图包括建筑、结构、给水排水、电气、暖通、消防及人民防空工程等专项设计；施工图审查机构进行施工图审查；签发施工图设计文件审查报告书；施工图审查意见书备案。施工图审查意见按照《房屋建筑和市政基础设施工程施工图设计文件审查管理办法》的规定签署施工图审查批准书：

1）审查合格的，审查机构应当向建设单位出具审查合格书，并在全套施工图上加盖审查专用章。审查合格书应当有各专业的审查人员签字，经法定代表人签发，并加盖审查机构公章。审查机构应当在出具审查合格书后 5 个工作日内，将审查情况报工程所在地县级以上地方人民政府住房和城乡建设主管部门备案。

2）审查不合格的，审查机构应当将施工图退回建设单位并出具审查意见告知书，说明不合格原因。同时，应当将审查意见告知书及审查中发现的建设单位、勘察设计企业和注册执业人员违反法律、法规和工程建设强制性标准的问题，报工程所在地县级以上地方人民政府住房和城乡建设主管部门。施工图退回建设单位后，建设单位应当要求原勘察设计企业进行修改，并将修改后的施工图送原审查机构复审。

3. 审图机制的新变化

一是精简审批，取消施工合同、建设节能设计审查备案等事项，将消防、人防等设计并入施工图设计文件审查。二是环境影响、节能等评价不再作为项目审批或核准条件，由政府统一组织区域评估。三是实施分类管理，简化社会投资的中小型工程建设项目审批，对社会投资的房屋建设工程，建设单位可自主决定发包方式。四是压缩流程，推行联合勘验、测绘、审图等，规划、国土、市政公用等单位限时联合验收。实行"一张蓝图"明确项目建设条件，"一个系统"受理审批督办，"一个窗口"提供综合服务，"一张表单"整合申报材料，"一套机制"规范审批运行。

3.2.5 施工图审查机构的审查责任

任何单位或者个人不得擅自修改审查合格的施工图。确需修改的，建设单位应当将修改后的施工图送原审查机构二次审查。一般情况下，施工图审查机构在接受施工图审查资料后，原则上不超过下列规定的期限：一级以上建设工程、大型市政工程为 15 个工作日，二级及以下建设工程、中型及以下市政工程为 10 个工作日。对于工程勘察文件，甲级项目为 7 个工作日，乙级及以下项目为 5 个工作日。审查机构对施工图审查工作负责，并承担审查责任。施工图经审查合格后，仍有违反法律、法规和工程建设强制性标准的问题，给建设单位造成损失的，审查机构依法承担相应的赔偿责任；建设主管部门对审查机构、审查机构的法定代表人和审查人员依法做出处理或者处罚。审查机构应当建立、健全内部管理制度。施工图审查应当有经各专业审查人员签字的审查记录，审查记录、审查合格书等有关资料应当归档保存。未实行执业注册制度的审查人员，应当参加省、自治区、直辖市人民政府建设主管部门组织的有关法律、法规和技术标准的培训，每年培训时间不少于 40 学时。县级以上人民政府建设主管部门应当及时受理对施工图审查工作中违法、违规行为的检举、控告和投诉。按规定应当进行审查的施工图，未经审查合格的，建设主管部门不得颁发施工许可证。

3.3 建设工程质量检测制度

3.3.1 检测机构设立的法律规定

建设工程质量检测是指在新建、扩建、改建房屋建筑和市政基础设施工程活动中，建设工程质量检测机构接受委托，依据国家有关法律、法规和标准，对建设工程涉及结构安全、主要使用功能的检测项目，进入施工现场的建筑材料、建筑构配件、设备以及工程实体质量等进行的检测。

检测机构应当取得建设工程质量检测机构资质（以下简称检测机构资质），并在资质许可的范围内从事建设工程质量检测活动。未取得相应资质证书的，不得承担本办法规定的建设工程质量检测业务。检测机构资质分为综合类资质、专项类资质。

1）综合类资质是指包括同时具有全部专项资质的检测能力和许可证书，可承担全部专项资质中已取得检测参数的检测业务。

2）专项类资质包括建筑材料及构配件、主体结构及装饰装修、钢结构、地基基础、建筑节能、建筑幕墙、市政工程材料、道路工程、桥梁及地下工程等9个检测机构专项资质，可承担所取得专项资质范围内已取得检测参数的检测业务。

申请检测机构资质的单位应当是具有独立法人资格的企业、事业单位，或者依法设立的合伙企业，并具备相应的人员、仪器设备、检测场所、质量保证体系等条件。省、自治区、直辖市人民政府住房和城乡建设主管部门负责本行政区域内检测机构的资质许可。国务院住房和城乡建设主管部门负责全国建设工程质量检测活动的监督管理。县级以上地方人民政府住房和城乡建设主管部门负责本行政区域内建设工程质量检测活动的监督管理，可以委托所属的建设工程质量监督机构具体实施。申请检测机构资质应当向登记地所在省、自治区、直辖市人民政府住房和城乡建设主管部门提出，并提交下列材料：

1）检测机构资质申请表。

2）主要检测仪器、设备清单。

3）检测场所不动产权属证书或者租赁合同。

4）技术人员的职称证书。

5）检测机构管理制度及质量控制措施。

资质许可机关受理申请后，应当进行材料审查和专家评审，在20个工作日内完成审查并做出书面决定。对符合资质标准的，自做出决定之日起10个工作日内颁发检测机构资质证书，并报国务院住房和城乡建设主管部门备案。专家评审时间不计算在资质许可期限内。检测机构资质证书实行电子证照，由国务院住房和城乡建设主管部门制定格式。资质证书有效期为5年。

3.3.2 检测机构业务管理

质量检测业务由工程项目建设单位委托具有相应资质的检测机构进行检测。委托方与被委托方应当签订书面合同。检测结果利害关系人对检测结果发生争议的，由双方共同认可的检测机构复检，复检结果由提出复检方报当地建设主管部门备案。质量检测试样的取样应当严格执行有关工程建设标准和国家有关规定，在建设单位或者工程监理单位监督下现场取样。提供质量检测试样的单位和个人应当对试样的真实性负责。检测机构完成检测业务后，应当及时出具检测报告。检测报告经检测人员签字、检测机构法定代表人或者其授权的签字人签署,并加盖检测机构公章或者检测专用章后方可生效。检测报告经建设单位或者工程监理单位确认后,由施工单位归档。下面列举几个常见的专项检测机构质量检测业务表。建设工程质量检测机构资质标准及业务范围专项检测(人工地基工程检测)见表3-2。

表3-2 建设工程质量检测机构资质标准及业务范围专项检测(人工地基工程检测)

项目	人工地基工程检测
基本要求	1. 注册资金不少于100万元 2. 申请检测的项目应通过计量认证 3. 技术负责人为从事相关专业工作5年以上的高级工程师 4. 相关专业技术人员不少于10人,其中从事工程桩检测工作3年以上具有高级或中级职称的不少于4名;从事地基及复合地基及桩的承载力检测的须有4名以上通过考核的专业技术人员;从事低应变、高应变、声波透射法检测及锚杆锁定力检测的每个项目须各有2名以上通过考核的专业技术人员;通过考核的人员中具有注册岩土工程师资格的不少于1人 5. 有满足检测工作所需的工作场所
检测设备	1. 须有与检测工作相适应的载荷试验架、堆载装置、千斤顶、百分表、锚杆拉力仪、土工试验设备、声波检测仪、动测仪及配套的相关设备 2. 属于强制检定的检测设备须有计量检定合格证
管理制度	1. 有健全的管理制度和质量保证体系,包括岗位责任制,报告的审批程序,试验操作及安全规程,仪器使用、维修、检定、保养等制度 2. 有齐全的现行试验检测标准规范等技术文件 3. 有完善的试验检测资料制度
业务范围	1. 地基及复合地基承载力静载检测 2. 桩基承载力的静载检测 3. 低应变法桩身完整性检测 4. 声波透射法桩身完整性检测 5. 高应变法桩身完整性及承载力检测 6. 锚杆锁定力检测

建设工程质量检测机构资质标准及业务范围专项检测(主体结构工程现场检测)见表3-3。

表3-3 建设工程质量检测机构资质标准及业务范围专项检测(主体结构工程现场检测)

项目	主体结构工程现场检测
基本要求	1. 注册资金不少于100万元 2. 申请检测的项目应通过计量认证 3. 技术负责人为从事相关专业工作5年以上的高级工程师 4. 相关专业技术人员不少于10人,从事结构工程检测工作3年以上具有高级或中级职称的不少于4名,其中1人具有二级注册结构工程师资格 5. 检测试验人员持证上岗应不低于80% 6. 有满足检测工作所需的工作场所
检测设备	1. 须有与检测工作相适应的现场检测设备:各类回弹仪(射钉仪)、扫描仪(钢筋)、堆载装置、百分表、拉拔仪及配套的相关设备 2. 属于强制检定的检测设备须有计量检定合格证
管理制度	1. 有健全的管理制度和质量保证体系,包括岗位责任制,报告的审批程序,试验操作及安全规程,仪器使用、维修、检定、保养等制度 2. 有齐全的现行试验检测标准规范等技术文件 3. 有完善的试验检测资料制度

（续）

项目	主体结构工程现场检测
业务范围	1. 混凝土、砂浆、砌体强度现场检测 2. 钢筋保护层厚度检测 3. 混凝土预制构件结构性能检测 4. 后置埋件的力学性能检测

建设工程质量检测机构资质标准及业务范围专项检测（室内环境质量检测）见表3-4。

表3-4　建设工程质量检测机构资质标准及业务范围专项检测（室内环境质量检测）

项目	室内环境质量检测
基本要求	1. 注册资金不少于100万元 2. 申请检测的项目应通过计量认证 3. 技术负责人为从事相关专业工作5年以上的高级工程师 4. 相关专业技术人员不少于10人，其中从事室内环境检测工作3年以上具有高级或中级职称的不少于4名 5. 检测试验人员持证上岗率应不低于80% 6. 有满足检测工作所需的工作场所
检测设备	1. 须有与检测工作相适应的气相色谱仪、分光光度计、测氡仪、热解析仪、空气采样器、相关材料检测及配套的相关设备 2. 属于强制检定的检测设备须有计量检定合格证
管理制度	1. 有健全的管理制度和质量保证体系，包括岗位责任制，报告的审批程序，试验操作及安全规程，仪器使用、维修、检定、保养等制度 2. 有齐全的现行试验检测标准规范等技术文件 3. 有完善的试验检测资料制度
业务范围	1. 室内空气中氡、甲醛、氨、苯、总挥发性有机化合物（TVOC）浓度的检测 2. 建筑材料污染物含量的检测 3. 建筑材料放射性的检测 4. 土壤中氡浓度的检测

检测机构的质量检测业务见表3-5。

表3-5　检测机构的质量检测业务

序号	项目	专项检测	见证取样检测
		具体内容	
1	地基基础工程检测	地基及复合地基承载力静载检测，桩的承载力检测，桩身完整性检测，锚杆锁定力检测	水泥物理力学性能检测，钢筋（含焊接与机械连接）力学性能检测，砂、石常规检测，混凝土、砂浆强度检测，简易土工试验，混凝土掺加剂检测，预应力钢绞线、锚夹具检验，沥青、沥青混合料检测
2	主体结构工程现场检测	混凝土、砂浆、砌体强度现场检测，钢筋保护层厚度检测，混凝土预制构件结构性能检测，后置埋件的力学性能检测	
3	建设幕墙工程检测	建设幕墙的气密性、水密性、风压变形性能、层间变位性能检测，硅酮结构胶相容性检测	
4	钢结构工程检测	钢结构焊接质量无损检测，钢结构防腐及防火涂装检测，钢结构节点、机械连接用紧固标准件及高强度螺栓力学性能检测，钢网架结构的变形检测，金相检测	

3.4 建设工程质量保修制度

在我国境内新建、扩建、改建各类房屋建筑工程（包括装修工程）实行建设工程质量保修制度。国务院建设行政主管部门负责全国房屋建筑工程质量保修的监督管理。县级以上地方人民政府建设主管部门负责本行政区域内房屋建筑工程质量保修的监督管理。实行建设工程质量保修制度的目的是保护建设单位、施工单位、房屋建筑所有人和使用人的合法权益，维护公共安全和公众利益。房屋建筑工程质量保修是指对房屋建筑工程竣工验收后在保修期限内出现的质量缺陷予以修复的行为。质量缺陷是指房屋建筑工程的质量不符合工程建设强制性标准以及合同的约定。建设工程承包单位在向建设单位提交工程竣工验收报告时，应当向建设单位出具质量保修书。建设单位和施工单位应当在工程质量保修书中约定保修范围、保修期限和保修责任等，双方约定的保修范围、保修期限必须符合国家有关规定。房屋建筑工程在保修范围和保修期限内出现质量缺陷，施工单位应当履行保修义务。

3.4.1 质量保修期限与起算时间

在正常使用条件下（因使用不当、第三方造成的质量缺陷、不可抗力造成的质量缺陷除外），房屋建筑工程保修期从工程竣工验收合格之日起计算，且房屋建筑工程的最低保修期限见表3-6。

表3-6 房屋建筑工程的最低保修期限

序号	保修项目	保修期限
1	地基基础工程和主体结构工程	设计文件规定的该工程合理使用年限
2	屋面防水工程	5年
3	有防水要求的卫生间和房间	
4	外墙面	
5	供热与供冷系统	2个采暖期、供冷期
6	电气管线、给水排水管道、设备安装	2年
7	装修工程	
8	其他项目	由建设单位和施工单位约定

3.4.2 质量保修期间的责任规定

1. 在房屋建筑工程的保修期限内出现质量缺陷的处理方法

房屋建筑工程在保修期限内出现质量缺陷，建设单位或者房屋建筑所有人应当向施工单位发出保修通知。施工单位接到保修通知后，应当到现场核查情况，在保修书约定的时间内予以保修。发生涉及结构安全或者严重影响使用功能的紧急抢修事故，施工单位接到保修通知后，应当立即到达现场抢修。发生涉及结构安全的质量缺陷，建设单位或者房屋建筑所有人应当立即向当地建设行政主管部门报告，采取安全防范措施；由原设计单位或者具有相应资质等级的设计单位提出保修方案，施工单位实施保修，原工程质量监督机构负责监督。保修完成后，由建设单位或者房屋建筑所有人组织验收。涉及结构安全的，应当报当地建设行政主管部门备案。

2．建设工程质量保修责任的规定

1）房屋建筑工程在保修范围和保修期限内出现质量缺陷，施工单位应当履行保修义务。

2）施工单位不按工程质量保修书约定保修的，建设单位可以另行委托其他单位保修，由原施工单位承担相应责任。保修费用由质量缺陷的责任方承担。

3）在保修期内，因房屋建筑工程质量缺陷造成房屋所有人、使用人或者第三方人身、财产损害的，房屋所有人、使用人或者第三方可以向建设单位提出赔偿要求。建设单位向造成房屋建筑工程质量缺陷的责任方追偿。

4）因保修不及时造成新的人身、财产损害，由造成拖延的责任方承担赔偿责任。

5）施工单位有下列行为之一的，由建设主管部门责令改正，并处1万元以上3万元以下的罚款：工程竣工验收后，不向建设单位出具质量保修书的；质量保修的内容、期限违反规定的。

6）施工单位不履行保修义务或者拖延履行保修义务的，由建设行政主管部门责令改正，处10万元以上20万元以下的罚款。

3．返修

1）施工单位未按国家有关规范、标准和设计要求施工，造成的质量问题，由施工单位负责返修并承担经济责任。

2）由于设计方面的原因造成的质量缺陷，由设计单位承担经济责任、由施工单位负责维修，其费用按有关规定通过建设单位索赔，不足部分由建设单位负责。

3）因建筑材料、构配件和设备质量不合格引起的质量缺陷，属于施工单位采购的或经其验收同意的，由施工单位承担经济责任；属于建设单位采购的，由建设单位承担经济责任。

4）因使用单位使用不当造成的质量缺陷，由使用单位自行负责。

5）因地震、洪水、台风等不可抗力造成的质量问题，施工单位、设计单位不承担经济责任。

施工单位自接到保修通知书之日起，必须在2周内到达现场，与建设单位共同明确责任方。如果施工单位未能按期到达现场，建设单位应再次通知施工单位，施工单位自接到再次通知起的1周内仍不能到达时，建设单位有权自行返修，所发生的费用由原施工单位承担。不属于施工单位责任，建设单位应与施工单位联系，商议维修的具体期限。

4. 损害赔偿

因建设工程质量缺陷造成人身、缺陷工程以外的其他财产损害的，侵害人应按有关规定，给予受害人赔偿；因建设工程质量存在缺陷造成损害要求赔偿的诉讼时效期限为3年，自当事人知道或应当知道其权益受到损害时起计算；因建设工程质量责任发生民事纠纷，当事人可以通过协商或调解解决。当事人不愿通过协商、调解解决或者协商、调解不成的，可以根据当事人双方的协议，向仲裁机构申请仲裁，达成仲裁协议；当事人双方没有达成仲裁协议的，可以向人民法院起诉。

3.5 建设工程监理制度

建设工程监理是指监理单位受项目法人的委托，依据国家批准的工程项目建设文件，有关建设工程的法律、法规和建设工程监理合同及其他建设工程合同，对建设工程实施的监督管理活动。国家推行建筑工程监理制度，国务院可以规定实行强制监理的建筑工程范围。实行监理的建筑工程，由建设单位委托具有相应资质条件的工程监理单位监理。建设单位与其委托的工程监理单位应当订立书面委托监理合同。实施建筑工程监理前，建设单位应当将委托的工程监理单位、监理内容及监理权限，书面通知被监理的建筑施工企业。工程监理单位应当在其资质等级许可的监理范围内，承担工程监理业务。工程监理单位应当根据建设单位的委托，客观、公正地执行监理任务。工程监理单位与被监理工程的承包单位以及建筑材料、建筑构配件和设备供应单位不得有隶属关系或者其他利害关系。工程监理单位不按照委托监理合同的约定履行监理义务，对应当监督检查的项目不检查或者不按照规定检查，给建设单位造成损失的，应当承担相应的赔偿责任。工程监理单位与承包单位串通，为承包单位谋取非法利益，给建设单位造成损失的，应当与承包单位承担连带赔偿责任。

3.5.1 建设工程监理法规立法现状

随着建设工程监理制度在我国的建立与推行，建设工程监理行业立法工作的完善程度不断提高。我国相关部门参照国际惯例，建立具有中国特色的建设监理制度，以提高投资效益和建设水平，确保国家建设计划与工程合同的实施，先后颁布和修订了《中华人民共和国建筑法》《中华人民共和国招标投标法》《中华人民共和国安全生产法》《中华人民共和国合同法》以及《建设工程质量管理条例》《建设工程安全生产管理条例》等一系列法律法规文件。同时制定了相应的《建设工程监理规范》（GB/T 50319—2013）、《建设工程监理范围和规模标准规定》等，进一步明确了工程监理在质量管理和安全生产管理方面的法律责任、权利和义务，规范工程监理行为，保障工程监理健康发展；同时一些省市也已相继出台了地方法规和规章，如浙江省于2014年修正了《浙江省建设工程监理管理条例》，深圳市于

2019 年修正了《深圳经济特区建设工程监理条例》；四川省发布了《四川省建设工程质量管理规定》，地方法律、法规和规章的出台，形成了我国工程监理行业的法规体系，为工程监理工作提供了法律保障。

3.5.2 建设工程强制性监理的范围

实行强制性监理的建筑工程范围由国务院规定。《建设工程质量管理条例》及《建设工程监理范围和规模标准规定》中规定，我国必须实行建设工程监理的工程项目范围包括以下几个方面。

1. 国家重点建设工程

国家重点建设工程是指依据《国家重点建设项目管理办法》所确定的对国民经济和社会发展有重大影响的骨干项目。

2. 大中型公用事业工程

大中型公用事业工程是指项目总投资额在 3000 万元以上的下列工程项目：
1）供水、供电、供气、供热等市政工程项目。
2）科技、教育、文化等项目。
3）体育、旅游、商业等项目。
4）卫生、社会福利等项目。
5）其他公用事业项目。

3. 成片开发建设的住宅小区工程

建筑面积在 5 万 m^2 以上的住宅建设工程必须实行监理；5 万 m^2 以下的住宅建设工程，可以实行监理，具体范围和规模标准，由省、自治区、直辖市人民政府建设行政主管部门规定。

4. 利用外国政府或者国际组织贷款、援助资金的工程

1）使用世界银行、亚洲开发银行等国际金融组织贷款资金的项目。
2）使用国外政府及其机构贷款资金的项目。
3）使用国际组织或者国外政府援助资金的项目。

5. 国家规定必须实行监理的其他工程

国家规定必须实行监理的其他工程是指项目总投资额在 3000 万元以上关系社会公共利益、公众安全的下列基础设施项目：
1）煤炭、石油、化工、天然气、电力、新能源等项目。
2）铁路、公路、管道、水运、民航，以及其他交通运输业等项目。
3）邮政、电信枢纽、通信、信息网络等项目。
4）防洪、灌溉、排涝、发电、引（供）水、滩涂治理、水资源保护、水土保持等水利建设项目。

5）道路、桥梁、地铁和轻轨交通、污水排放及处理、垃圾处理、地下管道、公共停车场等城市基础设施项目。

6）生态环境保护项目。

7）其他基础设施项目（如学校、影剧院、体育场馆、医院等关系社会公共利益、公众安全的项目）。

3.5.3 建筑市场主体间的关系和建设工程监理工作程序

1. 建筑市场主体间的关系

建设工程监理活动中最主要的当事人有业主、监理单位及承包人三方。它们的权利与义务是通过业主与监理单位、业主与承包人之间所签订的合同约定的。

1）业主与承包人是发包、承包的合同关系（雇佣与被雇佣关系）。业主与承包人签订的施工合同构成了合同双方相互关系的法律依据。承包人按照合同条件的规定，对合同范围内的工程进行设计、施工直至竣工，并修补其任何缺陷，业主也要按照合同文件履行自己的职责（如付款等）。如业主已委托监理单位进行监理，承包人必须接受监理单位的监督与管理，而业主不能直接指挥承包人的施工活动，业主直接向承包人下达指令属违反合同的行为，承包人执行业主的命令也同样是违反合同的行为，监理工程师有权拒绝。

2）业主与监理单位是：委托与被委托的关系。业主与监理单位签订监理合同，合同中对监理人员的数量、素质、服务范围、服务时间、服务费用等进行详细规定。同时，在监理服务协议中对监理工程师的权力也需予以明确。业主有权向监理单位提出更换不称职的监理人员或解除监理合同，但业主不能干预监理工程师的工作。

3）监理工程师与承包人的关系。监理工程师与承包人都受聘于业主，他们之间无任何合同和协议，他们之间的关系在业主与承包人签订的合同中体现。合同规定，监理工程师与承包人之间是监理与被监理的关系，承包人的一切工程活动都必须得到监理工程师的批准，承包人必须接受监理工程师的监督与管理；承包人对监理工程师的决定不能接受时，有权提出仲裁，通过法律手段来解决；监理工程师不能与承包人有任何经济关系。

2. 建设工程监理工作程序

建设工程监理工作与其他建筑活动一样，必须遵循一定的工作流程，以保证工程质量、进度、安全、投资协调推进。

3.5.4 工程建设监理行业转型升级创新发展战略布局

为贯彻落实中央城市工作会议精神和《国务院办公厅关于促进建筑业持续健康发展的意见》，完善工程监理制度，更好地发挥监理作用，住房和城乡建设部2017年印发《关于促进工程监理行业转型升级创新发展的意见》，明确主要目标、任务等，推动了工程建设组织实施方式的社会化、专业化，为工程质量安全提供了重要意见保障，是我国工程建设领域重要改革举措和改革成果。

1. 工程建设监理行业的发展趋势

工程监理服务多元化水平显著提升，服务模式得到有效创新，逐步形成以市场化为基础、国际化为方向、信息化为支撑的工程监理服务市场体系。

行业组织结构更趋优化，形成以主要从事施工现场监理服务的企业为主体，以提供全过程工程咨询服务的综合性企业为骨干，各类工程监理企业分工合理、竞争有序、协调发展的行业布局。

监理行业核心竞争力显著增强，培育一批智力密集型、技术复合型、管理集约型的大型工程建设咨询服务企业。

2. 工程建设监理行业发展的政策导向

1）推动监理企业依法履行职责。工程监理企业应根据建设单位的委托，客观、公正地执行监理任务，对承包单位实施监督。建设单位应严格按照相关法律法规要求，选择合格的监理企业，依照委托合同约定，按时足额支付监理费用，授权并支持监理企业开展监理工作，充分发挥监理的作用。施工单位应积极配合监理企业的工作，服从监理企业的监督和管理。

2）引导监理企业服务主体多元化。鼓励支持监理企业在为建设单位做好委托服务的同时，进一步拓展服务主体范围，积极为市场各方主体提供专业化服务。按照政府购买社会服务的方式，接受政府质量安全监督机构的委托，对工程项目关键环节、关键部位进行工程质量安全检查。接受保险机构的委托，开展施工过程中风险分析评估、质量安全检查等工作。

3）创新工程监理服务模式。鼓励监理企业在立足施工阶段监理的基础上，向"上下游"拓展服务领域，提供多元化"菜单式"咨询服务。对于选择具有相应工程监理资质的企业开展全过程工程咨询服务的工程，可不再另行委托监理。结合有条件的建设项目试行建筑师团队对施工质量进行指导和监督的新型管理模式，试点由建筑师委托工程监理实施驻场质量技术监督。鼓励监理企业积极探索政府和社会资本合作（PPP）等新型融资方式下的咨询服务内容、模式。

4）提高监理企业核心竞争力。推进建筑信息模型（BIM）在工程监理服务中的应用，不断提高工程监理信息化水平。鼓励工程监理企业抓住"一带一路"的国家战略机遇，主动参与国际市场竞争，提升企业的国际竞争力。

5）优化工程监理市场环境。加快行政审批制度改革，推动企业资质标准与注册执业人员数量要求适度分离，健全完善注册监理工程师签章制度，强化注册监理工程师执业责任落实，推动建立监理工程师个人执业责任保险制度。加快推进监理行业诚信机制建设，完善企业、人员、项目及诚信行为数据库信息的采集和应用，建立黑名单制度，依法依规公开企业和个人信用记录。

6）强化对工程监理的监管。开展监理企业向政府报告质量监理情况的试点，建立健全监理报告制度。建立企业资质和人员资格电子化审查及动态核查制度，加大对重点监控企业现场人员到岗履职情况的监督检查力度，及时清出存在违法违规行为的企业和从业人员。对违反有关规定、造成质量安全事故的，依法给予负有责任的监理企业停业整顿、降低资质等级、吊销资质证书等行政处罚，给予负有责任的注册监理工程师暂停执业、吊销执业资格证书、一定时间内或终生不予注册等处罚。

3. 工程建设监理行业新发展的实施手段

1）加强组织领导。各级住房和城乡建设主管部门要充分认识工程监理行业改革发展的重要性，因地制宜制订本地区改革实施方案，细化政策措施，推进工程监理行业改革不断深化。

2）积极开展试点。坚持试点先行、样板引路，各地要结合本地区实际，积极开展培育全过程工程咨询服务、推动监理服务主体多元化等试点工作。要及时跟踪试点进展情况，研究解决试点中发现的问题，总结经验，完善制度，适时加以推广。

3）营造舆论氛围。全面准确评价工程监理制度，大力宣传工程监理行业改革发展的重要意义，开展行业典型的宣传推广。同时，加强舆论监督，加大对违法违规行为的曝光力度，形成有利于工程监理行业改革发展的舆论环境。

3.6 建设工程强制保险制度

3.6.1 建筑工程一切险

建筑工程一切险是承保各类民用、工业和公用事业建筑工程项目，包括道路、桥梁、水坝、港口等，在建造过程中因自然灾害或意外事故而引起的一切损失的险种，属于非强制购买的险种。建筑工程一切险附加第三者责任险是指在保险有效期内因在施工工地上发生意外事故造成在施工工地及邻近地区的第三者人身伤亡或财产损失，依法应由被保险人承担的经济赔偿责任。建筑工程一切险的投保人是指与保险人订立保险合同，并按照保险合同支付保险费义务的人。

1. 建筑工程一切险的被保险人

建筑工程一切险的被保险人包括业主或工程所有人；承包人或者分包人；技术顾问，包括业主聘用的建筑师、工程师及其他专业顾问。我国《建设工程施工合同》(示范文本)在通用条款中规定：

1）工程开工前，发包人为建设工程和施工场地内的自有人员及第三方人员生命财产办理保险，支付保险费用。

2）运至施工场内用于工程的材料和待安装设备，由发包人办理保险，并支付保险费用。

3）发包人可以将有关保险事项委托承包人办理，费用由发包人负担。

4）承包人必须为从事危险作业的职工办理意外伤害保险，并为施工场地内自由人员生命财产和施工机械设备办理保险，支付保险费。

5）保险事故发生后，发包人、承包人有责任尽力采取必要的措施，防止或者减少损失。

6）具体投保内容和相关责任，发包人、承包人可以在专用条款中约定。

建筑工程一切险的被保险人是指其财产或者人身受保险合同保障，享有保险金请求权的人。在工程保险中，除投保人外，保险公司可以在一张保险单上对所有参加该项工程的有关各方都给予所需的保险，即凡在工程实施期间，对该项工程承担一定风险的有关各方包括投保人在内，均可作为被保险人。凡有一个以上被保险人存在时，均须由投保人负责缴纳保险费，并应及时通知保险公司有关保险标的在保险期间的任何变动。建设工程的被保险人不止一家，而且各家被保险人各自为其本身的权益以及义务而向保险公司投保。为了避免相互之间追偿责任，大部分保险单都加贴共保交叉责任条款。根据这一条款，每个被保险人如同各自有一张单独的保单，其责任部分的损失就可以获得相应赔偿。如果各个被保险人发生相互之间的责任事故，每一责任的被保险人都可以在保单项下获得赔偿。这样，这些事故造成的损失，都可以由出保单的公司负责赔偿，无须根据责任人相互之间进行追偿。

2. 建筑工程一切险承保的危险与损害

建筑工程一切险承保的危险与损害涉及面很广，具体如下：

1）火灾、爆炸、雷击、飞机坠毁及灭火或其他救助所造成的损失。

2）海啸、洪水、潮水、水灾、地震、暴雨、风暴、雪崩、地崩、山崩、冻灾、冰雹及其他自然灾害。

3）一般性盗窃和抢劫。

4）由于工人、技术人员缺乏经验、疏忽、过失、恶意行为或无能力等导致的施工拙劣而造成的损失。

5）其他意外事件。建筑材料在工地范围内的运输过程中遭受的损失和破坏，以及施工设备和机具在装卸时发生的损失等也可纳入工程险的承保范围。

3. 建筑工程一切险的承保范围与内容

建筑工程一切险承保各类民用、工业和公用事业建筑工程项目，包括道路、水坝、桥梁、港埠等，在建造过程中因自然灾害或意外事故而引起的一切损失，建筑工程一切险通常加保第三者责任险。

（1）建筑工程一切险适用范围　建筑工程一切险适用于所有房屋工程和公共工程，如住宅、商业用房、医院、学校、剧院、工业厂房、电站；公路、铁路、飞机场、桥梁、船闸、大坝、隧道、排灌工程、水渠及港埠等。

（2）建筑工程一切险承保内容

1）建筑工程本身，指由总承包商和分包商为履行合同而实施的全部工程，包括预备工程，如土方、水准测量；临时工程，如引水、保护堤；全部存放于工地，为施工所必需的材料，包括安装工程的建设项目，如果建筑部分占主导地位，即如果机器、设施或钢结构的价格及安装费用低于整个工程造价的50%，也应投保建筑工程一切险；如果安装费用高于工程造价的50%，则应投保安装工程一切险。

2）施工用设施和设备，包括活动房、存料库、配料棚、搅拌站、脚手架，水电供应及其他类似设施。

3）施工机具，包括大型陆上运输和施工的机械、起重机及不能在公路上行驶的工地用车辆，这里不考虑这些机具属于承包商所有还是其租赁物资。

4）场地清理费，指在发生灾害事故后场地上产生了大量的残砾，为清理工地现场而必须支付的一笔费用。

5）工地内现有的建筑物，指不在承保的工程范围内的、所有人或承包人所有的工地内已有的建筑物或财产，以及由被保险人看管或监护的停放于工地的财产。

4. 建筑工程一切险的免赔责任

1）战争、类似战争行为、敌对行为、武装冲突、恐怖活动、政变引起的任何损失、费用和责任；政府命令或任何公共当局的没收、征用、销毁或毁坏；罢工、暴动、民众骚乱引起的任何损失、费用和责任。

2）被保险人及其代表的故意行为或重大过失引起的任何损失、费用和责任。

3）核裂变、核聚变、核武器、核材料、核辐射及放射性污染引起的任何损失、费用和责任。

4）大气、土地、水污染及其他各种污染引起的任何损失、费用和责任。

5）罚金、延误、丧失合同及其他后果损失。

6）因施工机具本身原因即无外界原因情况下造成的损失（因这些损失而导致的建筑事故则不属于除外情况）。

7）因设计错误（结构缺陷）而造成的损失。

8）因纠正或修复工程差错（如因使用有缺陷或非标准材料而导致的差错）而增加的支出。

9）保险单明细表或有关条款中规定的应由被保险人自行负担的免赔额。

5. 建筑工程一切险的免赔额

保险公司要求投保人根据其不同的损失，自负一定的责任，即由被保险人自行承担的一定损失额称为免赔额。工程本身的免赔额为保险金额的0.5%~2%；施工机具设备等的免赔额为保险金额的5%；第三者责任险中财产损失的免赔额为每次事故赔偿限额的1%~2%，但人身伤害没有免赔额。保险人向被保险人支付为修复保险标的遭受损失所需的费用时，必须扣除免赔额。支付的赔偿额极限相当于保险总额，但不超过保险合同中规定的每次事故的保险极限之和或整个保险期内发生的全部事故的总保险极限。

6. 建筑工程一切险的保险金额

保险金额是指保险人承担赔偿或者给付保险金责任的最高限额。保险金额不得超过保险标的的保险价值，超过保险价值的，超过的部分无效。建筑工程一切险的保险金额按照不同的保险标的确定。

7. 建筑工程一切险的保险期限

建筑工程一切险的保险期限一般有下列三种情况：

1）建筑工程一切险的保险期自工程开工之日或在开工之前工程材料存放于工地之日开始生效，两者以先发生者为准。

2）施工机具保险自其卸放于工地之日起生效。

3）保险终止日应为工程竣工验收之日或者保险单上列出的终止日，两者以先发生者为准。

8. 建筑工程一切险的保险终止情况

保险标的工程中有一部分先验收或投入使用，则自该验收或投入使用日起，自动终止该部分的保险责任，但保险单中应注明这种部分保险责任自动终止条款。含安装工程项目的建筑工程一切险的保险单，通常要规定试车期，一般为一个月。工程验收后的质量保修期，《建设工程质量管理条例》对最低保修期限做出了规定。大多数情况下，建筑工程一切险的承保期可以包括为期1年的质量保证期（不超过质量保修期），但需加缴一定的保险费。质量保证期的保险合同自工程临时验收或投入使用之日起生效，直到规定的保证期满终止。如果保险期限需要扩展，必须事先获得保险公司的书面同意。

9. 第三者责任险

建筑工程一切险附加第三者责任险，保险人对下列原因造成的损失和费用，负责赔偿：①在保险期限内，因发生与所保工程直接相关的意外事故引起工地内及邻近区域的第三者人身伤亡、疾病或财产损失；②被保险人因上述原因支付的诉讼费用以及事先经保险人书面同意而支付的其他费用。第三者责任是指在保险期内，对因工程意外事故造成的、依法应由被保险人负责的工地上及近地区的第三者人身伤亡、疾病或财产损失，诉讼费用和事先经保险公司书面同意支付的其他费用等赔偿责任。但是，被保险人的职工的人身伤亡和财产损失应予除外，它属于意外伤害保险；建筑职工意外伤害险《建筑法》《建设工程安全生产管理条例》均规定，施工单位应当为施工现场从事危险作业的人员办理意外伤害保险，属于强制购买的险种。

10. 保险责任范围

保险人对下列原因造成的损失和费用，负责赔偿：①自然事件，指地震、海啸、雷电、飓风、台风、龙卷风、风暴、暴雨、洪水、水灾、冻灾、冰雹、地崩、山崩、雪崩、火山爆发、地面下陷下沉及其他人力不可抗拒的破坏力强大的自然现象；②意外事故，指不可预料的，以及被保险人无法控制并造成物质损失或人身伤亡的突发性事件，包括火灾和爆炸。

3.6.2 安装工程一切险及附加第三者责任险

1. 安装工程一切险与建筑工程一切险的区别

1）建筑工程保险的标的从开工以后逐步增加，保险额也逐步提高，而安装工程一切险的保险标的一开始就存放于工地，保险公司一开始就承担着全部货价的风险，风险比较集中。在机器安装好之后，试车、考核所带来的危险，以及在试车过程中发生机器损坏的危险是相当大的，这些危险在建筑工程险部分是没有的。

2）在一般情况下，自然灾害造成建筑工程一切险的保险标的损失的可能性较大，而安装工程一切险的保险标的是建筑物内的安装及设备（桥梁、钢结构建筑物等除外），受自然灾害（地震、海啸、洪水等）损失的可能性较小，受人为事故损失的可能性较大。这就要督促被保险人必须加强现场安全生产管理，严格执行操作规程。

3）安装工程在交接前必须经过试车考核，而在试车期内，任何潜在的因素都可能造成损失，损失率要占安装工期内总损失的一半以上。由于风险集中，试车期的安装工程一切险的保险费率通常占整个工期保费的三分之一左右，而且对旧机器设备不承担赔付责任。总体来讲，安装工程一切险的风险较大，保险费率也要高于建筑工程一切险。

2. 安装工程一切险的投保人与被保险人

安装工程一切险的被保险人包括业主、承包人、制造商或供应商、技术咨询顾问、安装工程的信贷机构、待安装构件的买受人等。安装工程一切险属于技术险种，它为各种机器的安装及钢结构工程的实施提供尽可能全面的专门保险。安装工程一切险承保安装各种机器、设备、储油罐、钢结构、起重机，以及包含机械工程因素的各种工程建设。

3. 安装工程一切险保险标的

1）安装的机器及安装费包括安装工程合同内要安装的机器、设备、装置、物料、基础工程（如地基、座基等），以及为安装工程所需的各种临时设施（如水电、照明、通信设备等）。

2）安装工程使用的承包人的机器、设备。

3）安装工程附加保险，土木建筑工程项目（如厂房、仓库、办公楼、宿舍、码头、桥梁等）一般在安装险内附加投保，投保方法是：如果土木建筑工程项目造价不超过总价的20%，整个项目按安装工程一切险投保；介于总价的20%~50%，该部分项目按建筑工程一切险投保；若超过总价的50%，整个项目按建筑工程一切险投保。安装工程一切险也可以根据投保人的要求附加第三者责任险，这与建筑工程一切险是相同的。

4. 安装工程一切险承保的危险和损失

安装工程一切险承保的危险和损失除包括建筑工程一切险中规定的内容外，还包括短路、过电压、电弧所造成的损失；超压、压力不足和离心力引起的断裂所造成的损失；进入异物或因安装地点的运输而引起的其他意外事件等。

5. 安装工程一切险免赔责任的规定

安装工程一切险有下列行为之一的，保险人可承担免赔责任：战争、类似战争行为、敌对行为、武装冲突、恐怖活动、政变引起的任何损失、费用和责任；政府命令或任何公共当局的没收、征用、销毁或毁坏;罢工、暴动、民众骚乱,被保险人及其委派人的故意破坏或讹诈行为,核裂变、核聚变、核武器、核材料、核辐射及放射性污染,大气、土地、水污染及其他各种污染,工程部分停工或全部停工,罚金、延误、丧失合同及其他后果,保险单明细表或有关条款中规定的应由被保险人自行负担的免赔额。

6. 安装工程一切险的保险金额

安装工程一切险的保险金额包括物质损失和第三者责任两大部分。如果投保的安装工程包括土建部分,则保额应为安装完成时的总价值(包括运费、安装费、关税等);若不包括土建部分,则设备购货合同价和安装合同价加各种费用之和为保额;安装建筑用机器、设备、装置应按安装价值确定保额。通常对物质标的部分的保额,先按安装工程完工时的估定总价值暂定,到工程完工时再根据最后建成价格调整。第三者责任的赔偿限额按危险程度由保险双方商定。除强制性保险与自愿保险的分类方式外,《中华人民共和国保险法》把保险种类分为人身保险和财产保险。自该法实施以来,在工程建设方面,我国除了已尝试财产保险中的建筑工程一切险、安装工程一切险外,还尝试过意外伤害保险。意外伤害险是指被保险人在保险有效期间,因遭遇非本意的、外来的、突然的意外事故,致使其身体蒙受伤害而残疾或死亡时,保险人依照合同规定给付保险金的保险。建筑施工企业必须为从事危险作业的职工办理意外伤害保险,支付保险费。

7. 安装工程一切险的保险期限

安装工程一切险的保险期限,从投保工程的动工日或第一批被保险项目卸至施工地点时(即先发生为准)即行开始。保险责任的终止日可以是安装完毕验收通过之日或保险物所列明的终止日,这两个日期同样以先发生者为准。安装工程一切险的保险责任可以延展至为期 1 年的维修期满日。在征得保险人同意后,安装工程一切险的保险期限可以延长,但应在保险单上加批并增收保费。安装工程一切险的保险期一般应包括一个试车考核期。考核期的长短应根据工程合同上的规定确定。对考核期的保险责任一般不超过 3 个月,若超过 3 个月,应另行加收费。安装工程一切险对于旧机器设备不负考核期的保险责任,也不承担其维修期的保险责任。如果同一张保险单同时承保了其他新的项目,则保险单仅对新设备的保险责任有效。关于安装工程一切险的保险期限应注意的问题如下:

1)部分工程验收移交或实际投入使用。这种情况下,保险责任自验收移交或投入使用之日即行终止,但保单上须有相应的附加条款或批文。

2)试车考核期的保险责任期(一般为 3 个月),指连续时间,而不是断续累计时间。

3)维修期应从实际完工验收或投入使用之日起算,不能机械地按合同规定的竣工日起算。

4)明确安装工程一切险保险金额的组成类别。

小 结

本章介绍了项目法人的设立、项目法人组织形式和职责、施工图审查机构、施工图报审与审查范围、施工图审查内容及其审查程序、施工图审查机构的审查责任、建设工程质量检测制度、质量保修期限与起算时间、质量保修期间的责任规定、建设工程监理制度、建设工程强制保险制度等相关内容。重点介绍了施工图审查、质量检测、质量保修与工程强制保险制度。根据最新颁发的质量检测、监理工程师注册管理等办法,规范了工程实践中最常见的质量管理活动,以帮助读者更加明确作为建设工程行业法人、执业人员的责任主体与建设活动的关系,以便更好地履行自己的职责。

思 考 题

3-1 简述建设工程项目管理的基本法律制度的种类。

3-2 简述专项检测项目、见证取样检测项目及其检测的具体内容。

3-3 建设工程质量保修有哪些具体的责任划分?

3-4 从参与建筑活动的主体资格来看,简述建筑市场的主体关系。

3-5 建筑工程、安装工程一切险的理赔方法是什么?

第 4 章

建设工程安全生产管理法规

学习目标：

通过学习建设工程安全生产法律法规的基本知识，了解建设工程安全生产的形势及安全立法背景；熟悉建设工程安全生产责任体系及承担责任的方式；掌握建设工程安全生产监督管理制度、建设工程安全生产紧急救援预案体系、建筑施工企业安全生产管理制度等基本信息。

关键词：

建设工程安全生产基本方针　建设工程安全监督管理制度
建筑施工企业安全生产许可制度

建设工程安全生产管理是指参与建设活动的责任主体单位对建设工程生产过程中的安全工作进行一系列的管理活动，如策划、组织、监督、控制、紧急救援等。承担这个活动的责任主体包括建设单位、工程勘察设计单位、施工单位、监理单位以及县级以上建设主管部门等安全管理自控、监控两大体系。责任主体从监控体系来讲，主要是指县级以上建设主管部门及其授权的安全监督管理机构；自控体系则包括建设、勘察设计、工程监理、建筑施工企业（含总承包人、分包人）等单位。由于建设工程生产的特殊性、产品生产的固定性、作业班组的流动性、生产周期长、高空作业危险性较大等因素，决定了该行业属于典型的事故高发性行业。为了加强建设工程安全生产管理，预防和减少生产安全事故的发生，保障建筑业从业者及他人的人身、财产安全，配合《中华人民共和国安全生产法》（以下简称《安全生产法》）的修订，国务院建设主管部门制定了一系列的工程建设安全生产法规和规范性文件。如《建设工程安全生产管理条例》（修订）等为加大建设工程安全生产管理力度奠定了基础，对保障社会公众生命、财产安全具有重要的意义。

4.1 建设工程安全生产管理的方针和原则

4.1.1 建设工程安全生产管理的方针

建设工程安全生产管理是以人为本，坚持人民至上、生命至上，把保护人民生命安全摆在首位，树牢安全发展理念，坚持"安全第一、预防为主、综合治理"的方针，从源头上防范化解重大安全风险。这是我国多年来安全生产工作长期经验的总结。安全生产关系到社会公众利益，关系到社会稳定和经济健康发展。为此，建设工程安全生产管理必须坚持安全第一、预防为主、综合治理的方针。安全第一从保护和发展生产力的角度，表明在建筑业生产过程中安全与生产的关系，肯定安全在建设工程生产活动中的首要位置和重要性。安全第一还反映了当安全与生产发生矛盾冲突时，应该首先服从安全、消除隐患，以保证建设工程在安全的条件下生产。预防为主是指在建设工程生产活动中，针对建设工程生产的特点，对生产要素采取管理措施，有效地消除不安全因素，把可能发生的事故消灭在萌芽状态，以保证生产活动中人的安全与职业健康。"综合治理"，就是标本兼治，重在治本，在采取断然措施遏制重特大事故，实现治标的同时，积极探索和实施治本之策，综合运用科技手段、法律手段、经济手段和必要的行政手段，从发展规划、行业管理、安全投入等角度追究事故责任、查处违法违纪的行为。通过信息采集、归类分析，制定预案和控制防范措施。坚持"安全第一、预防为主、综合治理"的方针，体现了国家在建设工程安全生产过程中充分保护劳动者权利、提高社会生产的发展能力。

4.1.2 建设工程安全生产管理的原则

《安全生产法》规定，安全生产工作实行管行业必须管安全、管业务必须管安全、管生产经营必须管安全，强化和落实生产经营单位主体责任与政府监管责任，建立生产经营单位负责、职工参与、政府监管、行业自律和社会监督的机制。管生产经营必须管安全是指安全工作在生产过程之中，应该把安全和生产经营统一起来。若生产经营中人、材料、机械设备、环境等都处于危险状态，则生产经营得不到必要的保证，当生产经营有了安全保障，才能持续、稳定发展。安全管理是生产经营管理的重要组成部分，安全与生产经营在实施过程中，两者存在着密不可分的联系，而且互为补充。主管建设工程生产的单位和人员应对建设工程生产的安全负责，也可称为安全生产责任首问制度。例如，各级建设主管部门的行政第一负责人是本地区建设工程安全生产的第一责任人，对所辖区域建设工程安全生产的行业管理负全面责任；企业法定代表人是本企业安全生产的第一责任人，对本企业的建设工程安全生产负全面责任；项目经理是本项目的安全生产第一责任人，对项目施工中贯彻落实安全生产的法规、标准负全面责任；项目总监理工程师是本项目的安全监理第一责任人，对项目施工管理过程中贯彻落实安全生产的法规、标准负全面责任。这是建设工程安全生产应遵循的基本原则，也是安全生产的重要保证。

4.2 建设工程安全生产监督管理制度

4.2.1 建设工程安全生产责任制度和群防群治制度

1. 安全生产责任制度

安全生产责任制度是建设工程生产过程中最基本的安全管理制度，是所有安全规章制度的核心。安全生产责任制度包括行业主管部门建立健全建设工程安全生产监督管理体系、制定建设工程安全生产监督管理工作制度、组织落实各级领导分工负责的生产责任制；参与建设活动的建设单位、设计单位、施工总分包单位、工程监理单位的安全生产责任制。这就要求凡是参与建设活动从业人员，都必须自觉遵守安全生产责任制度。

2. 群防群治制度

群防群治制度是指在建设工程安全生产中，充分发挥广大建设活动参与者的积极性，加强群众性监督检查工作，以预防和减少建筑生产中的伤亡事故。在工程实践中，建立健全建设工程安全生产管理群防群治制度，就是要在企业管理行为中，发挥建设活动参与者的民主管理作用，使企业制定的有关安全生产的重要制度和有关重要技术组织措施相对完善；要把项目管理和群众监督管理有机结合，充分发挥企业三类人员的管理职能；强化建筑活动参与者的知识创新能力，开展技术革新活动，采用有利于保障安全生产的新技术、新工艺，积极改善劳动条件，力求消除安全隐患，使有害于职业健康的作业过程转变为有利的作业状态；组织开展遵章守纪和预防事故的群众性监督检查，职工对于违反有关安全生产的法律、法规和违反建筑行业的规章、规程的行为要提出批评，并充分享有检举和控告权。

4.2.2 建筑施工企业安全生产许可制度

为了加强建筑生产安全监督管理，县级以上建设行政主管部门及其授权的建筑安全监督机构对建筑生产实行了安全认证制度，主要内容包括以下几个方面。

1. 建筑业企业的安全生产许可制度

对建筑业企业实行安全生产许可制度，主要是审查企业是否建立健全了安全生产责任制、安全组织保证体系以及安全技术管理企业标准在施工现场的贯彻落实情况、伤亡事故登记等。它是建筑企业资质审查的组成部分，也是对企业资质实行动态管理的重要依据。

2. 特殊专业队伍的安全认证

对特殊专业队伍的安全认证，主要是指对人工挖孔桩、地基基础、护壁支撑、塔式起重机装拆、井字架（龙门架）、特种脚手架搭设等施工队伍进行资格审查，经审查合格领取《专业施工安全许可证》后方可从事专业施工。

3. 工程项目的安全条件认证

对工程项目的安全认证,主要是指开工前对安全条件的审查,主要内容包括:施工组织设计中有无针对的安全技术措施和专项作业安全技术方案、安全员的配备情况、项目经理的安全资格条件以及进入现场的机械、机具、设施是否符合安全规定等具体内容。

4. 防护用品、安全设施、机械设备等安全认证

对防护用品、安全设施、机械设备等进行安全认证,主要是指对进入施工现场使用的各类防护用品、电气产品、安全设施、架设机具、机械设备等进行检验、检测,凡技术指标和安全性能不合格的,不得在施工现场中使用。

5. 施工企业三类人员考核资格认定制度

实行施工企业三类人员考核资格认定制度,有利于确保施工现场安全生产及紧急救援体系的建立和推行,是全面贯彻"安全第一、预防为主、综合治理"方针的具体体现。建筑施工单位和危险物品的生产、经营、储存单位,应当设置安全生产管理机构或者配备专职安全生产管理人员。生产经营单位的主要负责人和安全生产管理人员必须具备与本单位所从事的生产经营活动相应的安全生产知识和管理能力。危险物品的生产、经营、储存单位以及建筑施工单位的主要负责人和安全生产管理人员,应当由有关主管部门对其安全生产知识和管理能力考核合格后方可任职。因此,对专职安全人员实行资格认证,主要是审查其在工程建设及安全专业方面的知识和能力。不具备条件的,不能从事专职安全管理工作。

6. 建筑安全生产教育培训制度

安全生产教育培训制度是安全生产管理的一项重要内容,是保证安全生产的重要手段。通过安全生产教育培训,提高各级建设主管部门对"安全第一、预防为主、综合治理"方针认识的责任感;更重要的是增强建筑业从业活动者(包括建设、勘察、设计、施工、工程监理等各级管理人员和工人)的安全意识,掌握安全生产的科学知识、操作技能,为确保安全生产创造条件。安全生产教育培训的对象有施工单位的主要负责人、项目负责人、专职安全生产管理人员和其他企业职工。安全生产教育培训的主要内容包括安全生产的法律、法规知识和安全科学技术知识。因此,施工单位的主要负责人、项目负责人、专职安全生产管理人员应当经建设行政主管部门或者其他有关部门考核合格后方可任职。施工单位应当对管理人员和作业人员每年至少进行一次安全生产教育培训,教育培训情况记入个人工作档案。安全生产教育培训考核不合格的人员,不得上岗。

建筑施工企业应当建立健全安全生产教育培训制度,加强对职工安全生产的教育培训;未经安全生产教育培训的人员,不得上岗作业。作业人员进入新的岗位或者新的施工现场前,应当接受安全生产教育培训。未经教育培训或者教育培训考核不合格的人员,不得上岗作业。施工单位在采用新技术、新工艺、新设备、新材料时,应当对作业人员进行相应的安全生产教育培训。垂直运输机械作业人员、安装拆卸工、爆破作业人员、起重信号工、

登高架设作业人员等特种作业工人,都必须按照国家有关规定经过专门的安全作业培训,并取得特种作业操作资格证书后,方可上岗作业。

4.3 建设活动安全生产的责任主体

在市场经济高度发达的今天,投资主体呈现多元化,如国家投资、国有企业投资、私人投资和外资投资等,组织形式多样化、利益分配差别化为建筑业的安全生产管理带来了错综复杂的挑战。此外,建筑业是一个涉及多专业、跨学科的社会生产活动,参与建设工程生产活动的责任主体包含建设单位、工程勘察设计单位、工程监理单位、建筑施工企业等。为了保障建筑活动的安全展开,参与建设工程生产活动的各方责任主体都必须承担相应的安全生产责任和义务。

4.3.1 建设单位的安全责任和义务

建设单位(业主)作为工程项目的投资主体,多以项目法人的形式参与市场经营活动,有选择勘察、设计、施工、工程监理单位的权利。在项目管理的过程中,可自主供应工程所需的主要建筑材料,并充分享有检查验收工程质量,实施进度、质量、投资控制的权利,在整个工程建设活动中居于主导地位。《建筑法》和《建设工程安全生产管理条例》对建设单位在工程建设活动中应承担的安全责任和义务,以及对违法行为应承担的法律责任做了明确规定,为今后工程建设的安全生产管理提供了强有力的法律保证。

1. 建设单位应向建筑施工企业提供资料

建设单位应当向建筑施工企业提供与施工现场相关的地下管线、气象、水文、相邻建(构)筑物、地下工程等资料,以便于建筑施工企业采取措施加以保护施工现场。此外,建设单位还要提供施工现场及毗邻区域内供水、排水、供电、供气、供热、通信、广播电视等地下管线的产权单位资料以及相邻建筑物和构筑物、地下工程的有关资料,并保证资料的真实、准确、完整。

2. 建设单位应报送保证措施并提供资料

建设单位在办理施工许可证或者开工报告前,必须报送与安全施工有关的保证措施。建设单位在申请领取施工许可证时,应当提供建设工程有关工程质量、安全施工措施的资料,具体包括:

1)工程中标通知书、工程施工合同。
2)施工现场总平面布置图、临时设施规划方案和已搭建情况。
3)施工现场安全防护设施搭设计划、施工进度计划、安全措施费用计划、专项安全施工组织设计。

4）拟进入施工现场使用的施工起重机械设备，如塔式起重机、物料提升机、升降电梯等的型号、数量。

5）工程项目负责人、专职安全管理人员及特种作业人员持证上岗情况。

6）建设单位安全监督人员名册、工程监理单位人员名册及其他应提交的材料。

依法批准开工报告的建设工程，建设单位应当自开工报告批准之日起15日内，将保证安全施工的措施报送建设工程所在地的县级以上地方人民政府建设行政主管部门或者其他有关部门备案。建设主管部门在发放施工许可证时对是否有安全措施进行审查，没有安全措施的，不得颁发施工许可证。报送备案的内容是保证安全施工的措施，具体要求与申请领取施工许可证的要求相同。

3．建设单位拆除房屋应该履行的职责

为了规范房屋拆除活动，提高拆除工程的技术水平，避免发生安全事故，根据《建筑法》《建设工程安全生产管理条例》等的有关规定，无论规模大小都必须发包给具有相应资质等级的施工单位来承担。同时，在拆除工程施工前，必须将有关资料报送政府或者其他有关部门备案。备案时，需要提供下列资料：

1）房屋拆除施工单位资质等级证明。

2）拟拆除建筑物、构筑物及可能危及毗邻建筑的说明。

3）拆除施工组织设计方案。

4）堆放、清除废弃物的措施。实施爆破作业的，应当遵守国家有关民用爆炸物品管理的规定。

4．按规定办理特殊作业的申请批准手续

建设单位在施工现场确实需要进行下列情形之一的特殊作业时，应当按照国家有关规定办理申请批准手续：需要临时占用规划批准范围以外场地的；可能损坏道路、管线、电力、邮电通信等公共设施的；需要临时停水、停电、中断道路交通的；需要进行爆破作业的；法律、法规规定需要办理报批手续的其他情形。

4.3.2 工程勘察、设计、监理单位的安全责任和义务

安全生产贯穿于建设工程项目管理的全过程，作为工程勘察、设计、监理单位的建筑活动，将直接影响建设工程的安全生产行为。因为，工程勘察成果是设计和施工的基础资料和重要依据，勘察文件质量直接关系到设计工程质量和安全性能，设计成果质量又关系到施工安全操作、安全防护以及作业人员和建设工程的主体结构安全；工程监理单位则是保证监督建设工程安全生产的重要环节。建筑活动必须遵循"先勘察、后设计、再施工"的原则。

1．勘察单位的安全责任和义务

勘察单位应当按照法律、法规和工程建设强制性标准进行勘察，提供的勘察文件应当真实、准确，满足建设工程安全生产的需要。勘察单位在勘察作业时，应当严格执行操作

规程，采取措施保证各类管线、设施和周边建筑物、构筑物的安全。

1）勘察单位在勘察工作中，应当认真执行《建筑法》《安全生产法》《建设工程质量管理条例》《建设工程勘察设计管理条例》等国家有关法律、法规文件。勘察单位在勘察过程中，应当依据工程建设强制性标准进行作业。只有满足工程强制性标准，才能满足工程对安全、质量、卫生与环境保护等多方面的要求。

2）勘察工作在工程建设各个环节处于先勘察的地位，勘察成果文件是设计和施工的基础资料，是建设项目选址、设计和施工必不可少的依据，对设计和施工的安全性有直接的影响。因此，勘察单位提供的勘察文件应当真实、准确，以保证设计、施工单位根据地质勘察报告制定基础设计和施工的安全措施。

3）勘察单位在进行勘察作业时，必须预防减少安全事故的发生。为了保证勘察作业人员的安全，勘察单位应当按照国家有关规定，制定勘察钻机、静探车、经纬仪等设备和检测仪器的安全操作规程，并在作业时严格执行，防范安全事故的发生。

2. 设计单位的安全责任和义务

建筑工程设计应当符合按照国家规定制定的建筑安全规程和技术规范，保证工程的安全性能。设计单位应当按照法律、法规和工程建设强制性标准进行设计，防止因设计不合理导致生产安全事故的发生。采用新结构、新材料、新工艺的建设工程和特殊结构的建设工程，设计单位应当在设计中提出保障施工作业人员安全和预防生产安全事故的措施建议。设计单位和注册建筑师等人员应当对其设计负责。在工程设计时，必须遵循下列原则：

1）设计单位必须按照法律、法规和工程建设强制性标准进行设计。避免为了承揽工程，屈从于建设单位的错误指令，或者为了过分追求创新成果，违反法律、法规、强制性标准，导致工程施工过程中发生安全事故。

2）设计单位应当为施工单位安全施工提供必要的技术支持。工程设计成果对保证建筑结构安全非常重要，设计单位在编制设计文件时，应当结合建设工程的具体特点、施工安全操作和防护等的需要，为施工单位编制安全施工专向方案提供智力支持。因此，设计单位就以下涉及施工安全的重点部位和环节在设计文件中注明，在施工单位作业前，应当将设计意图、设计文件向施工单位做出说明和技术交底，并对易于出现生产安全事故的关键工序的施工提供技术支持，如地下管线防护、外线电路防护、深基坑工程、基坑侧壁的放坡安全系数、基坑支护结构选型、地下水降水方案，以及支护结构的计算和验算；对于大跨度结构的混凝土模板支护，设计单位还应当提供模板支撑系统的结构图及计算书。

3）协调施工过程中出现的因设计不当产生的错误，如违反强制性标准、无法满足安全防护和施工安全需要或者设计成果存在"错、漏、碰、缺"的问题等，设计单位应该修改设计成果并及时签发设计变更文件。

4）实行注册建筑师、结构工程师、公用设备工程师制度，并按照"谁设计谁负责"的原则，设计单位和注册建筑师等注册执业人员应当对其设计负责。因此，设计单位的设计成果一旦被建设单位接受，就必须经过施工图设计审查，并对审查意见逐一回复、签字盖章后，该施工图设计文件就具备了设计单位、注册执业人员对其设计成果承担法律责任的条件。

3. 监理单位的安全责任和义务

监理单位是工程建设的责任主体之一，监理单位接受建设单位委托，代表建设单位对承包单位进行监督管理。因此，监理单位和监理工程师应当按照法律、法规和工程建设强制性标准实施工程监理行为，并对建设工程安全生产承担监理责任。监理工程师在实施工程监理过程中，发现存在事故隐患的，应当要求施工单位整改；情况严重的，应当要求施工单位暂时停止施工，并及时报告建设单位。施工单位拒不整改或者不停止施工的，工程监理单位应当及时向有关主管部门报告。概括地说，监理工程师的安全监理责任主要包括：

1）坚持"先审核后实施，先验收后施工"的原则，严格把握方案审批制度。监理工程师（尤其是总监理工程师）必须严格把握判断施工总承包单位（包含各分包单位）所报审的施工组织设计文件中关于安全生产技术措施、专项施工方案，以及安全生产事故应急救援预案是否符合工程建设强制性标准。监理工程师应当在熟悉施工图设计文件、施工环境的基础之上，按照《建设工程监理规范》（GB/T 50319—2013）的要求，在工程项目开工前，由总监理工程师组织专业监理工程师对施工单位报送的施工组织设计（方案）提出审查意见，并经总监理工程师审核、签字后报送建设单位。监理工程师对施工组织设计中安全技术措施的审核一般包括以下内容：

①安全管理和安全保证体系的建立，尤其应该加大对施工企业三类人员履行安全生产职责的监督管理力度。

②施工安全生产责任制度、安全管理规章制度、安全操作规程的制定与实施情况。

③起重机械设备、施工机具和电气设备等设置是否符合安全规范标准。

④基坑支护与降水工程、土方开挖、模板工程、起重吊装工程、脚手架工程、拆除爆破工程、国务院建设行政主管部门或者其他有关部门规定的其他危险性较大的工程等专项方案是否符合规范要求；尤其是深基坑、地下暗挖工程、高大模板工程的专项施工方案，施工单位是否报请有关专家进行论证、审查回复意见。

⑤生产安全事故应急救援预案的编制。

⑥冬期、雨期等季节性施工方案的编制。

⑦施工总平面图是否合理，办公、宿舍、食堂等临时设施的设置以及施工现场场地、道路、排污、排水、防火措施是否符合有关安全技术标准规范和文明施工的要求。

2）监理工程师在实施监理过程中，发现存在事故隐患的，应当履行告知（或者警示）义务，在必要时必须向县级以上建设工程安全生产监督主管部门报告。监理工程师在实施监理工作时，应该对进场的建筑材料、建筑构配件和设备进行检验、检查，根据检验、检查结果决定是否允许进入施工现场；对不能保证建筑物结构安全的建筑材料、构配件和机械设备，有权要求施工单位停止使用，并及时清理出场；对不符合安全技术规范和标准或者违反强制性标准状态,甚至危及作业人员人身安全的事故隐患,应该下达整改指令书,通知施工单位及时整改;发现重大事故隐患的,监理工程师应当要求施工单位暂时停止施工,并及时报告建设单位,待重大事故隐患消除后,经监理工程师确认达到安全施工要求,总监理工程师下达复工令,施工单位方可继续施工;对拒不整改或者不停止施工的,监理单位应当立即向建设主管部门或其他有关主管部门报告,建设主管部门或其他有关主管部门应依法做出处理,以保证施工安全。

4.3.3 建筑施工企业的安全责任和义务

建筑施工企业是建筑活动的主体,是企业生产经营的主体,在施工安全生产中处于核心地位。由于建设工程生产的特殊性,如产品形成的固定性、生产流动性大,多为露天作业、高处作业,施工环境和作业条件差;不安全因素,如施工单位的市场行为不规范、施工单位安全生产法制观念淡薄、挪用安全生产专用资金、安全生产责任制度不健全、安全管理不到位、作业人员未经培训或培训不合格便上岗、违章指挥、违章作业、违章操作等导致生产安全事故时有发生。为遏止事故的发生,确保建设工程安全生产,法律法规对施工单位的市场准入、施工单位的安全生产行为规范和安全生产条件以及施工单位主要负责人、项目负责人、安全管理人员、作业人员的安全责任等方面,做出了明确的规定。

1. 施工企业实行安全生产许可制度

任何生产经营单位应当具备法律、行政法规和国家标准或者行业标准规定的安全生产条件,不具备安全生产条件的,不得从事生产经营活动,施工单位也不例外。在对施工单位进行资质条件的审查同时,除强调具备法律规定的注册资本、专业技术人员和技术装备外,还必须具备基本的安全生产条件。安全生产条件是指施工单位能够满足生产、经营、安全需要,在正常情况下不会导致人员伤亡和财产损失所必需的各种系统、设施、设备以及与施工相适应的管理组织、制度和技术措施等。安全生产条件包括以下内容:

1)建立、健全安全生产责任制,制定完备的安全生产规章制度和操作规程。

2)安全投入符合安全生产要求。

3)设置安全生产管理机构,配备专职安全生产管理人员。

4)主要负责人和安全生产管理人员经考核合格。

5)特种作业人员经有关业务主管部门考核合格,取得特种作业操作资格证书。

6)从业人员经安全生产教育和培训合格。

7)依法参加工伤保险,为从业人员缴纳保险费。

8)厂房、作业场所和安全设施、设备、工艺符合有关安全生产法律、法规、标准和规程的要求。

9)有职业危害防治措施,并为从业人员配备符合国家标准或者行业标准的劳动防护用品。

10）依法进行安全评价。

11）有重大危险源检测、评估、监控措施和应急预案。

12）有生产安全事故应急救援预案、应急救援组织或者应急救援人员，配备必要的应急救援器材、设备。

13）法律、法规规定的其他条件。

安全生产许可证颁发管理机关应当自收到申请之日起45日内审查完毕。经审查的施工企业具备上述条件的，颁发安全生产许可证；不符合上述安全生产条件的，不予颁发安全生产许可证，书面通知企业并说明理由。安全生产许可证的有效期为3年。安全生产许可证有效期满需要延期的，企业应当于期满前3个月向原安全生产许可证颁发管理机关办理延期手续。企业在安全生产许可证有效期内，严格遵守有关安全生产的法律法规，未发生死亡事故的，安全生产许可证有效期届满时，经原安全生产许可证颁发管理机关同意，不再审查，安全生产许可证有效期延期3年。

2. 施工单位主要负责人对本单位的安全生产工作全面负责

建设工程安全生产与施工企业增收节支并不矛盾，关键在于施工单位主要负责人是否重视安全生产工作，是否能够正确处理好生产与安全、经济效益与安全生产的关系，将安全生产的方针、政策落实到实际工作中去。施工单位的主要负责人依法对本单位安全生产工作全面负责，主要职责如下：

1）建立、健全本单位安全生产责任制。

2）组织制定本单位安全生产规章制度和操作规程。

3）保证本单位安全生产条件所需的资金正常投入。

4）实施定期、专项安全检查制度，督促本单位开展安全生产管理工作，及时消除安全隐患，并保存好安全检查记录。

5）组织制定并实施本单位的生产安全事故应急救援预案。

6）及时、如实报告生产安全事故。

3. 实行施工单位项目负责人安全生产第一责任人制度

施工单位项目负责人应当由取得相应执业资格的人员担任，对建设工程项目的安全施工负责，落实安全生产责任制度、安全生产规章制度和操作规程，确保安全生产费用的有效使用，并根据工程的特点组织制定安全施工措施，消除事故隐患，及时、如实报告生产安全事故。

（1）项目负责人　项目负责人代表施工单位，对项目组织实施中的劳动力调配、资金使用、建筑材料采购等行使决策权。因此，施工单位的项目负责人应当对建设工程项目施工的安全生产负全面责任，是本项目安全生产的第一责任人。施工单位的项目负责人必须由取得相应注册建造师执业资格的人员担任，并在资质等级许可的范围内承担工程项目施工管理，并按要求接受安全管理与安全技术教育培训，以达到一定的安全生产知识和管理能力。

（2）项目经理　项目经理不仅是施工单位施工项目的承包管理者，要认真贯彻执行企业的安全生产管理制度，还是项目部安全生产规章制度的制定者和执行者。项目经理的主要安全生产职责如下：

1）在组织、协调施工生产过程中，严格执行与安全生产有关的方针政策、法律、法规和相关制度。

2）按照安全技术标准和规程要求落实各项安全防护措施，确保安全生产专款专用。

3）设立施工项目经理部的安全生产管理机构，审查安全生产技术措施，解决施工中的安全生产问题。

4）建立健全施工项目经理部的安全生产责任制，组织对施工现场的安全生产，并落实隐患整改措施。

5）在施工现场进行安全宣传，组织对施工现场的员工进行安全生产教育与培训。

6）发生事故后，按照国家有关法律、法规的规定，及时、如实地报告生产安全事故，及时组织救援工作，防止事故影响扩大。

7）应保护事故现场，积极配合事故的调查处理工作。发生事故后不得隐瞒不报、谎报或者拖延不报，不得故意破坏事故现场、毁灭有关证据，否则，须承担相应的法律责任。

4. 施工单位应当建立健全有关安全生产的各项制度

建筑施工企业必须依法加强对建筑安全生产的管理，执行安全生产责任制度，采取有效措施，防止伤亡和其他安全生产事故的发生。《建设工程安全生产管理条例》第二十一条规定，施工单位应当建立健全安全生产责任制度和安全生产教育培训制度；制定安全生产规章制度和操作规程，保证本单位安全生产条件所需资金的投入，对所承担的建设工程进行定期和专项安全检查，并做好安全检查记录。具体地说，建筑施工企业应该建立健全下列制度：

（1）安全生产责任制度　安全生产责任制度是指将施工单位各级负责人、各职能机构及其工作人员和各岗位作业人员在安全生产方面应做的工作、应负的责任加以明确规定的一种制度。通过制定安全生产责任制度，建立一种分工明确、运行有效、责任落实、能够充分发挥作用的长效安全生产机制，把安全生产工作落到实处。认真落实安全生产责任制度，不仅是为了保证在发生生产安全事故时，可以追究责任，更重要的是通过日常或定期检查、考核，提高全体从业人员执行安全生产责任制的自觉性，使安全生产责任制在安全生产工作中全面落实。

（2）安全生产教育培训制度　安全生产教育培训工作是实现安全生产的一项重要基础工作。建设工程生产安全事故发生的一个重要原因在于企业负责人、管理人员、作业人员安全生产素质较低。企业负责人、管理人员没有掌握必要的安全生产法律、法规知识，缺乏安全生产的法治意识，部分作业人员缺乏安全生产知识，安全操作技能水平偏低，防范风险意识淡薄，违章指挥、违章作业、违反劳动纪律。对建筑活动的从业人员进行安全教育培训，才能使其掌握安全知识，增强安全意识，以提高搞好安全生产的自觉性、积极性，使安全生产的方针政策和法律、法规，以及安全技术规范、标准有效地贯彻执行。

（3）安全生产规章制度和操作规程　施工单位的安全生产规章制度和操作规程是施工单位为了保护施工现场各类人员生命安全与身体健康，保证施工作业正常进行而制定的具有针对性、可操作性的工作运转制度和操作程序，如安全技术措施制度、安全检查制度、卫生防疫制度、技术交底制度、事故报告制度和各类安全操作规程及方法等。安全生产规章制度和操作规程应合理、具体、明确，使其在安全生产方面具有可操作性。安全生产规章制度和操作规程应根据企业的实际情况，遵照国家有关法律、法规及相关的标准规定制定。

（4）安全生产措施费用专款专用制度　安全生产措施费用专款专用是保障施工单位具备安全生产条件所必需的物质基础。大量建设工程生产安全事故表明，安全生产的资金投入不足是导致事故发生的重要原因之一。因此，建筑施工企业必须保证安全生产必要的资金投入，否则，应当承担相应的法律责任。

（5）实施定期或者专项安全检查制度　对所承担的建设工程实施定期和专项安全检查制度，并做好安全检查记录。检查是抓好安全生产的有效手段之一，也是贯彻安全生产方针的具体措施。通过检查发现事故隐患，落实整改措施，防止伤亡事故的发生。安全检查工作要做到标准化、规范化、制度化。

（6）建筑工程强制保险制度　建筑施工企业必须为从事危险作业的职工办理意外伤害保险，支付保险费。实行施工总承包的，由总承包单位支付意外伤害保险费。意外伤害保险期限自建设工程开工之日起至竣工验收合格止。《建筑法》和《建设工程安全生产管理条例》对建筑企业意外伤害保险的强制规定，主要是根据建筑行业安全生产的现状做出的规定，这有利于保护从事危险作业人员的利益，也有利于保证企业安全经营、稳定发展生产，为建立和推行新的工伤保险制度奠定基础。

4.3.4　施工机械设备和构配件生产、租赁、安装、检测单位的安全责任和义务

建设工程生产安全事故的原因及表现形式多种多样，与工程勘察、设计、监理和施工单位的建筑活动密切相关，也与施工机械设备和构配件生产、租赁（含使用）、安装及检测机构的行为有一定的关系。为建设工程提供施工机械设备和构配件的生产、使用单位，应当配齐有效的保险、限位等安全设施和装置。同时，为建设工程提供机械设备和构配件的生产、经营单位，应当依据国家有关法律法规和安全技术规范进行生产经营活动。生产单位应当具有与其生产的产品相适应的生产条件、技术力量和产品检测手段，建立健全质量管理制度和安全责任制度。

1. 施工机械设备出租、构配件生产单位的安全责任

对于生产《特种设备安全监察条例》规定的施工起重机械的单位，应当经国务院特种设备安全监督管理部门许可，方可从事生产。为建设工程提供施工机械设备和构配件的生产、

经营单位，所生产的产品属于生产许可证或国家强制认证、核准、许可管理范围的，应取得生产许可证或强制性认证、核准、许可证书。生产、经营单位在为建设工程提供上述产品时，应同时提供生产许可证或强制性认证、核准、许可证书，产品合格证，产品使用说明书，整机型式检验报告，安全保护装置形式检验合格证等。合格证应注明产品主要技术参数、规格型号和编号等。对未纳入生产许可证或国家强制认证、核准、许可管理范围的机械设备，必须通过省级以上建设主管部门组织的产品鉴定合格后，方可投入使用。

施工机械设备和构配件生产制造单位应当严格按照国家标准进行生产，保证产品的质量和安全性能。特别是起重机械的安全保险装置，如塔式起重机的力矩限制器、重量限制器、高度限位、变幅（行走）限位、卷筒保险、吊钩保险，施工升降机的安全器、安全钩、极限开关、防松绳开关，物料提升机的安全停靠装置、断绳保护装置、重量限制器，施工机械各传动部位的安全保护装置等，这些安全保护装置是否齐全、是否灵敏可靠，直接影响施工机械设备的安全运行，关系到操作人员和其他作业人员的人身安全。因此，生产单位应当将上述安全保护装置配备齐全，并保证其灵敏可靠，以保证施工机械设备的安全使用，减少施工机械设备事故的发生。施工起重机械的安全保护装置应当符合国家和行业有关技术标准和规范的要求。对构配件的生产与制造，应当符合设计要求，并保证质量和安全性能可靠。生产、经营单位对提供的机械设备及构配件未按照安全施工的要求配备齐全有效的保险、限位等安全设施和装置，要承担相应的法律责任。

机械设备和施工机具及构配件租赁经营是市场经济条件下产生的一个新兴行业。当前设备租赁市场出现的问题是：出租单位多、经营规模小且不规范，尤其是出租单位技术力量薄弱，维修保养能力差，致使出租设备完好率低，出租的设备构配件质量低劣，安全使用无保障。为规范租赁经营行为，提高出租机械设备和施工机具及构配件的完好率，减少事故的发生，出租机械设备和施工机具及构配件单位应当具有生产（制造）许可证、产品合格证。出租单位应当对出租的机械设备和施工机具及构配件的安全性能进行检测，在签订租赁协议时，应当出具检测合格证明。禁止出租检测不合格的机械设备和施工机具及构配件。否则，出租单位出租未经安全性能检测或者经检测不合格的机械设备和施工机具及构配件的，责令停业整顿，并处5万元以上10万元以下的罚款；造成损失的，依法承担赔偿责任。

2. 施工起重机械和整体提升脚手架、模板等自升式架设设施安装拆卸单位的安全责任和义务

在施工现场安装、拆卸施工起重机械和整体提升脚手架、模板等自升式架设设施，必须由具有相应资质的单位承担。安装、拆卸施工起重机械和整体提升脚手架、模板等自升式架设设施，应当编制拆装方案、制定安全施工措施，并由专业技术人员现场监督。施工起重机械和整体提升脚手架、模板等自升式架设设施安装完毕后，安装单位应当自检，出具自检合格证明，并向施工单位进行安全使用说明，办理验收手续并签字。

（1）实行严格的资质准入制度 从事施工起重机械和整体提升脚手架、模板等自升式架设设施安装、拆卸活动的单位，必须具有相应的资质。施工起重机械是指施工中用于垂直升降或者水平运输重物的机械设备；自升式架设设施是指通过自有装置进行整体提升的架设设施，如整体提升脚手架、模板等。施工起重机械和自升式架设设施等的安装、拆卸是特殊专业施工的建筑活动，具有高度的危险性、高空作业等特点。安装、拆卸的水平对建筑施工作业和其他相关分部分项的施工安全具有决定性作用，因此必须由具有相应资质的单位来承担。

（2）安装、拆卸施工活动必须具有经审批的安装、拆卸施工方案，具体实施时还应当有专人现场监督　施工起重机械和整体提升脚手架、模板等自升式架设设施的安装单位在进行安装、拆卸作业前，应当根据施工起重机械和自升式架设设施的安全技术标准、使用说明书、施工现场环境、辅助起重机械设备条件等，编制拆装方案。所制定的拆装方案和安全技术措施要严格遵循国家标准、行业标准和生产厂家使用说明书。拆装方案一般应包括以下主要内容：

1）安装、拆卸施工的作业环境。

2）安装条件，安装、拆卸作业前检查，安装制度。

3）安装工艺流程及安装要点。

4）升降及锚固作业工艺。

5）安装后的检验内容和试验方法。

6）拆卸工艺流程及拆卸要点。

7）各工序、各部位有关的水平支撑等安全措施。

8）安装、拆卸安全注意事项。

起重机械和整体提升脚手架、模板等自升式架设设施拆装方案是建筑工程施工组织设计的重要内容，应由施工单位技术负责人审批，并在安装、拆卸前向作业班组人员按照施工方案要求进行安全技术交底，明确施工作业人员的安全责任。

（3）实行自检、他检制度，并办理验收签字移交手续　施工起重机械和整体提升脚手架、模板等自升式架设设施安装完毕后，安装单位应当自检，出具自检合格证明，并向施工单位进行安全使用技术交底，并办理验收签字手续。安装单位和施工单位应当按照国家有关标准规定的检验项目进行验收，做好验收记录，并严格履行双方交接验收签字手续。自检项目及双方交接验收一般包括以下内容：

1）电气装置、安全装置（包括各种限位、保险、限制器等）、控制器、照明和信号系统。

2）金属结构、连接件、吊笼、导轨架、附墙架梯子、司机室等。

3）防护装置、传动机构、动力设备、升降动力控制台。

4）制动器、防坠及防倾装置、安全器。

5）吊钩、钢丝绳及其连接、滑轮组、滑轮组的轴和固定零件。

6）液压系统。

7）架体结构、架体悬挑长度、架体高度、附着支撑结构、架体的防护。

8）各部位连接紧固件及连接紧固情况等。

第4章 建设工程安全生产管理法规

（4）建筑施工附着升降脚手架强制报废的规定 施工起重机械和整体提升脚手架、模板等自升式架设设施的使用达到国家规定的检验检测期限的，必须经具有专业资质的检验检测机构检测。经检测不合格的，不得继续使用，并按规定报废。当出现以下情况之一的，必须予以报废：

1）焊接件严重变形且无法修复或严重锈蚀。
2）导轨、附着支承结构件、水平梁架杆部件、竖向主框架等构件出现严重弯曲。
3）螺栓连接件变形、磨损、锈蚀严重或螺栓损坏。
4）弹簧件变形、失效。
5）钢丝绳扭曲、打结、断股、磨损断丝严重达到报废规定。
6）其他不符合设计要求的情况。

3. 检验检测机构的安全责任和义务

检验检测机构对检测合格的施工起重机械和整体提升脚手架、模板等自升式架设设施，应当出具安全合格证明文件，并对检测结果负责。因检验检测结果错误，致使不合格的施工起重机械和整体提升脚手架、模板等自升式架设设施投入使用，造成隐患或生产安全事故发生的，检验检测机构及其有关人员应当承担相应的法律责任。因此，检验检测机构应当认真履行职责，遵循诚信、务实的原则，为施工单位提供可靠、便捷的检测服务。检测工作应当符合安全技术规范的要求，不受任何单位和个人干涉，检验检测机构出具的结果必须是公正、客观的，检测人员应当严格按照国家有关法律、法规，根据国家有关的安全技术标准和规范，公正、客观、及时地出具检测结果、鉴定结论。检测结果、鉴定结论应当真实、准确，经检测人员签字后，由检验检测机构负责人签发。检验检测机构应当将检测结果书面通知施工单位，检测合格的，应当出具合格证明文件。

4.4 建筑施工过程中的安全生产管理

建设工程施工前，施工单位负责项目管理的技术人员应当对有关安全施工的技术要求向施工作业班组、作业人员做出详细说明，并由双方签字确认，目的在于强化责任意识，建立健全现场安全责任制度，促进安全生产。

4.4.1 施工方案报审制度

建筑施工企业在编制施工组织设计时，应当根据建筑工程的特点制定相应的安全技术措施；对专业性较强的工程项目，应当编制专项安全施工组织设计，并采取安全技术措施。施工单位应当在施工组织设计中编制安全技术措施和施工现场临时用电方案，对下列达到一定规模的危险性较大的分部分项工程编制专项施工方案，并附安全验算结果，经施工单位技术负责人、总监理工程师签字后实施,由专职安全生产管理人员进行现场监督(对达到一定规模标准且危险性较大的工程,由国务院建设行政主管部门会同国务院其他有关部门制定除外):

1)基坑支护与降水工程。
2)土方开挖工程。
3)模板工程、起重吊装工程。
4)脚手架工程,拆除、爆破工程。
5)国务院建设行政主管部门或者其他有关部门规定的其他危险性较大的工程。
6)对前款所列工程中涉及深基坑、地下暗挖工程、高大模板工程的专项施工方案,施工单位还应当组织专家进行论证、审查。

4.4.2 施工现场安全责任制度

施工现场安全由建筑施工企业负责。建设工程实行施工总承包的,由总承包单位对施工现场的安全生产负总责。总承包单位依法将建设工程分包给其他单位的,分包合同中应当明确各自的安全生产方面的权利、义务。总承包单位和分包单位对分包工程的安全生产承担连带责任。分包单位应当服从总承包单位的安全生产管理,分包单位不服从管理导致生产安全事故的,由分包单位承担主要责任。下面以某工程为例,说明施工现场安全责任制度的具体内容:

项目经理安全生产责任制

1)认真执行国家安全生产法律、法规以及规章制度;贯彻执行建筑施工安全强制性条文,落实安全防护经费。
2)制定本项目的安全管理制度和鉴定本项目部管理人员安全生产责任书。
3)组建项目部安全管理机构,配备专(兼)职安全管理人员。
4)每月组织一次安全检查和安全设备验收。
5)每月组织一次安全例会,组织学习安全知识,通报本月安全生产情况,布置下月安全生产工作,并做好会议记录。
6)及时给工人办理建筑意外伤害保险,发生事故及时上报,并组织抢救,对事故严格按"四不放过"(事故原因未查清不放过、责任人员未处理不放过、整改措施未落实不放过、有关人员未受到教育不放过)的原则处理。
7)审查项目部管理人员安全管理目标,督促落实并组织定期考核。
8)审批安全技术措施,安排人力和物力计划。
9)现场施工用电、建筑施工垂直运输设备安装完毕,经自检合格后,向当地法定监测站申报验收。

10）组织工人三级安全教育，开展查隐患、查漏洞等形式的安全活动。

11）严格控制特种工持证上岗。

12）组织开展创安全文明施工现场"达标"活动，不断改善劳动者的工作环境和生活卫生条件。

13）审批当月"建筑工程施工安全月报表"。

技术负责人安全生产责任制

1）参加项目工程的安全技术交底，并签字登记。

2）参加或组织编制安全技术措施，审查安全技术措施的可行性与针对性，并随时检查、监督、落实。

3）主持安全防护设施和设备的验收，控制不符合标准要求的防护设备、设施投入使用。

4）收集整理现场管理资料，保证检查验收资料与工程进度同步。

5）贯彻落实安全生产方针、政策，严格执行安全技术规程，并做记录。

6）制定施工组织设计和专项方案，细化安全技术措施，制定季节性和针对性施工方案，并制定安全技术交底单，及时解决执行中出现的问题。

7）参加安全生产检查，对施工中存在的不安全因素，从技术方面提出整改意见和办法予以消除。

8）参加、配合因工伤亡及重大未遂事故的调查，从技术上分析事故原因，提出防范措施和意见。

安全员安全生产责任制

1）参加项目部制定有关安全制度、措施，提出建设性意见。

2）参加对新进场和转岗工人的三级安全教育以及安全技术交底。

3）参加公司、项目的各种安全检查。

4）参与班组安全活动，检查班组活动记录。

5）及时对施工用电设备、塔式起重机、外脚手架等设施组织检验，并定期组织自验收。

6）主持开展每月安全例会，并邀请领导参加，做好记录。上报每月安全报表。

7）组织落实施工现场五牌一图（工程概况牌、管理人员名单及监督电话牌、消防保卫牌、安全生产牌、文明施工牌和施工现场总平面图）、警示牌、安全标语、黑板报等安全宣传活动。

8）组织学习国家有关安全生产方针、政策和《建筑施工安全检查标准》（JGJ 59—2011），以及规范规程。

9）严格遵守本企业、项目的安全管理制度和安全生产责任制。

10）开展施工现场安全巡查，防止"四大"伤害事故（高处坠落、物体打击、机械伤害、触电）。

11）参加生产安全事故的调查处理。

12）建立本企业、项目的工伤事故档案，发生事故及时上报。

13）制止违章，执行安全生产奖惩制度，建立奖罚台账。

工长安全生产责任制

1）依据法律法规、规范、标准组织安全生产，贯彻执行施工组织设计和安全技术措施。

2）参加项目安全达标计划和安全技术措施的制定，并组织实施。

3）参加施工用电、外脚手架、建筑施工垂直运输设备等专项方案的编制，并组织实施，确保安全防护设施与进度同步。

4）参加对各设备、设施的检查验收，提出整改意见，组织整改落实。

5）负责现场的扬尘治理和其他文明施工措施。

6）组织施工人员开展季节性的安全教育，并对教育内容进行记录。

7）参与对新进场和转岗工人的三级教育。

8）合理安排施工作业，做好交叉流水作业的安全防护。

9）组织安全技术交底，督促班组长对操作人员进行交底。

10）参加施工现场安全检查，防止"三违"（违章指挥、违章作业和违反劳动纪律）的现象发生。

机电工长安全生产责任制

1）负责项目机械设备的安全管理工作。

2）掌握机械人员情况，并登记、造册，连同操作证复印件一同存入资料袋。

3）按要求设置好机械五牌（操作规程牌、岗位责任制牌、机组人员牌、企业验收合格牌、法定机构验收合格牌），经常教育机组人员遵章守纪，安全作业。

4）参与机械设备的安装、调试及检查验收工作，并收集、整理调试及验收资料入档。

5）经常检查机械安全使用状况及人员遵章守纪情况，发现隐患及时协助解决，发现违章及时纠正。

6）负责安排机械设备的维护保养工作，督促机械操作人员做好"十字"作业。

7）参加上级部门组织的机械检查及安全检查，做好记录并督促进行存在问题的整改。

8）参与机械事故的调查、分析工作，吸取事故教训，拟定并实施措施。

生产班组长安全生产责任制

1）组织本班（组）人员开展学习安全操作规程活动。

2）每天利用上班前 15~20min 组织本班（组）人员开展班前活动，并做好记录。

3）认真做好工人转岗安全教育，并做好安全技术交底。

4）组织本班（组）人员开展施工作业层安全巡检，及时消除隐患。

5）执行安全管理制度、各工种安全技术规程。

6）检查各班（组）成员劳动保护用品的使用情况，处罚违章行为。

7）认真落实安全技术交底制度，并履行签字手续。

8）参加安全检查和安全例会，汇报本班（组）的安全生产情况。

9）合理安排本班（组）人员的工作，加强交叉作业的安全防护。对本班（组）人员在生产中的安全和健康负责。

10）制止"三违"现象发生，有权拒绝违章指挥。

4.4.3 施工现场安全技术交底制度

建设工程施工前，施工单位负责项目管理的技术人员应当对有关安全施工的技术要求向施工作业班组、作业人员做出详细说明，并由双方签字确认。由于施工现场高空与交叉作业及手工操作多、劳动强度大、作业环境复杂等因素，施工单位有必要对危险部位和施工技术要求、紧急救援或安全自救等作业安全事项向作业人员做出详细说明，以保证施工质量和安全生产。

1. 安全技术交底的基本要求

安全技术是指确保安全生产所需要消除的在施工过程中各种特定的不安全因素的安全保障措施手段，如警示、限控、保险、防护、救助等技术措施。安全技术交底是指把消除不安全因素和安全保障措施，以及工程项目概况向作业人员做出说明，并签字署名的行为。分部分项工程作业前和每天作业前，工程项目的技术人员和各施工班组长将工程项目和分部分项工程概况、施工方法、安全技术措施及要求向全体施工人员进行说明。安全技术交底的基本要求如下：

1）实行三级交底制度、逐级交底，即由总承包单位向项目部技术人员、项目部技术人员向施工班组长、施工班组长向作业人员分别进行交底。

2）交底必须具体、明确、针对性强。

3）技术交底的内容应针对分部分项工程施工给作业人员带来的潜在危险因素和存在的问题。

4）应优先采用新的安全技术措施。

5）各工种的安全技术交底一般与分部分项安全技术交底同步进行。对施工工艺复杂、施工难度较大或作业条件危险的，应当单独进行各工种的安全技术交底。

6）交底应当采用书面形式，即将每天参加交底的人员名单和交底内容记录在班组活动记录中。

2. 安全技术交底的主要内容

1）工程项目和分部分项工程的概况。

2）工程项目和分部分项工程的危险部位。

3）针对危险部位采取的具体预防措施。

4）作业中应注意的安全事项。

5）作业人员应遵守的安全操作规程和规范。

6）作业人员发现事故隐患应采取的措施和发生事故后应及时采取的躲避和急救措施。

4.4.4 施工现场安全检查制度

施工现场除应经常进行安全生产检查外，还应组织定期检查。施工总承包企业每季度进行一次，项目经理部每月进行一次，作业班组每周进行一次。施工现场安全检查要以查思想、查管理、查整改、查隐患、查事故处理为主要内容，要结合季节特点开展防洪、防雷电、防坍塌、防高空坠落、防煤气中毒等"五防"检查。安全检查的重点是违章指挥、违章作业，发现隐患，立即整改。对因特殊情况不能立即整改的要建立登记、整改、检查、销项制度。安全检查后应该编制安全检查报告，说明已达标、未达标项目，找出存在的问题，分析原因，制定纠正措施，及时消除安全隐患，确保安全生产。

4.4.5 施工现场安全防护管理制度

建筑施工企业应当在施工现场采取维护安全、防范危险、预防火灾等措施，有条件的，应当对施工现场实行封闭管理。施工现场对毗邻的建筑物、构筑物和特殊作业环境可能造成损害的，建筑施工企业应当采取安全防护措施。施工单位应当根据不同施工阶段和周围环境及季节、气候的变化，在施工现场采取相应的安全施工措施。在城市市区内的建设工程，施工单位应当对施工现场实行封闭围挡。

1. 建筑施工企业在施工现场所采取维护安全、防范危险的措施

1）施工现场道路、上下水及采暖管道、电气线路、材料堆放、临时和附属设施等的平面布置，必须符合安全、卫生、防火要求，并加强管理。

2）各种机电设备的安全装置和起重设备的限位装置，要配置齐全有效，建立定期维修保养长效机制，检修机械设备要同时检修防护装置。

3）脚手架、井字架（龙门架）、安全网搭设必须经验收合格，方能使用。使用期间要指定专人维护和保养。

4）施工现场入口处、施工起重机械、临时用电设施、脚手架、出入通道口、楼梯口、电梯井口、孔洞口、桥梁口、隧道口、基坑边沿、爆破物及有害危险气体和液体存放处等危险部位，应当设置明显的安全警示标志。在施工现场的沟、坎、深基坑等处，夜间要设红灯示警。这些安全警示标志未经施工负责人批准，不得移动和拆除。同时，安全警示标志还应当明显，便于作业人员识别。所有的安全警示标志必须符合国家标准。

5）混凝土搅拌站、木工车间、沥青加工点及喷漆作业场所等，都要采取措施，限期使尘土浓度不超过国家标准规定的限值。

6）施工现场、木工加工厂（车间）和贮存易燃易爆器材的仓库，建立防火管理制度，备足防火设施和灭火器材，要经常检查，保持良好。

2. 施工现场暂停施工后的安全管理

施工现场暂时停止施工的，施工单位应当做好现场防护，所需费用由责任方承担，或者按照合同约定执行。施工现场因特殊原因需要暂停施工的，建设单位或施工单位应当将停工原因及停工时间向县级以上人民政府建设行政主管部门报告。停工前，施工单位应当对施工现场的安全防护设施进行检查，针对施工现场实际情况，采取相应措施，保证施工现场停工期间的安全，如切断施工总电源，所有配电箱、开关箱上锁；封闭进入建筑物、构筑物的通道；对机械设备、施工机具进行封存，在易燃、易爆品及有害危险气体和液体存放处派专人监护；安排值班人员做好现场保护等。对因季节（寒冷地区的冬季）、节假日等原因暂时停工的，施工单位也应按照规定做好现场防护。

3. 施工单位对施工现场采取封闭管理的措施

1）对在建的建筑物、构筑物使用密目式安全网封闭，这样既可保护作业人员的安全，防止高空坠物伤人，防止将不安全因素扩散到场外，又能避免扬尘外泄。

2）对施工现场实行封闭式管理，在施工现场设置大门，现场周围设置围墙、围挡，将施工现场与外界分离，确保无关人员不能随意进入施工现场。施工现场封闭围挡高度规定：施工现场位于一般路段的围挡不得低于1.8m，在市区主要路段的围挡不得低于2.5m。

4. 施工单位、对毗邻建筑物、构筑物、地下管线以及特殊作业环境可能造成损害时所采取的专项防护措施

建设工程在进行深基础施工、桩基础施工或爆破作业时，对周围环境特别是毗邻建筑物、构筑物等可能造成一定程度的损害。为此，施工单位应该根据建设单位、勘察单位提供的毗邻建筑物、构筑物等勘察文件，对施工现场毗邻建筑物、构筑物等进行实地勘查，制定专项防护和保护方案，以保证毗邻建筑物、构筑物的安全。

4.4.6 施工现场总平面管理

施工单位应当将施工现场的办公、生活区与作业区分开设置，并保持安全距离；办公、生活区的选址应当符合安全性要求。职工的膳食、饮水、休息场所等应当符合卫生标准。施工现场临时搭设的建筑物应当符合安全使用要求。施工现场使用的装配式活动房屋应当具有产品合格证。根据《建筑施工安全检查标准》（JGJ 59—2011）的规定，施工现场临时设施的搭建应当满足以下要求：

1）施工作业区与办公、生活区应满足最小的安全距离，并设有防护措施。办公区和生活区应当处于在建建筑物的坠落半径之外。例如，建筑物高度为2~5m时，坠落半径为2m；建筑物高度为30m时，坠落半径为5m（因条件限制，办公区和生活区设置在坠落半径区域内的，必须有防护措施），根据《施工现场临时用电安全技术规范》（JGJ 46—2005）的规定：1kV以下，安全距离为4m；330~550kV，安全距离为15m。

2）办公区和生活区的选址应当符合安全性要求。办公区和生活区首先应考虑与作业区隔离，保持安全距离，其所处位置的周边环境，必须具有安全性。

3）职工的膳食、饮水、休息场所等应符合国家规定的卫生标准，基本要求如下：

①食堂应远离厕所、垃圾站、有毒有害场所，并取得卫生许可证；炊事人员必须持有身体健康证，卫生条件必须符合国家卫生防疫部门规定的标准等。

②员工的饮水应当设置符合卫生标准的饮水器，饮水器具应定期消毒，并有专人负责。

③员工宿舍内不得设通铺、地铺，每个人的居住面积不得小于 $2m^2$，室内应当限定人数，应设置外开门。寒冷季节应当有保暖和防煤气中毒措施，炎热季节应当有消暑和防蚊虫叮咬措施等。

4）施工单位不得在尚未竣工的建筑物内设置员工集体宿舍。

5）施工现场使用的装配式活动房屋，生产厂家应按照国家规定的相关标准进行生产，房屋的结构、消防、环保、卫生、材料的选用等方面必须符合国家规定的设计规范标准，出厂时应附有产品合格证等相关资料。

4.4.7 施工现场消防管理

施工单位应当在施工现场建立消防安全责任制度，确定消防安全责任人，制定用火、用电、使用易燃易爆材料等各项消防安全管理制度和操作规程，设置消防通道、消防水源、配备消防设施和灭火器材并在施工现场入口处设置明显标志。

1. 建立健全施工现场消防安全责任制度

确保消防安全的关键在于建立健全消防安全责任制度。施工单位应当依据《中华人民共和国消防法》和《机关、团体、企业、事业单位消防安全管理规定》等法律、法规和规章的规定，根据施工现场的具体情况，有针对性地建立消防安全责任制度。具体内容包括消防安全要求、消防安全管理程序、消防安全责任人、消防安全培训要求等，并在项目经理部实行逐级防火责任制、岗位防火责任制等，切实做到"谁主管，谁负责；谁在岗，谁负责"，保证消防法律、法规的贯彻执行，保证消防安全措施落到实处，从制度上预防消防安全事故的发生。

2. 建立健全各项消防安全管理制度和操作规程

施工单位应当在施工现场制定用火用电制度、易燃易爆危险物品管理制度、消防安全检查制度、消防设施维护保养制度、消防值班制度、职工消防教育培训制度等消防安全管理制度。同时，要结合施工现场的实际情况，制定用火用电、使用电焊气焊等岗位的消防安全操作规程。其中，易燃易爆危险物品包括：易燃易爆化学物品和民用爆炸物品。易燃易爆化学物品是指《危险货物品名表》（GB 12268—2012）中以燃烧爆炸为主要特性的压缩气体、液化气体、易燃液体和固体、易燃物品和氧化剂、有机过氧化物以及毒害品、腐蚀品中部分易燃易爆化学物品。民用爆炸物品包括各种炸药、雷管、导火索、非电导爆系统、起爆药、岩石混凝土爆破剂、黑色火药、烟火剂、烟花爆竹以及需要管理的其他爆炸物品。易燃易爆危险物品具有极大的火灾危险性和破坏性,如果在生产、储存、运输、销售或者使用等过程中不严加管理,极易造成严重事故。对于施工现场的这些物品,必须制定严格的安全管理制度和操作规程,作业人员要按照管理制度和操作规程的要求进行作业,保证安全施工。

3. 设置消防通道,配备消防器材和相关的消防设施

消防通道是指供消防人员和消防车辆等消防装备进入或穿越建筑物或在建筑物内能够通行的道路。规划建设消防通道应当保证道路的宽度、净高和平面设置,满足消防车通行和灭火的基本要求。消防水源是指市政消火栓、天然水源取水设施、消防蓄水池和消防供水管网等消防供水设施。规划建设消防供水设施应当保证消防供水设施的数量、水量、水压等满足灭火需要,保证消防车到达火场后能够就近利用消防供水设施,及时扑救火灾,控制火势蔓延的基本要求。消防设施一般是指固定的消防系统和设备,如火灾自动报警系统、各类自动灭火系统、消火栓、防火门等;消防器材是指移动的灭火器材、自救逃生器材,如灭火器、防烟面罩、缓降器等。施工单位应当在施工现场入口处设置明显的消防安全标志。消防安全标志是指用其表达与消防有关的安全信息的图形符号或者文字标志,包括火灾报警和手动控制的标志、火灾时疏散途径的标志、灭火设备的标志、具有火灾爆炸危险的物质或场所的标志等。消防安全标志的设置应当符合国家有关标准,同时施工单位还应当结合本单位防火工作的特点,有重点地进行消防安全知识的宣传教育,增强作业人员的消防安全意识,使作业人员了解本岗位的火灾特点,会使用灭火器材扑救初期火灾,会报火警,会自救逃生。

4.4.8 施工现场环境保护

建设产生污染的建设项目,必须遵守污染物排放的国家标准和地方标准;在实施重点污染物排放总量控制的区域内,还必须符合重点污染物排放总量控制的要求。工业建设项目应当采用能耗物耗小、污染物产生量少的清洁生产工艺,合理利用自然资源,防止环境污染和生态破坏。改建、扩建项目和技术改造项目必须采取措施,治理与该项目有关的原有环境污染和生态破坏。

1)依法应当编制环境影响报告书、环境影响报告表的建设项目,建设单位应当在开工建设前将环境影响报告书、环境影响报告表报有审批权的环境保护行政主管部门审批;建设项目的环境影响评价文件未依法经审批部门审查或者审查后未予批准的,建设单位不得开工建设。环境保护行政主管部门审批环境影响报告书、环境影响报告表,应当重点审查建设项目的环境可行性、环境影响分析预测评估的可靠性、环境保护措施的有效性、环境影响评价结论的科学性等,并分别自收到环境影响报告书之日起60日内、收到环境影响报告表之日起30日内,作出审批决定并书面通知建设单位。环境保护行政主管部门可以组织技术机构对建设项目环境影响报告书、环境影响报告表进行技术评估,并承担相应费用;技术机构应当对其提出的技术评估意见负责,不得向建设单位、从事环境影响评价工作的单位

收取任何费用。依法应当填报环境影响登记表的建设项目，建设单位应当按照国务院环境保护行政主管部门的规定将环境影响登记表报建设项目所在地县级环境保护行政主管部门备案。环境保护行政主管部门应当开展环境影响评价文件网上审批、备案和信息公开。

建设项目造成跨行政区域环境影响，有关环境保护行政主管部门对环境影响评价结论有争议的，其环境影响报告书或者环境影响报告表由共同上一级环境保护行政主管部门审批。

2）建设项目有下列情形之一的，环境保护行政主管部门应当对环境影响报告书、环境影响报告表作出不予批准的决定：

①建设项目类型及其选址、布局、规模等不符合环境保护法律法规和相关法定规划。

②所在区域环境质量未达到国家或者地方环境质量标准，且建设项目拟采取的措施不能满足区域环境质量改善目标管理要求。

③建设项目采取的污染防治措施无法确保污染物排放达到国家和地方排放标准，或者未采取必要措施预防和控制生态破坏。

④改建、扩建和技术改造项目，未针对项目原有环境污染和生态破坏提出有效防治措施。

⑤建设项目的环境影响报告书、环境影响报告表的基础资料数据明显不实，内容存在重大缺陷、遗漏，或者环境影响评价结论不明确、不合理。

3）建设项目环境影响报告书、环境影响报告表经批准后，建设项目的性质、规模、地点、采用的生产工艺或者防治污染、防止生态破坏的措施发生重大变动的，建设单位应当重新报批建设项目环境影响报告书、环境影响报告表。建设项目环境影响报告书、环境影响报告表自批准之日起满5年，建设项目方开工建设的，其环境影响报告书、环境影响报告表应当报原审批部门重新审核。原审批部门应当自收到建设项目环境影响报告书、环境影响报告表之日起10日内，将审核意见书面通知建设单位；逾期未通知的，视为审核同意。建设单位可以采取公开招标的方式，选择从事环境影响评价工作的单位，对建设项目进行环境影响评价。任何行政机关不得为建设单位指定从事环境影响评价工作的单位，进行环境影响评价。建设单位编制环境影响报告书，应当依照有关法律规定，征求建设项目所在地有关单位和居民的意见。

4）建设项目需要配套建设的环境保护设施，必须与主体工程同时设计、同时施工、同时投产使用。建设项目的初步设计，应当按照环境保护设计规范的要求，编制环境保护篇章，落实防治环境污染和生态破坏的措施以及环境保护设施投资概算。

5）环境影响评价。国家实行建设项目环境影响评价制度。国家根据建设项目对环境的影响程度，按照下列规定对建设项目的环境保护实行分类管理：

①建设项目对环境可能造成重大影响的，应当编制环境影响报告书，对建设项目产生的污染和对环境的影响进行全面、详细的评价。

②建设项目对环境可能造成轻度影响的，应当编制环境影响报告表，对建设项目产生的污染和对环境的影响进行分析或者专项评价。

③建设项目对环境影响很小，不需要进行环境影响评价的，应当填报环境影响登记表。

4.4.9 建筑工程安全文明施工费计价规定

建设工程安全文明施工费是指按照国家现行的建筑施工安全、施工现场环境与卫生标准和有关规定，购置和更新施工安全防护用品及设施、改善安全生产条件和作业环境、防止施工过程对环境造成污染所需要的费用。建筑工程安全文明施工费由环境保护费、文明施工费、安全施工费及临时设施费组成。建筑工程安全文明施工费为不可竞争费用。在编制设计概算、施工图预算、招标控制价时应足额计取，即安全文明施工费费率按基本费费率加现场评价费最高费率计列。

$$环境保护费费率 = 环境保护基本费费率 \times 2 \quad (4-1)$$

$$文明施工费费率 = 文明施工基本费费率 \times 2 \quad (4-2)$$

$$安全施工费费率 = 安全施工基本费费率 \times 2 \quad (4-3)$$

$$临时设施费费率 = 临时设施基本费费率 \times 2 \quad (4-4)$$

1) 对安全防护、文明施工、保护环境、临时设施有特殊要求和危险性较大的工程，超过规定的标准，需增加安全文明施工费的，招标人在编制工程量清单、招标控制价时，应单独列项和计算费用，投标人投标时根据招标人的要求和工程特点结合投标施工组织设计或施工方案在措施项目中单独报价。

2) 安全文明施工费分基本费、现场评价费的计取过程。

① 基本费为承包人在施工过程中发生的安全文明施工措施的基本保障费用，根据工程所在位置分别执行工程在市区时，工程在县城、镇时，工程不在市区、县城、镇时三种标准。

② 现场评价费是指承包人执行有关安全文明施工规定，经发包人、监理人、承包人共同依据相关标准和规范性文件规定对施工现场承包人执行有关安全文明施工规定情况进行自评，并经住房和城乡建设主管部门施工安全监督机构（以下简称施工安全监督机构）核定安全文明施工措施最终综合评价得分，由承包人自愿向安全文明施工费费率测定机构申请并经测定费率后获取的安全文明施工措施增加费。

3) 招标人应在公布的招标文件工程量清单和招标控制价（综合单价分析表除外）中，明确各单位工程的"环境保护费""文明施工费""安全施工费""临时设施费"金额，并要求投标人按此金额填报，投标人在投标报价时应按招标人给定的金额填报，否则视为对招标文件不做实质性响应，投标文件将被否决。对采用工程总承包方式（含EPC方式）或按建筑面积平方米造价包干等方式发包的工程，如在签订工程承包合同时无法确定其中的安全文明施工费具体金额的，房屋建筑工程和市政基础设施工程的安全文明施工费取费基础（分部分项工程量清单项目定额人工费 + 单价措施项目定额人工费）暂按签约合同价中建安工程造价的15%计算，费率和金额按照规定计算，以此作为发包人与承包人在工程承包合同中明确安全文明施工费总费用以及编制费用预付计划的依据。

4) 安全文明施工措施的现场评价。发包人、监理人、承包人共同依据《建筑施工安全检查标准》（JGJ 59—2011）等规定对施工现场承包人执行有关安全文明施工规定情况进行检查和评分,并由施工安全监督机构根据历次检查得分及日常监管情况在"建设工程安全文明施工措施评价及费率测定表"中核定安全文明施工措施评价最终综合评价得分。同时,对施工期间承包人是否发生一般及以上生产安全事故、工地地面是否应做硬化处理而未做、施工现场是否按规定安装和使用视频监控系统以及是否按要求组织专门的安全隐患排查等情况予以确认。经市、州住房和城乡建设主管部门评为安全生产文明施工标准化工地的工程,最终综合评价得分不低于85分;经省住房和城乡建设主管部门评为安全生产文明施工标准化工地的工程,最终综合评价得分不低于90分。

5)安全文明施工费结算费率的确定。

①安全文明施工基本费费率依据有关规定确定。

②安全文明施工现场评价费费率依据施工安全监督机构核定的安全文明施工最终综合评价得分按规定确定。具体计算方法为:得分为80分者,现场评价费费率按基本费费率的40%计取,80分以上每增加1分,其现场评价费费率在基本费费率的基础上增加3%,中间值采用插入法计算,保留小数点后两位数字,第三位四舍五入。现场评价费费率计算公式如下:

现场评价费费率 = 基本费费率 × 40% + 基本费费率 × (最终综合评价得分 − 80) × 3%

(4-5)

③最终综合评价得分低于70分(不含70分)的,只计取安全文明施工费中的临时设施基本费。

④施工期间承包人发生一般及以上生产安全事故的,安全文明施工费中的安全施工费按应计费率的60%计取。

⑤工地地面应做硬化处理而未做的,安全文明施工费中的文明施工费按应计费率的60%计取。

⑥房屋建筑与装饰工程、仿古建筑工程、绿色建筑工程、装配式房屋建筑工程、构筑物工程、市政工程、综合管廊工程、城市轨道交通工程安全施工费已包括施工现场安装和使用视频监控系统的费用以及专门的安全隐患排查等费用,若未安装和使用或经现场评价不符合规定,或未按要求组织专门的安全隐患排查的,安全文明施工费中的安全施工费按应计费率的75%计取。

6)安全文明施工费的结算管理。承包人向安全文明施工费费率测定机构申请测定费率,并出具"建设工程安全文明施工措施评价及费率测定表"的,按"建设工程安全文明施工措施评价及费率测定表"测定的费率计算;承包人未向安全文明施工费费率测定机构申请测定费率的,只能按5)中的规定计取基本费。若因发包人原因造成施工安全监督机构未核定安全文明施工措施最终评价得分,承包人无法向安全文明施工费费率测定机构申请测定费率的,发包人、承包人可依据4)中的规定,按发包人、监理人、承包人共同对施工现场承包人执行有关安全文明施工规定情况进行检查和评分的结果和5)中的规定,测定安全文明施工费费率,在"建设工程安全文明施工措施评价及费率测定表"中确认并说明原因,作为结算依据。

①对发包人直接发包的专业工程,未纳入总包工程现场评价范围,施工安全监督机构也未单独进行现场评价的,安全文明施工费以发包人直接发包的工程类型,只能按5)中的规定计取基本费。

②对发包人直接发包的专业工程,纳入总包工程现场评价范围但未单独进行安全文明施工措施现场评价的,安全文明施工费按该工程总承包人的"建设工程安全文明施工措施评价及费率测定表"测定的费率执行;纳入总包工程现场评价范围但该工程总承包人未测定安全文明施工费费率的,安全文明施工费以该总承包工程类型按5)中的规定计取基本费。

发包人直接发包工程的安全文明施工纳入总承包人统一管理的,总承包人收取相应项目安全文明施工费的40%。发包人在拨付专业工程承包人的安全文明施工费用时,应将其中的40%直接拨付总承包人。

③对采用工程总承包方式(含EPC方式)或按建筑面积平方米造价包干等方式发包的工程,在结算时无法确定安全文明施工费具体金额或未采用我省计价依据确定工程造价的,房屋建筑工程和市政基础设施工程的安全文明施工费取费基础(分部分项工程量清单项目定额人工费+单价措施项目定额人工费)分别按照签约合同价中建安工程造价(含合同价款调整)的15%、10%计算,费率和金额按照5)、6)中的规定计算,以此作为调整合同中安全文明施工费的依据。

④采用总价包干的工程在确定包干总价时,对招标工程,安全文明施工费暂按投标报价中的安全文明施工费金额计列;对非招标工程,安全文明施工费暂按基本费费率加现场评价费最高费率计列。竣工结算时,安全文明施工费按规定计算并对包干总价中的安全文明施工费进行调整。

⑤发包人与承包人应当在施工合同中明确安全文明施工费总费用以及费用预付计划、支付计划、使用要求、调整方式等条款。合同工期在一年以内的,发包人预付安全文明施工费不得低于基本费的70%;合同工期在一年以上的(含一年),预付安全文明施工费不得低于基本费的50%,其余费用应当按照施工进度依据合同约定支付。

⑥实行工程总承包的,总承包人依法将工程分包给其他单位的,总承包人与分包人应当在分包合同中明确安全文明施工费用由总承包人统一管理。安全文明施工措施由分包人实施的,由分包人提出专项安全文明施工措施方案,报总承包人批准后实施并由总承包人支付所需费用。

7)承包人应当确保安全文明施工费专款专用。承包人安全生产管理机构和专职安全生产管理人员负责对建设工程安全文明施工措施的组织实施进行现场监督检查,并有权向住房和城乡建设主管部门反映情况。工程总承包人对建设工程安全文明施工费的使用负总责。总承包人应当按照规定及合同约定及时向分包人支付安全文明施工费。总承包人不按规定和合同约定支付费用,造成分包人不能及时落实安全文明施工措施导致发生伤亡事故的,由总承包人负主要责任,造成经济损失的,承担赔偿责任。

8）施工安全监督机构应当按照现行标准、规范对施工安全文明施工措施落实情况进行监督检查，并对发包人支付及承包人使用安全文明施工费情况进行监督检查。

①发包人或其委托的工程造价咨询企业在编制招标控制价、核对工程结算时，应当依据规定计算安全文明施工费。造价工程师和工程造价咨询企业不按规定计算安全文明施工费的，依据《建设工程施工发包与承包计价管理办法》（住房和城乡建设部令第16号）第二十二条、二十三条规定进行处罚。

②建筑施工企业应当遵守有关环境保护和安全生产的法律、法规的规定，采取控制和处理施工现场的各种粉尘、废气、废水、固体废物以及噪声、振动对环境的污染和危害的措施。施工单位应当遵守有关环境保护法律、法规的规定，在施工现场采取措施，防止或者减少粉尘、废气、废水、固体废物、噪声、振动和施工照明对人和环境的危害和污染。在城市市区内的建设工程，施工单位应当对施工现场实行封闭围挡。因此，施工企业应当在施工现场采取措施防止环境污染和危害。同时，施工单位还应当根据有关法律规定，采取积极有效的保护环境措施，促进生产。具体措施如下：

a. 使用密目式安全网对在建建筑物、构筑物进行封闭。

b. 采取有效措施控制施工过程中的扬尘。

c. 对产生噪声和振动的施工机械和施工机具，应当采取消声、吸声、隔声、减振降噪等有效控制措施，减少噪声扰民。根据《建筑施工场界环境噪声排放标准》（GB 12523—2011），建筑施工场界噪声限值见表4-1。

表4-1 建筑施工场界噪声限值

施工阶段	主要噪声源	噪声限值/dB（A）	
		昼间	夜间
土石方	推土机、挖掘机、装载机等	75	55
打桩	各种打桩机械等	85	禁止施工
结构	混凝土搅拌机、振捣棒、电锯等	70	55
装修	吊车、升降机等	65	55

d. 不在施工现场烧融沥青或者焚烧含有有毒、有害化学成分的装饰废料、油毡、油漆、垃圾，防止有害气体污染环境。

e. 排水系统设置沉淀池，使施工产生的泥浆和生活污水不随意排放。

f. 施工车辆运输砂石、土方、渣土和建设垃圾，采取密封、覆盖措施，避免泄漏、遗散，并按指定地点倾卸，防止固体废弃物污染环境。

g. 夜间施工严格按照建设主管部门和有关部门的规定执行，对施工照明器具的种类、灯光亮度加以严格控制，特别是在城市市区居民居住区内，应减少施工照明对城市居民的危害等。

4.5 生产安全事故的应急救援和调查处理

建筑业属于典型的事故多发性行业之一，建设工程中生产安全事故的发生很难完全杜绝，在加强建筑施工生产安全监督管理，坚持"安全第一、预防为主、综合治理"的同时，还必须建立健全建设工程生产安全事故应急救援体系，以减少建设工程安全事故中的人员伤亡和财产损失。县级以上地方各级人民政府有关部门必须履行制定本行政区域内特大生产安全事故应急救援预案和建立应急救援体系的义务。《建设工程安全生产管理条例》第四十八条规定，施工单位应当制定本单位生产安全事故应急救援预案，建立应急救援组织或者配备应急救援人员，配备必要的应急救援器材、设备，并定期组织演练。一旦发生安全事故，就可以在最短的时间内，将损失降低到最小。

4.5.1 政府相关部门生产安全事故应急救援预案的制定

特别重大事故是指造成特别重大人身伤亡或者巨大经济损失以及性质特别严重，产生重大影响的事故；应急救援预案是指事先制定的关于特大生产安全事故发生时进行紧急救援的组织、程序、措施、责任以及协调等方面的方案和计划。特大生产安全事故具有突发性、紧迫性的特点，如没有事先做好充分的应急准备，很难在短时间内实施有效的抢救，避免事故扩大或减少人员伤亡和财产损失。因此，事先制定应急救援预案，形成应急救援体系的工作十分重要。这些应急救援预案体系应当重点突出，具有针对性；确定的应急救援预案体系实施的程序力求简单，具有可操作性，保证突发安全事件在发生的同时，应急救援预案体系能及时启动，实施快速抢救；统一指挥、分工明确、管理到位、责任到人。施工单位、行政管理机关以及其他有关方面如何分工配合、协调启动，都应当在应急救援预案体系中明确。

4.5.2 施工单位生产安全事故应急救援预案的制定

建筑施工单位应当建立应急救援组织；生产经营规模较小，可以不建立应急救援组织的，应当指定兼职的应急救援人员；建筑施工单位还应当配备必要的应急救援器材、设备，并进行经常性维护、保养，保证正常运转。施工单位应当根据建设工程施工的特点、范围，对施工现场易发生重大事故的部位、环节进行监控，制定施工现场生产安全事故应急救援预案。实行施工总承包的，由总承包单位统一组织编制建设工程生产安全事故应急救援预案，工程总承包单位和分包单位按照应急救援预案，各自建立应急救援组织或者配备应急救援人员，配备救援器材、设备，并定期组织演练。施工单位制定的生产安全事故应急救援预案体系的基本方法如下：

1）所有的施工单位都应制定应急救援预案体系。
2）建立专门从事应急救援工作的组织机构。一旦发生生产安全事故，应急救援组织就能够迅速、有效地启动，以便快速投入抢救工作，防止事故的进一步扩大，最大限度地减少人员伤亡和财产损失。

3）对一些施工规模较小、从业人员较少、发生事故时应急救援任务相对较轻的施工单位，可以配备能够胜任的兼职应急救援人员，以保证应急救援预案体系的实施。应急救援人员应经过培训和必要的演练，使其了解本行业安全生产的方针、政策和安全救护规程，掌握救援行动的方法、技能，熟悉本单位安全生产情况，掌握应急救援器材、设备的性能、使用方法。

4）施工单位要根据生产经营活动的性质、特点以及应急救援工作的实际需要，有针对性和选择性地配备应急救援器材、设备。为了保证这些器材、设备处于正常运转，必须使这些器材、设备处于经常性维护、保养状态。

5）定期对员工进行消防安全培训，普及消防知识，以使配备的应急救援物资、人力符合实际需求。

为了贯彻安全生产方针，施工单位应根据工程特点、施工范围，在开工前对施工过程进行安全策划，对可能出现的危险因素进行识别，列出重大危险源，制定消除或减小危险性的安全技术方案、措施，对易发生重大事故的作业，如脚手架、施工临时用电、基坑支护、模板支撑、塔式起重机、物料提升机及其他垂直运输设备、爆破和拆除工程等应有专项技术方案并落实控制措施进行监控；制定施工现场生产安全事故应急救援预案，对可能发生的事故及随之引发的伤害和其他影响采取抢救行动。下面以成都市某工程施工总承包单位的安全生产事故应急救援预案体系为案例，介绍施工单位生产安全事故应急救援预案体系的制定方法，供读者参考学习。

成都市市中区某高档建筑住宅小区总建筑面积18万m^2，共5栋高层建筑，每栋28层。此小区为框架剪力墙结构，地下车库、人民防空局部地下2层。为适应成都市创建国家卫生城市，施工总承包单位制定了以下的生产安全事故应急救援预案体系。

1. 应急救援器材

各施工现场的起重设备、机械设备、消防器材、工具及各类防护用品。

2. 应急救援措施的一般程序和措施

"安全第一、预防为主、综合治理"是应急救援的根本方针，应急救援的目的是救人以及防止事故进一步扩大，防止损失和人员伤亡进一步扩大。针对实际情况，施工现场可能发生危害性大和后果严重的事故有：塔式起重机倒塌、脚手架倒塌、深基坑垮塌、支模架大面积垮塌以及火灾事故、触电事故等。重大事故发生后，在事故现场的主要负责人应按以下程序迅速开展紧急救援组织工作：

1）迅速组织救援人员赶赴出事点，进行分工，组成救援指挥小组。

2）紧急疏散事故发生地危险区域的人员，设置警戒线。

3）切断事故点电源、气源等危险源。

4）立即将事故情况报告上级领导和有关单位。

5）安排救援所需照明及器材就位。

6）对事故可能进一步扩大的危险源采取有效的控制措施。

7）尽快研究救援方案并实施救援。

8）自身无能力救援和无能力控制事故进一步扩大时，应立即向当地消防部门求救；有人员伤亡时通知"120"急救中心。

9）上级领导及有关人员到现场后，立即组成现场临时抢险指挥小组，研究现场救援方案的可行性或另外确定更安全有效的救援方案，并实施救援。

10）对第一现场用拍照、摄像、书面记录等方法取证，并妥善保管有关物证。

11）制定善后处理方案。

3. 生产安全事故的应急救援

应急救援的原则是：动作迅速、方法正确、安全可靠。

（1）塔式起重机倒塌事故的应急救援　发生塔式起重机倒塌、拆臂等重大事故后，按照应急救援的一般程序开展救援工作，并根据事故情况、现场条件迅速制定有针对性的救援措施。通常应有以下措施：

1）组织救援人员待命并进行救援分工，并迅速通知设备出租单位。

2）组织救援设备和器材到位，包括起重设备、吊索、钢丝、架料、切割设备、消防设备、工具、防护用品等。

3）救援工作首先应抢救受伤人员，但必须保证救援人员自身的安全。未被埋压的伤员应先救出事故点并立即送医院救治。救援被埋压的人员，应根据现场具体情况制定救援措施。

4）在起重设备配合下拆除事故塔式起重机等物件、构件，拆除过程必须采取相应的安全技术措施并制定拆除方案，拆除工作由专业人员进行。

5）抢险过程需要破坏事故现场的，应当做出书面记录，妥善保管有关证物。

（2）脚手架、支模架倒（垮）塌事故的应急救援　若施工现场发生脚手架或支模架的倒（垮）塌事故后，应按照应急救援的一般程序开展救援工作，同时根据此类事故的特点和情况，采取以下救援措施及方法：

1）迅速疏散事故现场人员离开危险区域，设置警戒线范围，并派专人警戒。查看架上架下有无受伤人员，事故是否有进一步扩大的趋势。

2）组织有关人员在事故地点尽快研究出救援及排险方案，在现场救援指挥小组的指挥下开展救援排险工作。对自身无力进行的救援必须立即向消防部门求救。

3）对可能继续发生倒（垮）塌的部位采取拉、支、顶、垫等措施防止事故进一步扩大。

4）如有人员受伤，首先应抢救容易救出的伤员（指对救援人员自身无危险的部位），同时通知"120"急救中心送医院救治。抢救被埋压伤员和对救援人员自身有危险的部位的伤员，应在保证救援人员自身安全的情况下开展救援，根据事故的具体情况，采取安全、可行的抢救方法。

5）援救作业人员应佩戴防护用品进行排险作业。排险工作应从上到下，从外到里进行。在拆除垮塌物件过程中，设专人观察和指挥，防止拆除过程中继续发生垮塌。对危险部位采取拉、支、顶、垫等措施后，作业人员方可进行排险作业。

6）对抢险过程中破坏了的事故现场，应做好书面记录。

（3）基坑垮塌事故的应急救援　施工现场若发生基坑垮塌（含挖孔桩）事故后，按照事故救援的一般程序开展救援工作，并根据此类事故的特点，按以下救援方法和措施开展救援：

1）当事故发生后，现场主要负责人及救援领导小组人员必须迅速赶到出事点并立即开展工作，同时将事故情况报告上级领导。

2）迅速了解事故并判断事故性质：有无人员被埋；有无垮塌继续扩大的趋势；垮塌对周边建筑物有无危害。根据实际情况立即实施救援和排险方案。

3）对无人员伤亡和对建筑物无影响的垮塌，救援的目的主要是防止垮塌进一步发生。救援领导小组应立即会同有关技术人员制定预防和排险措施，并组织实施。

4）若因垮塌造成人员伤亡，应同时采取两个方面的措施：一方面立即扒土，抢救伤员并密切注意伤员情况，防止二次受伤；另一方面对伤员上部土体，应采取临时支撑措施。必须对有继续垮塌危险的部位采取清除、支撑或开挖等措施排除危险，防止因二次垮塌伤及抢救者或加重事故后果，然后采用人工加机械作业相结合的方法去除埋压物，救出被埋人员。通常，如发生此类事故，施工现场难以迅速组织救援力量和救援设备，在此种情况下，应迅速向消防部门求救。

5）垮塌事故如对周边建筑物的安全有危害，首先应疏散建筑物内的人员，在危险区域设置警戒线，然后组织技术人员制定并实施防止房屋垮塌的技术措施；如果疏散建筑物内的居民有阻力，应请辖区政府和派出所出面协调。在建筑物的危险未排除前，对疏散出的居民应做出临时安顿。

（4）施工现场触电事故的应急救护　触电事故在建筑业生产安全事故中占有相当的比重。触电事故的发生往往是由于施工现场临时用电管理不善，电气线路、设备安装不符合安全要求，检修中措施不落实，非电工任意处理电气事务，接线错误，高金属物体触碰高压线，在高位作业误碰带电体或误送电而触电并坠落，操作漏电的机器设备或使用漏电电动工具，即设备、工具无接地、接零保护措施，设备、工具已有的保护线中断，电钻等手持电动工具电源线松动，水泥、砂浆搅拌机等机械的电动机受潮，打夯机等机械的电源线磨损，电焊作业者穿背心、短裤、不穿绝缘鞋、汗水浸透手套、焊钳误碰自身、湿手操作机械按钮，因暴风雨、雷电等自然灾害以及由于人的蛮干行为导致。施工现场一旦发生触电事故，急救方法为脱离电源。当人体触电以后，可能由于痉挛或失去知觉等原因而紧抓带电体，不能自己摆脱电源。此时，急救触电者的首要步骤就是使触电者尽快脱离电源。

1）对于低压触电事故，使触电者脱离电源的方法如下：

①如果触电地点附近有电源开关或电源插销，可立即拉开开关或拔出插销来断开电源。

②若触电地点附近没有电源开关或电源插销，可用有绝缘柄的电工钳或有干燥木柄斧头切断电线来断开电源，或用干木板等绝缘物插入触电者身下，以隔断电源。

③当电源搭落在触电者身上或被压在身下时，可用干燥的衣服、手套、绳索、木板、木棒等绝缘物作为工具，拉开触电者或拉开电线。

2）对于高压触电事故，使触电者脱离电源的方法如下：

①立即通知有关部门停电。

②戴上绝缘手套，穿上绝缘靴，用相应的电压等级的绝缘工具按顺序拉开开关。

③抛掷裸金属线使线路短路接地，迫使保护装置动作，切断电源。

3）现场急救。当触电者脱离电源后，要根据触电者的具体情况，迅速进行现场急救，主要方法如下：

①人工呼吸法，这是在触电者呼吸停止后采用的急救方法，以口对口（鼻）人工呼吸法效果最佳。

②挤压后掌根迅速全部放松，让触电者胸部自动复原，血液充满心脏，放松时掌根不必完全离开胸部。施行胸外挤压法抢救时，要坚持不断，切不可轻率中止，即便在运送途中也不能停止抢救。

（5）火灾事故应急救护　建筑物的施工周期一般都要经过施工准备、现场施工、装修和竣工验收等几个阶段，每个阶段都存在多种不确定因素，构成了较大的火灾危险源。

1）火灾事故应急救援时，必须做到以下几点：

①及时报警、组织扑救：不管在任何时间及场所，一旦发现火情，均应立即拨打"119"报警。在消防队未到达火场之前，起火现场的领导和在场人员应抓住时机，组织义务消防队员及职工群众和民工，集中力量，迅速、果断地进行初期灭火；同时组织强有力人员维护火场秩序，划定火场警戒线，禁止闲人进入，以防影响灭火战斗。

②集中力量、控制火势：进入火场进行扑火时，应判断火源所在位置，切断电源、气源，并根据燃烧物质的性质、数量、火势蔓延方向、燃烧速度、可能燃烧的范围做出正确的判断，在火势蔓延的主要方向进行扑救。

③消灭飞火：要组织人力监视火场周围的建筑物上、露天堆垛上的未烬飞火，并予及时扑灭，防止造成新的火点。

④积极抢救被困人员：救火的主要任务之一是抢救生命，因此应在救火的同时，要组织强壮人员，由熟悉情况的人员做向导，在确保施救人员安全的前提下积极寻找和抢救被火势围困的人员，并寻找被困人员的地点，注意寻找门窗附近、道路上、厕所、室内床上、床下、柜等物体下面及门口等，可利用的道路，尽可能利用门窗出入口、阳台、固定消防梯等。寻找被困人员的方法如下：

a.喊：进入火场先喊"有人没有"，并用安慰的口气叫他们出来。

b.听：在喊完之后，要听哪里有人回答声、呼救声、喘气声。

c.看：在喊、听的同时要看，在有浓烟的房间内，要蹲在地上详细看。

d. 摸：在浓烟、黑夜寻找人要摸，特别对失去知觉的人。

2）人的救援方法

①浓烟封锁道路，被救者迷失方向，但他们还能独自行动，应排出道路上的浓烟，设法把他们领出火场。

②火势切断了道路，被救者受到火势的严重威胁，自己不能脱离危险，要利用消防梯、安全绳或其他工具把人救出来。

（6）破拆工作注意事项

1）当发现有倒塌危险的结构，为了保障灭火行动的安全，可将有倒塌危险部分的结构拆除。

2）若发现次要部分的结构倒塌能够引起主要部分结构的倒塌时，可先将次要部分的结构拆除。

3）已经倒塌的结构，为便于向火源进攻，可将倒塌后有危险的结构拆除。

4．对事故现场伤员的初步处理

当灾害事故发生后，抢救人的生命非常重要。在救灾现场对所救出的伤者必须及时检查伤员的心跳、呼吸和瞳孔等三大体征，并观察其神志而做出伤情判断，及时抢救。因此在救灾现场处理伤口，应注意消毒，以防感染破伤风和气性坏疽等。伤口处理的步骤如下：

（1）清洗　用生理盐水或清水，冲去覆盖在伤口周围皮肤上的污物。

（2）止血　对毛细血管和静脉出血，一般用纱布、绷带包扎好伤口即可止血；大的静脉出血可用加压包扎法止血。但对动脉止血，常见的暂时性方法如下：

1）指压止血法：在伤口的上方，用拇指压住出血的血管，以阻断血流，但此法不宜过久。

2）加压包扎止血法：用消毒布或干净毛巾、布料盖住伤口，再用绷带、三角巾或布带加压缠紧，并将肢体抬高，这是最常用的有效的止血方法。

3）止血带止血法：用橡皮止血带，也可用大三角巾、绷带、手帕、布腰带等布止血带代替（但禁用电线或绳子），适用于四肢大血管出血；应在半小时或一小时左右放松一次；上止血带的部位要先衬绷带、布块或绑在衣服外面，以免损伤皮下神经。

（3）包扎　为了保护伤口，减少感染；压迫止血，减轻疼痛和固定敷料及夹板，在无法做清创手术的条件下，必须对伤员先进行包扎。

包扎的材料有胶布（用于固定纱布和绷带）、绷带（用于四肢和颈部的包扎）、三角巾（用于全身各部位的包扎）、四头带（用于鼻、下颌、前额及后头部的包扎），以及毛巾、衣服等。

××× 建设工程有限公司
高档住宅建筑项目经理部

4.5.3 建设工程安全事故报告制度

根据《生产安全事故报告和调查处理条例》的规定,生产经营活动中发生的造成人身伤亡或直接经济损失的生产安全事故后必须及时履行的报告制度,除环境污染、核设施、国防科研生产等事故的报告和调查处理程序除外。工程实践过程中,可能因此导致工程倒塌或报废、机械设备毁坏和安全设施失当,进而造成人身伤亡或者经济损失的事故。安全事故可以分别判定为相应的四个等级,见表4-2。

表 4-2 安全事故等级

序号	事故等级	判定规则		
		死亡人数	直接经济损失	重伤(人)
1	特别重大事故	30人以上	1亿元以上	100人以上
2	重大事故	10人以上30人以下	5000万元以上1亿元以下	50人以上100人以下
3	较大事故	3人以上10人以下	1000万元以上5000万元以下	10人以上50人以下
4	一般事故	3人以下	1000万元以下	10人以下

注:1. 本表所载明的"以上"包括本数,"以下"不包括本数。
   2. 重伤包括急性工业中毒。

1. 建设工程事故报告制度

事故发生后,事故现场有关人员应当立即向本单位负责人报告;单位负责人接到报告后,应当于1小时内向事故发生地县级以上人民政府安全生产监督管理部门和负有安全生产监督管理职责的有关部门报告。情况紧急时,事故现场有关人员可以直接向事故发生地县级以上人民政府安全生产监督管理部门和负有安全生产监督管理职责的有关部门报告。建筑施工企业必须迅速采取有效措施,组织抢救,防止事故扩大,减少人员伤亡和财产损失。特种设备发生事故的,还应当同时向特种设备安全监督管理部门报告。重大事故、特别重大事故发生后应当立即报告所在地的省、自治区、直辖市人民政府和国务院有关部门。省、自治区、直辖市人民政府和国务院有关部门接到报告后,应当立即逐级上报,每级上报的时间不得超过2小时更不得隐瞒不报、谎报或者拖延不报。对实行施工总承包的建设工程,由总承包单位负责上报事故。安全事故报告内容如下:

1)事故发生单位概况。
2)事故发生的时间、地点以及事故现场情况。
3)事故的简要经过。
4)事故已经造成或者可能造成的伤亡人数(包括下落不明的人数)和初步估计的直接经济损失。
5)已经采取的措施。
6)其他应当报告的情况。

2. 安全事故现场保护制度

发生生产安全事故后，施工单位应当采取措施防止事故扩大，保护事故现场。需要移动现场物品时，应当做出标记和书面记录，妥善保管有关证物。施工现场发生生产安全事故后，施工单位负责人应当组织对现场安全事故的抢救，实行总承包的项目，总承包单位应统一组织事故的抢救工作。要根据事故的情况按应急救援预案或企业有关事故处理的制度迅速采取有效措施，组织抢救，防止事故扩大，减少人员伤亡和财产损失。同时，要保护事故现场，因抢救工作需要移动现场部分物品时，必须做出标志，绘制事故现场图，并详细记录，妥善保管有关证物。为调查分析事故发生的原因，提供真实的证据。故意破坏事故现场、毁灭有关证据，为将来进行事故调查、确定事故责任制造障碍者，要承担相应的责任。分包单位要根据总承包单位统一组织的应急救援预案和各自的职责分工，投入抢救工作，防止事态扩大。

3. 建设工程事故的调查报告

特别重大事故由国务院或者国务院授权有关部门组织事故调查组进行调查；重大事故、较大事故、一般事故分别由事故发生地省级人民政府、设区的市级人民政府、县级人民政府负责调查。省级人民政府、设区的市级人民政府、县级人民政府可以直接组织事故调查组进行调查，也可以授权或者委托有关部门组织事故调查组进行调查。未造成人员伤亡的一般事故，县级人民政府也可以委托事故发生单位组织事故调查组进行调查。自事故发生之日起 30 日内（道路交通事故、火灾事故自发生之日起 7 日内），因事故伤亡人数变化导致事故等级发生变化，依照有关规定应当由上级人民政府负责调查的，上级人民政府可以另行组织事故调查组进行调查。对特别重大事故以下等级事故，事故发生地与事故发生单位不在同一个县级以上行政区域的，由事故发生地人民政府负责调查，事故发生单位所在地人民政府应当派人参加，并成立事故调查组。调查组由建设主管部门、事故发生单位的主管部门及应急管理部门等有关人员组成。必要时，调查组可以聘请有关方面的专家协助进行技术鉴定、事故分析和财产损失的评估工作。事故调查报告应当附具有关证据材料。事故调查组成员应当在事故调查报告上签名。事故调查报告报送负责事故调查的人民政府后，事故调查工作即告结束。事故调查的有关资料应当归档保存。事故调查报告应当包括下列内容：

1）事故发生单位概况。
2）事故发生经过和事故救援情况。
3）事故造成的人员伤亡和直接经济损失。
4）事故发生的原因和事故性质。
5）事故责任的认定及对事故责任者的处理建议。
6）事故防范和整改措施。

4. 事故处理

对重大事故、较大事故、一般事故，负责事故调查的人民政府应当自收到事故调查报告之日起 15 日内做出批复；特别重大事故的 30 日内做出批复，特殊情况下，批复时间可以适当延长，但延长的时间最长不超过 30 日。有关机关应当按照人民政府的批复，依照法律、行政法规规定的权限和程序，对事故发生单位和有关人员进行行政处罚，对负有事故责任的国家工作人员进行处分。事故发生单位应当按照负责事故调查的人民政府的批复，对本单位负有事故责任的人员进行处理。负有事故责任的人员涉嫌犯罪的依法追究刑事责任。

小　结

本章介绍了建筑安全生产管理的方针和原则，建筑安全生产监督管理制度，建设单位的安全责任和义务，工程勘察、设计、监理单位的安全责任和义务，施工方案报审制度，施工现场安全责任制度，施工现场安全技术交底制度，施工现场安全检查制度，施工现场安全防护管理制度，施工现场总平面管理制度，施工现场环境保护制度，政府相关部门生产安全事故应急救援预案的制定，施工单位生产安全事故应急救援预案的制定等主要内容。从安全生产管理、施工单位安全生产紧急救援预案体系案例，把安全生产监督管理与自控管理有机结合，力求使学生在掌握本章的相关知识后，能获得一定的安全生产管理技能，从而建立安全生产管理的法律意识。

思考题

4-1　建筑安全生产监督管理制度的基本内容是什么？
4-2　建筑施工企业安全生产许可制度的基本内容是什么？
4-3　简述建筑施工企业安全责任和义务。
4-4　如何建立施工企业现场安全责任制度？
4-5　如何建立施工企业安全生产紧急救援预案体系？
4-6　如何划分建筑工程重大事故等级？
4-7　简述建筑工程施工造价关于环境保护造价计价过程与实施方法。

第 5 章

建设工程招标投标法律基础

学习目标：

本章分别阐述建设工程招投标法及招投标概念、建设工程招投标程序、工程招标与投标分类，重点介绍了招标、投标文件的基本内容和编制方法，了解建设工程招标文件、投标文件和评标办法。

关键词：

招标　投标　招标文件　投标文件

5.1 建设工程招标投标法律制度

招标投标是市场经济条件下大宗物资的供给，建设工程项目的发包、承包以及服务项目的采购与提供时所采用的一种交易方式。其典型的特点是：需方设定其所需求的物资，建设工程、服务项目等的功能、质量、数量、价格、实施期限、方式为主要的标的，吸引不特定的供方通过投标竞争，需方则从中选择最佳的合作伙伴与其按合同条件共同实现标的的行为。

在建设工程承发包制度中，工程招标是指招标人用招标文件将委托的工作内容和要求通过一定方式告诉所有的投标人，以吸引他们按规定条件提出实施方案，并通过评审比较选定报价合理、资信良好、技术方案可靠、综合管理水平高的实施者（包括设计、咨询、监理、施工、材料设备供应等单位），再以合同形式约定其实施的行为，此行为的主体是招标人；工程投标则是指投标人按招标文件所委托的工作内容和要求，按规定条件提出自己的实施方案，并通过第三方评审比较，以获取招标文件所委托工作内容的实施资格的行为，此行为的主体则是投标人。

5.1.1 建设工程招标投标法律规范的基本内容

1. 招标投标法律规范的概念

招标投标法律规范是国家用来规范招标投标活动、调整在招标投标过程中产生的各种关系的法律规范的总称。按照法律效力的不同，招标投标法法律规范分为三个层次：

1）由全国人大及其常委会颁布的法律：《中华人民共和国招标投标法》。

2）由国务院颁布的招标投标行政法规以及有立法权的地方人大颁布的地方性行政法规。

3）由国务院有关部门颁发的招标投标部门规章以及有立法权的地方人民政府颁发的地方性招标投标规章，如住房和城乡建设部颁发的《房屋建筑和市政基础设施工程施工招标投标管理办法》、四川省人民政府颁布的《四川省国家投资工程建设项目招标投标条例》等。

《招标投标法》规定，在中华人民共和国境内进行项目的勘察、设计、施工、监理，以及与工程建设有关的重要设备、材料等的采购活动必须依法招标，这就从制度上规定了建设活动必须遵循的准则。

2. 招标投标法律规范的立法现状

《招标投标法》是整个招标投标领域的基本法规，一切有关招标投标的法规、规章和规范性文件都必须与之相一致，不得抵触。它的颁布实施是建立与发展社会主义市场经济的有力体现，标志着我国的经济建设在与世界经济接轨方面迈出了重大的步伐。

3.《招标投标法》的主要内容

《招标投标法》是调整招标投标活动的基本法律，共 6 章，68 条，包括总则，招标，投标，开标、评标和中标，法律责任以及附则。

4.《工程建设项目施工招标投标办法》的主要内容

我国为了规范工程建设项目施工招标投标活动，根据《招标投标法》《中华人民共和国招标投标法实施条例》和国务院有关部门的职责分工，制定了相应的招标投标法规，为全面贯彻执行《招标投标法》提供了切实可行的操作依据。例如，国家发展和计划委员会、建设部、铁道部、交通部、信息产业部、水利部、中国民用航空总局七部委于 2003 年 5 月发布《工程建设项目施工招标投标办法》。该办法于 2013 年进行了修正。该办法共包括 6 章，92 条，就招标应当具备的条件、邀请招标和不招标适用的情况、投标人资格预审和资格后审、标底编制、联合体投标、投标有效期和投标保证金、串通投标行为的认定，以及违法违约行为的法律责任等问题做了原则性规定。在充分尊重和保护当事人招标投标自主权的同时，针对在工程实践活动中非常突出的标底问题，该办法强调任何单位和个人不得强制招标人编制、报审标底；招标项目应设置最高控制价，采用合理低价中标方式。这在一定程度上遏制了招标投标暗箱操作活动。

5.1.2 建设工程招标投标的适用范围

1. 建设工程招标的范围和规模标准

1）大型基础设施、公用事业等关系社会公共利益、公众安全的项目，包括：①煤炭、石油、天然气、电力、新能源等能源项目；②铁路、公路、管道、水运、航空以及其他交通运输业等交通运输项目；③邮政、电信枢纽、通信、信息网络等邮电通信项目；④防洪、灌溉、排涝、引（供）水、滩涂治理、水土保持、水利枢纽等水利项目；⑤道路、桥梁、地铁和轻轨交通、污水排放及处理、垃圾处理、地下管道、公共停车场等城市设施项目；⑥生态环境与资源保护项目；⑦社会公共利益、公安安全的公用事业项目，如供水、供电、供气、供热等市政工程项目；科技、教育、文化等项目；体育、旅游等项目；卫生、社会福利等项目；商品住宅，包括经济适用住房；其他公用事业项目。

2）全部或者部分使用国有资金投资的项目，包括：①使用各级财政预算资金的项目；②使用纳入财政管理的各种政府性专项建设基金的项目；③使用国有企业事业单位自有资金，并且国有资产投资者实际拥有控制权的项目。

3）国家融资项目，包括：①使用国家发行债券所筹资金的项目；②使用国家对外借款或者担保所筹资金的项目；③使用国家政策性贷款的项目；④国家授权投资主体融资的项目；⑤国家特许的融资项目。

4）使用国际组织或者外国政府贷款、援助资金的项目包括：①使用世界银行、亚洲发展银行等国际组织贷款、援助资金的项目；②使用外国政府及其机构贷款及授助资金项目。

5）《中华人民共和国招标投标法实施条例》（以下简称《招标投标法实施条例》）（2019年3月修订）指出，工程建设项目是指工程及与工程建设有关的货物、服务。工程是指建设工程，包括建筑物和构筑物的新建、改建、扩建及其相关的装修、拆除、修缮等；与工程建设有关的货物是指构成工程不可分制的组成部分，且为实现工程基本功能所必需的设备、材料等；与工程建设有关的服务是指为完成工程所需的勘察、设计监理等服务。

6）《必须招标的工程项目规定》（国家发展和改革委员会令第16号）中规定，全部或者部分使用国有资金投资或者国家融资的项目必须招标，包括：①使用预算资金在200万元人民币以上，并且该资金占投资额10%以上的项目；②使用国有企业事业单位资金，并且该资金占控股或主导地位的项目。

7）项目涉及勘察、设计、施工、监理及与工程建设有关的重要设备、材料的采购达到下列标准之一的都必须招标：①施工单项合同估算价在400万元人民币以上；②重要设备、材料等货物的采购单项合同估算价在200万元人民币以上；③勘察、设计、监理、造价咨询等服务的采购，单项合同估算价在100万元人民币以上；④同一项目中可以合并进行勘察、设计、施工、监理及与工程建设有关的重要设备、材料等的采购，合同估算价合计达到以上规定标准。

8）《必须招标的基础设施和公用事业项目范围规定》（发改法规规〔2018〕843号）规定，下列大型基础设施、公用事业等关系社会公共利益、公众安全的项目必须招标：①煤炭、石油、天然气、电力、新能源等能源基础设施项目；②铁路、公路、管道、水运以及公共航空和A1级通用机场等交通运输基础设施项目；③电信枢纽、通信信息及网络等通信基础设施项目；④防洪、灌溉、排涝、引（供）水等水利基础设施项目；⑤城市轨道交通等城建项目。

2. 可以不进行招标的项目（或者称为直接发包的工程）

按《招标投标法》规定，经有关审批部门批准的下列建设工程项目可以不进行招标，即直接发包：

1）涉及国家安全和国家秘密的工程项目。

2）抢险救灾或者属于利用扶贫资金实行以工代赈、使用农民工的项目。

3）农民自建2层（含2层）以下的住宅建设。

4）总投资或施工造价在限额以下的小型建设工程项目等。"限额以下的小型建设工程项目"是指：工程总投资在30万元以下或者建设面积在300m²以下的建设工程项目。

5）《招标投标法实施条例》规定，有下列情形之一的可以不进行招标：①需要采用不可替代的专利或者专有技术；②采购人依法能够自行建设、生产或者提供；③已通过招标方式选定的特许经营项目投资人依法能够自行建设、生产或者提供；④需要向原中标人采购工程、货物或者服务，否则将影响施工或者功能配套要求；⑤国家规定的其他特殊情形。

6）《中华人民共和国政府采购法》规定，政府采购工程进行招标投标的，适用《招标投标法》。《中华人民共和国政府采购法实施条例》规定，政府采购工程依法不进行招标的，应当依照政府采购法规定的竞争性谈判或者单一来源采购方式采购。

7）《关于促进建筑业持续健康发展的意见》（国办发〔2017〕19号）中规定，在引进民营资本投资的房屋建筑工程中，探索由建设单位自主决定发包方式，也就是可以不采用招标投标方式，对依法通过竞争性谈判或单一来源方式确定供应商的政府采购工程建设项目，符合相应条件的应当颁发施工许可证。

5.1.3 建设工程招标投标的基本原则

《招标投标法》第五条规定，招标投标活动应当遵循公平、公正、公开原则和诚实信用原则。

1. 公平、公正、公开原则

（1）公平原则

1）招标人严格按照已规定的条件、标准、程序等同地对待所有的潜在投标人。

2）招标人不得以任何方式限制或者排斥本地区本系统以外的法人或者其他组织。

（2）公正原则

1）招标人的行为应当公正，平等对待所有的投标竞争者。

2）评标标准应当明确、严格，不得随意更改。

3）应答拒收所有的在投标截止日期后送达的投标书。

4）与投标人有利害关系的人员不得作为评标委员会成员。

5）招标人和投标人双方在招标投标活动中地位平等。

（3）公开原则

1）招标活动的信息要公开。

2）采用公开招标方式的，应当发布招标公告。

3）招标公告应当通过国家指定的报刊、信息网络或者其他公共媒介发布。

4）招标公告、资格预审公告、投标邀请书都应当最大限度地载明满足投标人是否决定参加投标竞争所需要的信息。

5）开标的程序、评标的标准、中标的结果等都应当公开。

2. 诚实信用原则

诚实信用原则就是招标投标各方都必须诚实守信，不得有欺骗、背信弃义的行为。

1）招标人不得以他人名义投标或者以其他方式弄虚作假骗取中标。

2）招标人应当对招标文件的内容负责，必须在评标委员会依法推荐的中标候选人名单中确定中标人。

3）招标人与中标人应当按照招标文件和中标人的投标文件订立合同，中标人不得将中标项目转让或肢解后转让给他人，也不得违法分包给他人。

5.1.4 建设工程招标方式

《招标投标法》第十条规定，招标方式分为公开招标和邀请招标。

1. 公开招标

公开招标又称无限竞争性招标，是指招标人以招标公告的方式邀请不特定的法人或者其他组织投标。其中，招标人是指依法规定提出招标项目进行招标的法人或者其他组织。招标人采用公开招标方式的，应当发布招标公告。依法必须进行招标的项目的招标公告，应当通过国家指定的报刊、信息网络或者其他媒介发布。招标公告应当载明招标人的名称和地址、招标项目的性质、数量、实施地点和时间，以及获取招标文件的办法等事项。

（1）公开招标方式的优缺点　公开招标方式为承包商提供了公平竞争的机遇，同时使业主有较大的选择余地，有利于降低工程造价、缩短工期和保证工程质量。它的缺点是采用公开招标方式时，投标人多且资信参差不齐，招标工作量大，所需时间较长，而且容易被不负责任的单位抢标。因此，采用公开招标方式时，一般要加强对投标人资格预审工作管理。

（2）公开招标方式的适用范围　法定的公开招标方式适用范围是：全部使用国有资金投资，或国有资金投资占控制地位或主导地位的项目，应当实行公开招标。一般情况下，投资额度大、工艺或结构复杂的较大型工程建设项目，实行公开招标较为合适。

2. 邀请招标

邀请招标又称有限竞争性招标、选择性招标，是指招标人向3个（含3个以上）具备承担招标项目能力、资信良好的特定法人或者其他组织发出投标邀请书邀请特定的法人或者其他组织投标的行为。

邀请招标方式招标工作量小，目标集中；被邀请的投标人中标概率较高；但竞争性差，招标人择优的空间有限，在评标时很有可能被评定为流标，即找不到合适的承包人。

5.2 建设工程招标投标程序

工程项目的建设应当按照建设管理程序进行，为确保工程项目的建设符合国家或者地方总体经济发展规划，并保证招标后所有工程建设进展顺利，根据《招标投标法》和《工程建设项目施工招标投标办法》的规定，建设工程的招标投标必须按照一定的程序实施。由于招标的方式不同，招标程序也不完全相同。下面以公开招标为例，介绍建设工程招标投标程序，见表5-1。

表5-1 建设工程招标投标程序

工作阶段	具体程序	招标人的主要工作	投标人的主要工作
招标准备阶段	成立招标组织并选择确定招标方式	办理工程报建手续	无
		选择招标方式	
		编制招标有关文件或标底	
	办理招标备案手续	办理招标备案手续	
招标投标阶段	发布资格预审招标公告	在国家指定的媒介发布资格预审招标公告	获取招标信息并递交资格预审申请书
	编制、签发资格预审文件	编制资格预审文件	购买资格预审文件
		签发资格预审招标文件	编制资格预审投标文件
	提交资格预审投标文件	无	包装、送达、提交资格预审投标文件
	组建资格预审评标委员会进行资格预审文件评标	主持资格预审文件的评标工作	无
		签发资格预审合格通知书	接受资格预审合格通知书
	编制、发售招标文件	编制并向资格预审合格的投标人发售招标文件	购买招标文件
	现场踏勘	组织投标人现场踏勘	参加现场踏勘
	标前答疑	主持召开标前答疑会议	参加标前答疑会议
	编制送达与签收投标书	签收投标书	编制、送达投标书
定标签约阶段	公开开标、唱标	组织、主持开标、唱标	参加开标
	组建评标委员会	通过评标专家网络终端抽取确定评标专家	场外等待评标并可能接受评标专家的质疑或者答辩
	评标并推荐中标候选人	评标专家进行投标文件评审	
	决标	签发中标通知书	接收中标通知书
	签署合同、办理合同备案	退还投标保证金	处理善后事宜

5.2.1 建设工程招标投标准备阶段

在招标准备阶段,招标人或者招标代理机构应当完成项目审批手续,落实所需的资金,编制招标的有关文件,并履行招标文件备案手续。招标项目按照国家有关规定需要履行项目审批手续的,应当先履行审批手续,取得批准。招标人应当有进行招标项目的相应资金或者资金来源已经落实,并在招标文件中如实载明。

1. 确定自行办理招标事宜或委托招标代理

确定自行办理招标事宜的要依法办理备案手续。《工程建设项目自行招标试行办法》第四条规定,招标人自行办理招标事宜的,应当具有编制招标文件和组织评标的能力,具体包括:

1)具有项目法人资格(或者法人资格)。
2)具有与招标项目规模和复杂程度相适应的工程技术、概预算、财务和工程管理等方面专业技术力量。
3)有从事同类工程建设项目招标的经验。
4)拥有3名以上取得招标职业资格的专职招标业务人员。
5)熟悉和掌握招标投标法及有关法规规章。

2. 确定发包范围、招标次数及每次招标内容

发包范围应根据工程特点和招标人的管理能力确定。对于场地集中、工程量不大、技术上不复杂的工程宜实行一次招标,反之可考虑分段招标,但是,分段招标不等同于可以化整为零而规避招标。根据《招标投标法》《房屋建筑和市政基础设施工程施工招标投标管理办法》的有关规定,禁止分解招标。实行分段招标的工程,要求业主有较强的管理能力。现场上各承包人所需的生活基地、材料堆场、交通运输等需要进行安排和协调,要做好工程进度的衔接工作。

3. 编制招标有关文件(含工程量清单文件及最高限价)

招标人应在招标文件中明确规定合同的计价方式。计价方式主要有固定总价合同、单价合同和成本加酬金合同三种,同时规定合同价的调整范围和调整方法。招标有关文件包括资格审查文件、招标公告、招标文件、合同协议条款、评标办法等。这些文件因工程所在地不同,有不同的格式文本。建设工程最高限价是招标人编制(包括委托他人编制)的招标项目的预期最高价格。在设立标底的招投标过程中,它是一个十分敏感的指标。编制建设工程最高限价时,要保证其准确,应当由具备资格的机构和专业人员,以国家现行的造价管理为依据编制。一个招标工程只能编制一个建设工程最高限价。最高限价与传统的建设工程的标底是有区别的两个不同概念,在当前或者今后一个时期,招标活动应该淡化编制标底的作用。例如,在四川地区实施的招标投标活动中,根据《四川省国家投资工程建设项目招标投标条例》第十九条规定,必须招标的项目,一般不设标底。根据项目的特殊情况确实需要设立标底的,招标人应在报送核准的招标事项中做出说明并得到批准。不设标底的,项目合同价格不得高于批准的概算投资额或经评审的预算投资额(即最高控制价)。

4. 办理招标备案手续

依法必须进行招标的项目,招标人自行办理招标事宜的,应当向相关行政部门备案。按照法律法规的规定,依法必须进行招标的项目,招标人应当自确定中标人之日起15天内,向有关行政监督部门提交招标投标情况的书面报告。招标人将招标文件报建设主管部门备案,建设主管部门依法实施监督。正确处理行政监督与项目法人招标自主权的关系,行政部门必须做到"不缺位、不错位、不越位"。招标投标行政监督部门侧重于重视规范市场主体行为,致力于维护市场经济秩序,即制定详细的法规制度、核准建设项目招标投标方案、强化信息披露。建设主管部门在审查招标人的资格、招标工程的条件和招标文件等的过程中,要保证公平、公正、公开,严格查处违规行为,做到有法可依、有法必依、执法必严、违法必究。

5.2.2 建设工程招标投标阶段

1. 招标人发布招标公告或发出投标邀请书

实行公开招标的工程项目,应在国家或地方行政主管部门指定的报刊、信息网络或其他媒介上发布招标公告,并同时在中国工程建设和建筑业信息网上发布。实行邀请招标的工程项目应向3个以上符合资质条件的承包商发出投标邀请书。

(1)招标公告或投标邀请书的内容 招标公告或投标邀请书应当至少载明下列内容:

1)招标人的名称、地址、联系人及联系方式。
2)招标项目的名称、内容性质、规模、资金来源。
3)招标代理机构名称、联系人及联系方式。
4)投标条件和要求,以及是否接受联合体投标。
5)获取招标文件的时间、地点、方式。
6)采用电子招标投标方式的,潜在投标人访问电子招标投标交易平台的网址和方法。
7)对投标人的资质等级规定(尤其是联合体投标人的资质标准)。
8)其他依法应当载明的内容。

(2)建设工程招标公告的一般内容 根据《工程建设项目施工招标投标办法》的规定,资格预审公告的一般内容包括:

1)招标人的名称和地址。
2)招标项目的内容、规模、资金来源。
3)招标项目的实施地点和工期。
4)获取招标文件或者资格预审文件的地点和时间。
5)对招标文件或者资格预审文件收取的费用。

6）对招标人的资质等级的要求。

2. 资格审查

招标人可以根据招标项目本身的要求，对潜在投标人进行资格审查。资格审查分为资格预审和资格后审两种。

（1）资格预审　资格预审是指招标人在发放招标文件前，对报名参加投标的潜在投标人的生产经营能力、技术水平、资信能力、近3年来的财务状况和商业信誉、近3年来承建的类似工程业绩以及主要负责人的业绩证明等进行审查，并确定合格投标人名单的行为。以公开招标过程中的资格预审为例，说明资格预审的程序（见图5-1）。

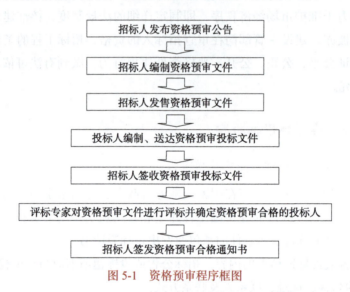

图 5-1　资格预审程序框图

资格预审文件的内容包括施工招标资格预审公告、投标申请人资格预审须知、投标申请人资格预审文件内容和格式和资格预审评审标准。

在资格预审时，先对其一般符合性评审，合格后再进行强制性评审，当且仅当一般符合性评审与强制性评审均合格时，才能签发资格预审合格通知书。资格预审是基于对潜在投标人下列条件的审查：

1）具有独立订立合同的权利。

2）具有履行合同的能力，包括专业、技术资格能力、资金设备和其他物质设施状况、管理能力经验、商业信誉及相应的从业人员和管理能力。

3）没有处于被责令停业，投标资格被取消，财产被接管、冻结、破产状况。

4）在近3年内没有骗取中标和严重违约及重大工程质量事故。

5）法律和行政法规规定的其他资格条件。

（2）资格后审　资格后审与资格预审的内容基本相同。

通常公开招标采用资格预审方式，邀请招标则采用资格后审方式，即在评标时进行的资格审查方式称为资格后审。但不管采用资格预审还是资格后审，主要审查条件都一样，都是基于强制性与符合性条件审查。

3. 发放招标文件

招标人按照资格预审确定的合格投标人名单或者投标邀请书发放招标文件。招标文件是全面反映业主建设意图的技术经济文件，又是投标人编制标书的主要依据。招标文件的内容必须正确，原则上不能修改或补充；如果必须修改或补充的，须报招标投标主管部门备案，并在投标截止日前15天书面通知每一个投标人。招标文件的一般内容包括：

1）招标公告或投标邀请书。

2）投标人须知。

3）合同主要条款。

4）投标文件格式。

5）采用工程量清单招标的，应当提供工程量清单。

6）技术条款。

7）设计图样。

8）评标标准和方法。

9）投标辅助材料。

4. 现场勘察

必要时，招标人可以组织投标人进行现场勘察，投标人也可根据情况自行踏勘，目的是使投标人了解工程场地和周围环境情况，收集有关信息，结合现场条件提出合理的报价。现场勘察可安排在招标预备会议前进行，以便在会上解答现场勘察中提出的疑问。

（1）现场勘察时招标人应介绍的情况

1）现场是否已经达到招标文件规定的条件。

2）现场的自然条件，包括地形地貌、水文地质、土质、地下水位及气温、风、雨、雪等气候条件。

3）工程建设条件，包括工程性质和标段、可提供的施工用地和临时设施、料场开采、污水排放、通信、交通、电力、水源等条件。

4）现场的生活条件和工地附近的治安情况等。

（2）现场勘察是投标人的权利和义务

1）投标人应当在现场勘察的基础上编制投标报价。投标人提出的报价单一般被认为是在现场考察的基础上编制的，投标文件递交后不允许因现场考察不周等原因要求调整报价。

2）现场考察前的准备工作。现场情况对投标文件的编制影响较大，投标人应在勘察前做好准备，充分利用招标人领勘现场的安排，掌握编制投标文件所需的各种现场资料；仔细研究招标文件，主要是工作范围、专用条款、设计图样和说明等；编制现场勘察提纲，确定重点要解决的问题。

5. 投标人递交投标文件

投标人根据招标文件的要求编制好投标文件,并按规定进行密封并做好标志,在投标截止时间前,将投标文件及投标保证金或保函送达指定地点。招标人收到投标文件及其担保证明后应向投标人出具签收人和签收时间的凭证,并妥善保存投标文件。投标担保可以采用投标保函或投标保证金的方式,投标保证金可以使用支票、银行汇票等,投标保证金通常不超过投标总价的 2%,但最高不得超过《工程建设项目施工招标投标办法》中所规定 80 万元人民币。投标担保的方式和金额,由招标人在招标文件中做出规定。

投标文件的密封和标志,常采用两层封套形式。外层包装封面分别写明商务标书、技术标书正副本、密封印章、招标人(名称)、项目名称、招标编号、开标前不得拆封等字样,内层封面写明投标人名称及地址,以便不中标时原样退回,指该标书不必拆封参加唱标的情况,如迟到的标书、法人或其授权委托人开标时不在现场。内外层封套都应按招标文件的规定做好密封标志。按照规定将投标文件装订、密封后,就可以在规定的时间内送达指定地点,并做好投标文件递交记录。表 5-2 为投标人送达投标书的签收记录形式。

表 5-2 投标人送达投标书的签收记录形式

招标人				
开标时间	年 月 日 时	开标地点		
投标人名称	投标文件递交时间	检查投标文件密封情况	投标文件递交人	联系电话
投标人 1				
投标人 2				
投标人 3				
备注	有效投标文件不足 3 人使得投标明显缺乏竞争的,招标人应当依法重新招标			

投标文件递交后,在投标截止时间前可以补充、修改和撤回,补充和修改的内容为投标文件的组成部分。投标截止时间后再对投标文件做的补充和修改是无效的,如果再撤回投标文件,则投标保函或投标保证金不予退还。

5.2.3 建设工程开标、评标、定标及签约阶段

定标签约阶段有开标、评标、定标、签约四项工作。

1. 开标

开标由招标人主持,邀请所有的投标人参加,根据工程的需要,还可由招标投标管理机构负责监督,大中型项目也可以请公证机关进行公证。

(1) 开标时间和地点　开标时间与投标截止时间应为同一时间;开标地点通常为工程所在地的建设工程交易中心。开标时间和地点应在招标文件中明确规定。

（2）开标程序

开标程序框图如图5-2所示。

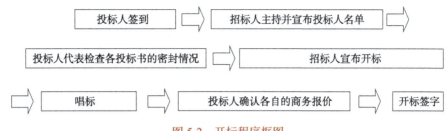

图 5-2 开标程序框图

（3）宣布无效的投标文件　开标时，发现投标文件有下列情形之一的，应当当场宣布其为无效投标文件，不得进入评标。

1）投标文件未按照招标文件的要求予以密封或逾期送达的。

2）投标函未加盖投标人的公章及法定代表人印章或委托代理人印章的，或者法定代表人的委托代理人没有合法有效的委托书（原件）。

3）投标文件的关键内容字迹模糊、无法辨认的。

4）投标人未按照招标文件的要求提供投标担保或没有参加开标会议的。

5）组成联合体投标，投标文件未附联合体各方共同投标协议的。

2. 评标

评标工作由招标人依法组建的评标委员会负责，规定如下：

（1）评标委员会的组成　评标委员会由招标人代表和技术、经济等方面的专家组成。成员数为5人以上的单数，其中招标人或招标代理机构以外的技术、经济等方面的专家不得少于成员总数的三分之二。专家成员名单应从省级以上发展和改革委员会指定的专家库网络终端上随机抽取确定。技术特别复杂、专业性要求很高或国家有特殊要求的招标项目，上述方式确定的专家成员难以胜任的，可以由招标人根据全国相关行业专家库网络终端随机抽取确定。与投标人有利害关系的专家不得进入相关工程的评标委员会，即评标专家实行回避制度。评标委员会的名单一般在开标前确定，定标前应当保密。

（2）评标活动应当遵循的原则

1）评标活动应当遵循公平、公正原则。招标文件规定的评标标准和办法应当合理，不得含有倾向、排斥或者歧视潜在投标人的内容，不得妨碍或者限制投标人之间的竞争。评标委员会应当根据招标文件规定的评标标准和办法进行评标，对投标文件进行系统的评审和比较，不得设置招标文件以外的评标标准和办法作为新的评标依据（即使原招标文件本身的评标标准不合理或者不完善，也不能如此）。

2）评标过程应当保密。有关标书的审查、澄清、评比和比较的资料、授予合同的信息等均不得向无关人员泄露。对于投标人的任何施加影响的行为，都应给予取消其投标资格的处罚。

3）评标活动应当遵循科学、合理的原则。询标即投标文件的澄清，评标委员会可以以书面形式要求投标人对投标文件中含义不明确、对同类问题表述不一致,或者有明显文字和计算错误的内容做必要的澄清、说明、补正,但是不得改变投标文件的实质性内容。响应性投标中存在的计算或累加错误,由评标委员会按规定予以修正:用数字表示的数额与用文字表示的数额不一致时,以文字数额为准;单价与合价不一致时,以单价为准,但当评标委员会认为单价有明显小数点错位的,则以合价为准。经修正的投标书必须经投标人同意才具有约束力。如果投标人对评标委员会按规定进行的修正不同意时,应当视为拒绝投标,投标保证金不予退还。

4)评标活动应当遵循竞争和择优的原则。评标委员会可以否决全部投标。评标委员会对各投标文件评审后认为所有投标文件都不符合招标文件要求的,可以否决所有投标,在工程实践中,这种情况称为"流标"。有效的投标书不足3个时不予评标。有效投标不足3个,使得投标明显缺乏竞争性,失去了招标的意义,达不到招标的目的,本次招标无效,不予评标。

5)重新招标。有效投标人少于3个、所有投标书被评标委员会否决、被邀请的投标人少于3家或者中标结果被宣布无效的,招标人应当依法重新招标。

(3)评标的过程 在评标工作的准备阶段,应当熟悉有关招标文件所确定的招标目标;招标项目的范围和性质;招标文件中规定的主要技术要求、标准和商务条款;招标文件规定的评标标准、方法以及在评标过程中考虑的相关因素等规定。

(4)初步评审 初步评审又称投标文件的符合性鉴定。通过初步评审,将投标文件分为响应性投标和非响应性投标两大类。响应性投标是指投标文件的内容与招标文件所规定的要求、条件、合同协议条款和规范等相符,无显著差别或保留,并且按照招标文件的规定递交了投标担保的投标;非响应性投标是指投标文件的内容与招标文件的规定有重大偏差,或者是未按招标文件的规定递交投标担保的投标。通过初步评审,响应性投标可以进入详细评标,而非响应性投标则淘汰出局。在初步评审阶段,投标人有下列情况之一的,应当评审为废标。

1)无单位盖章并无法定代表人或法定代表人授权的代理人签字或盖章的。

2)未按规定的格式填写,内容不全或关键字迹模糊、无法辨认的。

3)投标人递交两份或多份内容不同的投标文件,或在一份投标文件中对同一招标项目报有两个或多个报价,且未声明哪一个有效,按招标文件规定提交备选投标方案的除外。

4)投标人名称或组织结构与资格预审时不一致的。

5)未按招标文件要求提交投标保证金的。

6)联合体投标未附联合体各方共同投标协议的。

7)未在实质上响应招标文件的投标。评标委员会应当审查每一投标文件,是否对招标文件提出的所有实质性要求做出了响应。非响应性投标将被拒绝,并且不允许修改或补充。

8)投标人以低于成本报价竞标。投标人的报价明显低于其他投标报价或标底,使其报价有可能低于成本的,应当要求该投标人做出书面说明并提供相关证明材料。

9)投标人资格条件不符合国家规定或招标文件要求的;拒不按照要求对投标文件进行

第5章 建设工程招标投标法律基础

澄清、说明或补正的。

（5）重大偏差和细微偏差 评标委员会应当根据招标文件，审查并逐项列出投标文件的全部投标偏差，并正确区分重大偏差和细微偏差两大类。

存在重大偏差的投标文件，属于非响应性投标，应当评审为废标。重大偏差包括：

1）没有按照招标文件要求提供投标担保或者所提供的投标担保有瑕疵。

2）投标文件没有投标人授权代表的签字和加盖公章。

3）投标文件载明的招标项目完成期限超过招标文件规定的期限。

4）明显不符合技术规范、技术标准的要求。

5）投标文件载明的货物包装方式、检验标准和方法等不符合招标文件的要求。

6）投标文件附有招标人不能接受的条件。

7）不符合招标文件中规定的其他实质性要求。

细微偏差是指投标文件在实质上响应招标文件的要求，但在个别地方存在漏项或者提供了不完整的技术信息和数据等情况。细微偏差的结果一般不影响投标文件的有效性，评标委员会应当书面要求存在细微偏差的投标人在评标结束前予以补正。

（6）详细评审 经初步评审合格的投标文件，评标委员会应当根据招标文件规定的评标标准和办法，对其技术部分和商务部分做进一步的评审、比较，即详细评审。详细评审的方法有经评审的合理投标低价法、综合评估法和法律法规规定的其他方法。

1）经评审的合理投标低价法。采用经评审的合理投标低价法时，评标委员会将推荐满足下述条件的投标人为中标候选人：一方面能够满足招标文件的实质性要求，即中标人的投标应当符合招标文件规定的技术要求和标准；另一方面经评审的合理投标低价法，即评标委员会应当根据招标文件规定的评标价格调整方法，对所有投标人的投标报价以及投标文件的商务部分做必要的调整，确定每一投标文件经评审的投标价，但对技术标无须进行价格折算。经评审的合理投标低价法一般适用于具有通用技术性能标准的招标项目，或者是招标人对技术性能没有特殊要求的招标项目。采用经评审的合理投标低价法评审完成后，评标委员会应当填制"标价比较表"，编写书面的评标报告，递交给招标人定标。"标价比较表"应载明投标人的投标报价、对商务偏差的价格调整和说明、经评审的最终投标价。

2）综合评估法。综合评估法是通过量化各投标文件对招标要求的满足程度，进行评标和选定中标候选人方法。它适用于不宜采用经评审的合理投标低价法进行评标的招标项目。综合评估法推荐中标候选人的原则是推荐能够最大限度地满足招标文件中规定的各项综合评价标准的投标人作为中标候选人。评标委员会运用建立在同一基础或同一标准上量化指标对投标人的商务报价、技术部分的各个评审因素进行量化赋值，使各投标文件具有可比性，从而选定经评审的合理投标低价者，推荐为中标候选人。

3）衡量各投标满足招标要求的程度。综合评估法采用将技术指标折算为货币或者综合评分的方法，分别对技术部分和商务部分进行量化的评审，然后将每一投标文件两部分的量化结果，按照招标文件明确规定的计权方法进行加权，算出每一个投标的综合评估价或者综合评估分,并确定中标候选人名单。

4)综合评估比较表。运用综合评估法完成评标后,评标委员会应当拟定一份综合评估比较表,连同书面评标报告递交给招标人。综合评估比较表应当载明投标人的投标报价、所做的任何修正、对商务偏差的调整、对技术偏差的调整、对各评审因素的评估和对每一个投标的最终评审结果。

5)备选标的评审。招标文件允许投标人投备选标的,评标委员会可以对中标人的备选标进行评审,并决定是否采纳。不符合中标条件的备选标不予考虑。

6)划分有多个单项合同的招标项目的评审。对于此类招标项目,招标文件允许投标人为获得整个项目合同而提出优惠,评标委员会可以对投标人提出的优惠进行审查,并决定是否将招标项目作为一个整体合同授予中标人。整体合同中标人的投标应当是最有利于招标人的投标。

(7)评标报告　评标委员会完成评标后,应当向招标人提出书面评标报告。评标报告的内容应当如实记载以下内容:基本情况和数据表;评标委员会成员名单;开标记录;符合要求的投标一览表;废标情况说明;评标标准、评标方法或者评标因素一览表;经评审的价格或者评分比较一览表;经评审的投标人排序;推荐中标候选人名单:按惯例所推荐的中标候选人人数限定在1~3人,并标明排列顺序;澄清、说明、补正事项等。评标报告由评标委员会全体成员签字确认,还应该对下列情况做出书面说明并记录在案:对评标结论有异议的评标委员会成员,可以以书面方式阐述不同意见和理由;评标委员会成员拒绝在评标报告上签字且不陈述其不同意见和理由的,视为同意评标结论。

3. 定标

定标又称决标,即在评标完成后确定中标人,是业主对满意的合同要约人做出承诺的法律行为。

(1)投标有效期　投标有效期是招标文件规定的从投标截止日起至中标人公布日止的期限。投标有效期一般不能延长,因为它是确定投标保证金有效期的依据,如有特殊情况确需延长的,应当办理或进行以下手续和工作:

1)报招投标主管部门备案,延长投标有效期。

2)取得投标人的同意。招标人应当向投标人书面提出延长要求,投标人应做书面答复。投标人不同意延长投标有效期的,视为投标截止前的撤回投标,招标人应当退回其投标保证金。投标人同意延长投标有效期的,不得因此修改投标文件,而应相应延长投标保证金的有效期。

3)除不可抗力原因外,因延长投标有效期造成投标人损失的,招标人应当给予补偿。

(2)定标方式　定标时,应当由业主行使决策权。定标的方式如下:

1)业主自己确定中标人。招标人根据评标委员会提出的书面评标报告,在中标候选人的推荐名单中确定中标人。

2)业主委托评标委员会确定中标人。招标人也可以通过授权委托评标委员会直接确定

（3）定标原则　中标人的投标应当符合下列原则之一：

1）能够最大限度地满足招标文件规定的各项综合评价标准。

2）能够满足招标文件的实质性要求，并且经评审的投标价格最低，但是低于成本的投标价格除外。

（4）优先确定排名第一的中标候选人为中标人　对使用国有资金投资或者国家融资的项目，招标人应当确定排名第一的中标候选人为中标人。排名第一的中标候选人放弃中标、因不可抗力提出不能履行合同，或者招标文件规定应当递交履约保证金而在规定期限内未能递交的，招标人可以确定排名第二的中标候选人为中标人。排名第二的中标候选人因同类原因不能签订合同的，招标人可以确定排名第三的中标候选人为中标人。

（5）中标结果公示　依法必须招标项目的招标人应当自收到评标报告之日起3日内公示中标候选人，公示期不得少于3日。公示应当载明以下内容：

1）中标候选人排序、名称、投标报价、工期（交货期）、质量标准，采用综合评估法的，还应当载明综合评估分（价）和各分项评估分（价）。

2）中标候选人在投标文件中承诺的主要项目负责人姓名及其相关个人业绩、证书名称和编号。

3）中标候选人在投标文件中填报的项目业绩。

4）提出异议的渠道和方式。

5）招标文件规定公示的其他内容，如评标专家的姓名、所在单位名称，退休人员的工作状态等。

（6）递交招投标情况书面报告及发出中标通知书　招标人应当自确定中标人之日起15天内，向工程所在地县级以上的建设主管部门递交招投标情况的书面报告。招投标情况书面报告的内容包括：

1）招投标基本情况，包括招标范围、招标方式、资格审查、开标评标过程、定标方式及定标理由等。

2）相关的文件资料，包括招标公告或投标邀请书、投标报名表、资格预审文件、招标文件、评标报告、标底（可以不设）、中标人的投标文件以及评标结果公示书等。建设主管部门自收到书面报告之日起5天内未通知招标人在招标活动中有违法行为的，招标人可以向中标人发出中标通知书，并将中标结果通知所有未中标的投标人。

（7）退回招标文件的押金　公布中标结果后，未中标的投标人应当在公布中标通知书后的七天内退回招标文件和相关的图样资料，同时招标人应当退回未中标投标人的投标文件和发放招标文件时收取的押金。

4. 签约

（1）签约时间　招标人和中标人应当自中标通知书发出之日起30天内签订合同，法律法规或者招标文件另有规定的，执行其规定。

（2）中标通知书的法律约束力　除不可抗力外，中标人拒绝与招标人签订合同的，投标保证金不予退还并取消其中标资格，招标人的损失超过投标保证金的，应当由投标人对超过部分负赔偿责任。招标人无正当理由拒绝与中标人签订合同，给中标人造成损失的，招标人应当给予赔偿。

（3）签订书面合同　按照中标通知书、招标文件和中标人的投标文件签订书面合同，具体包括：

1）合同的主要条款应当与中标通知书、招标文件和中标人的投标文件相一致，例如合同价、履行期限、质量条款等。

2）按招标文件提供的合同协议条款签署合同。如果对该合同协议条款有进一步修改或补充的，应在双方协商达成一致意见后，以"合同协议书谈判附录"的形式作为合同的组成部分。

3）招标人和中标人不得另行订立背离合同实质性内容的其他协议。

（4）履约担保　招标文件要求中标人递交履约担保的，中标人应当递交，招标人应当提供工程款支付担保。中标人递交履约担保的方式如下：

1）银行保函。采用银行保函方式，保证额为合同价的5%。

2）履约担保书。请第三方法人作担保，采用履约担保书方式，保证额为合同价的10%。

3）其他方式。通常在招标文件中有明确规定，投标人应按照其规定。

（5）合同备案　订立书面合同后的七天内，中标人应将合同送建设主管部门备案。

（6）退回投标担保　招标文件规定投标人递交投标担保的，招标人与中标人签订合同后5个工作日内，应当向中标人无息退回投标担保（包含潜在的第二、三名投标人）；其余未进入中标排位的投标人的投标保证金应在开标截止日后7天内无息退回其对应的基本账户。

5.3　建设工程招标文件

5.3.1　建设工程招标文件类别

建设工程招标文件从招标的内容上一般分为工程建设勘察、设计、施工、监理和物资设备采购招标。其中，勘察、设计工作的招标投标在特点和形式等方面基本一致。以下介绍工程建设设计、勘察、监理和物资设备采购招标。

1. 工程建设勘察、设计招标

（1）施工图设计招标　技术复杂及缺乏经验的项目增加技术设计招标。初步方案设计由上述招标的中标人承担。

（2）设计方案竞选　大中型项目的设计分为三个阶段：方案设计、初步设计和施工图设计。城市建筑设计实行方案竞选制。

（3）发包形式　勘察工作可以单独发包，也可与设计一起发包。比较而言，勘察与设计一起发包较为有利。

（4）设计招标的特点　设计招标中，投标人是通过自己的智力劳动将招标人对项目的设想转化为可实施的方案来参加竞争，因此设计招标采用的是设计方案竞选的方式。设计招标与其他招标有下列不同：

1）招标文件的内容不同。设计招标文件的内容主要包括：设计依据、应达到的技术指标、项目限定的工作范围、项目所在地的基本资料、完成时间等。

2）对投标书的编制要求不同。设计招标要求投标人要首先提出设计构思和初步方案、方案优点和实施计划，而后报价。

3）开标形式不同。设计招标开标时，由各投标人自己说明投标方案的基本构思和意图及其他实质性内容，不按报价高低排序。

4）评标原则不同。设计招标过程中，评标时主要比较设计方案的技术先进性、所能达到的技术指标、方案的合理性、对工程项目投资效益的影响等。

2．工程建设监理招标

（1）监理招标的宗旨　监理招标的宗旨是对监理人能力的选择，具体要求包括：

1）能运用规范化的管理程序和方法执行监理业务。

2）监理人员素质，如业务专长、经验、判断力、创新想象力和风险意识等。

（2）能力竞争

1）高质量的监理服务往往能使业主节约工程投资，获得提前投产的效益。

2）在能力相当的投标人之间比价格。

（3）采用邀请招标方式

3．工程建设物资设备采购招标

工程建设物资设备一般分为物资和设备两大类，招标投标采购方式主要适用于大宗材料、具有批量生产能力的中小型设备和机具、大型设备和特殊用途的大型非标准部件等的采购，各类物资的招标采购都具有各自的特点。

（1）大宗物资或具有批量生产能力的中小型设备和机具　此类物资设备招标的标的物的加工生产过程一般采用相关国家标准，规格、性能、主要技术参数等都是通用指标。在认定投标人质量保证、商业信誉、交货期等条件基础上，重点比较报价，一般采用经评审的合理投标低价评标法。

（2）非批量生产的大型设备和特殊用途的大型非标准部件　非批量生产的大型设备和特殊用途的大型非标准部件，既无通用的规格、型号等指标，也没有国家标准，招标择优的对象，应当是能够最大限度地满足招标文件规定的各项综合评价标准的投标人，一般通常采用综合投标评估法，评标细则方面包括以下内容：

1）标的物的规格、性能、主要技术参数等质量指标要满足招标文件。
2）投标人的加工生产能力、商业信誉、交货期等满足工程项目的设施计划。
3）投标人对所提供设备物资的安装、调试、保修、操作、培训等方面的服务条件。
4）除投标人的设备物资报价之外，还要考虑相关的运杂费或保险等费用。
5）设备投标的评审要考虑设备投入生产之后的生产成本的比较，要考虑设备使用寿命期内的维修服务体系和配件供应市场的成熟情况。

5.3.2 建设工程施工招标文件

1. 工程施工招标文件的内容

招标人根据施工招标项目的特点和需要，编制招标文件。施工招标文件一般包括以下内容：

（1）投标邀请书
1）招标人的名称和地址。
2）招标项目的内容、规模和资金来源。
3）招标项目的实施地点和工期。
4）获取招标文件或者资格预审文件的地点和时间。
5）对招标文件或者资格预审文件收取的费用。
6）对招标人的资质等级的要求。

（2）投标人须知　投标人须知包括总则、招标文件、投标文件的编制和递交、投标报价说明、开标、评标、授予合同，并采用"前附表"的形式简明扼要地列出投标须知的重要内容，提请投标人认真考虑和注意遵守。

（3）合同主要条款　业主通常采用《建设工程施工合同（示范文本）》专用条款的格式，列出要求投标人必须同意的合同条件。

（4）投标文件格式　采用工程所在地招投标管理部门规定的格式文本。

（5）工程量清单　工程量清单适用于要求按工程量清单报价的招标项目。工程量清单有以下3个主要作用：
1）使投标人按统一的规格报价。
2）方便工程建设实施中的进度款的支付。
3）便于确定工程变更或新增项目的单价和合价。

（6）技术规范　技术规范主要说明工程现场的自然条件、施工条件、本工程的施工技术要求和采用的技术规范。

（7）设计图样　设计图样包括施工图及设计资料。

（8）评标标准和方法

（9）投标辅助资料　统一拟订评标所需的各类反映投标人对工程施工人员、机械设备和各项工作安排情况的表格，供投标人填报或说明。

2. 编制工程施工招标文件的注意事项

1）招标人应当在招标文件中规定实质性要求和条件，并用醒目的方式标明。招标文件规定的各项技术标准应符合国家强制性标准。

2）招标人可以要求投标人在递交符合招标文件规定要求的投标文件外，递交备选投标方案，且应当在招标文件中做出说明，并提出相应的评审和比较办法。

3）招标文件中规定的各项技术标准均不得要求或标明特定的专利、商标、名称、设计、原产地或生产供应者，不得含有倾向或者排斥潜在投标人的其他内容。如果必须引用某一生产供应者的技术标准才能准确或清楚地说明拟招标项目的技术标准时，则应当在参照后面加上"或相当于"的字样。

4）招标人不得以不合理的工期限制或者排斥投标人或者潜在投标人。招标项目需要确定工期的，招标人应当合理确定工期，并在招标文件中载明。

5）招标文件应当明确规定评标时除价格以外的所有评标因素，以及如何将这些因素量化或者据以进行评估的标准。在评标过程中，不得改变招标文件中规定的评标标准、方法和中标条件。

6）招标文件应当规定适当的投标有效期，以保证招标人有足够的时间完成评标和与中标人签订合同。

7）施工招标项目工期超过 12 个月的，招标文件中可以规定工程造价指数体系、价格调整因素和调整方法。

8）招标人应当确定投标人编制投标文件所需要的合理时间，依法必须进行招标的项目，自招标文件开始发出之日起至投标人递交投标文件截止之日止，最短不得少于 20 天。

5.3.3 建设工程施工监理招标文件

1. 工程施工监理招标文件的内容

监理招标文件应当能够指导投标人提出实施监理工作的方案建议。具体内容与施工招标文件大体相同。主要内容如下：

（1）投标须知　投标须知包括工程项目综合说明、监理范围和业务、投标文件的编制及提交、无效投标文件的规定、投标起止时间、开标的时间和地点、招投标文件的澄清和修改、评标办法等。

（2）合同条件　业主可以在招标文件的合同条件中，向投标人提出为取得中标必须满足的条件。在买方市场条件下，业主往往利用这一机会，向投标人提出苛刻的条件，投标人应认真分析其中可能存在的风险，防范意外的损失。

（3）业主提供的现场办公条件　招标文件应当明确规定为监理人员提供的交通、通信、住宿、办公用房等方面的现场办公条件。

（4）对监理人的要求　招标文件应当明确规定对现场监理人员、检测手段、解决工程技术难点等方面的要求。

（5）其他事项　除上述内容外的其他规定，例如有关的技术规范、必要的设计文件、图样和有关资料等。

2. 工程施工监理招标评标

对施工监理投标文件的评标一般需要进行下列方面的评审并进行综合评分。

1）投标人的资质。

①投标人的资质等级和批准的监理业务范围必须与招标项目的规模相符。

②主管部门或股东单位，以及人员综合情况等。

2）监理大纲。评审监理大纲拟定的质量、进度、投资等控制方法的科学性、合理性。采用综合评分方法时，应对措施有力、有针对性的监理大纲记满分，方法可行、措施一般的适当扣分，措施不力、方法不合理的评定为零分。

3）拟派的项目主要监理人员。评审的重点是总监理工程师和主要专业工程师。从监理人员是否具有法定的监理执业资格、监理经验、专业工种配套程度、人员派驻计划和监理人员素质等方面进行评审。

4）用于本工程的检测设备和仪器或委托的检测单位的情况。检测设备方面的评审结果，通常有基本满足和完全满足工程监理的需要两类，完全不能满足需要的不予评审。

5）监理费报价及其费用组成。监理费报价的评审，依据国家规定的收费标准，按插入法求得的监理费率的计算结果为准。

6）企业信誉、监理业绩和招标文件要求的其他条件。

7）对投标文件进行综合评分。具体的评分方法应当在开标前确定，开标后不得更改。综合评分法在监理评标中的应用见表5-3。通过综合评分，取得分最高的2~3名为中标候选人。

表5-3　综合评分法在监理评标中的应用

评标项目	项目权重	项目评价分			项目得分
		好（10）	中（5）	差（0）	
（1）投标人的资质	15				
（2）监理规划	15				
（3）总监理工程师资格及业绩	15				
（4）人员派驻计划和人员素质	10				
（5）检测手段	15				
（6）投标人的业绩和奖惩情况	10				
（7）监理费报价和费用组成	10				
（8）投标人社会信誉	10				
总分					

注：项目得分 = 项目权重 × 项目评价分。

第5章 建设工程招标投标法律基础

5.4 建设工程投标书

5.4.1 建设工程投标的分类

投标人对招标人相关招标内容的综合响应称为投标。对应勘察设计、施工、监理和物资设备采购招标的综合响应就分别称为勘察设计、施工、监理和物资设备采购投标。投标人在进行投标之前，往往会面临几个项目的投标选择，包括选择哪个项目投标、投标预期利润的高低、投标中采用的投标报价技巧等投标策略问题。不同的投标人，不同的投标项目，投标策略也有差别，对具体的项目投标书的格式一般在招标文件中有具体的规定，一般不变更其表示形式。

5.4.2 建设工程施工投标书的组成

投标人应当按照招标文件的要求编制投标文件，所编制的投标文件应当对招标文件提出的实质性要求和条件做出响应。对建设工程施工投标文件的内容应当包括拟派出的项目负责人与主要技术人员的简历、业绩和拟用于完成招标项目的机械设备等。

投标文件的组成应根据工程所在地建设市场的常用文本确定，招标人应在招标文件中做出明确的规定，具体如下：

（1）投标函 投标函除正文外，还包括投标函附录、法定代表人资格证明书、投标文件签署授权委托书、投标担保书（银行保函）等文件。

（2）投标报价文件 投标报价文件（即商务标）的格式文本较多，根据《建设工程工程量清单计价规范》规定，投标报价文件应包括：

1）投标总价及工程项目总价表。

2）单项工程费汇总表。

3）单位工程费汇总表。

4）分部分项工程量清单计价表。

5）措施项目清单计价表。

6）其他项目清单计价表。

7）零星工作项目计价表。

8）分部分项工程量清单综合单价分析表。

9）项目措施费分析表和主要材料价格表。

（3）技术标 技术标通常由施工组织设计、项目管理机构配备情况、项目拟分包情况、替代方案等四部分组成。

5.4.3 建设工程施工投标书的编制

我国各地的投标文件格式文本在形式上有所差异，但基本内容大体相同。下面以通用的投标文件格式文本为例，说明投标文件的编制方法。

1. 投标函的编写

投标函是投标文件的重要组成部分，投标人应按照格式文本，如实填写投标函、投标函附录以及法定代表人资格证明书、投标文件签署授权委托书、投标担保等证明投标文件的法律效力和商业资信的文件。

（1）填写投标函　投标函是承包商向发包方就标的发出的要约，投标函的格式文本通常对要约人的法律责任已经做了统一的规定。填写时，投标人应对标价、工期、质量、履约担保、投标担保等做出具体明确的意思表示，加盖投标人单位公章，并由其法定代表人签字或盖章。填写时应当注意：

1）投标报价（简称标价）是投标函的核心内容。投标函填写的标价是投标人的正式报价，必须根据投标报价文件中的投标总价，同时填写文字金额和数字金额，并确保两者完全相符。

2）工期。投标函的工期内容包括开、竣工日期和总工期天数，其必须满足招标文件对工期的要求，并与本投标文件技术标中施工进度计划的开、竣工日期和总工期天数相符。

3）履约担保应按招标文件规定的数额填写，并与本投标函附件《投标保证金银行保函》的担保金额相符。

4）投标担保必须按招标文件规定的担保方式和金额填写，并在递交投标文件时按承诺的方式和金额提供投标保证。

（2）投标函附录的填写　投标函附录是明示投标文件中重要内容和投标人的承诺。

（3）投标担保书的填写　投标担保的方式按招标文件的规定，填写投标担保书的方法如下：

1）招标文件规定投标担保采用银行保函方式时，投标人递交由担保银行按招标文件提供的格式文本签发的银行保函。

2）招标文件规定投标担保采用支票或现金方式时，投标人可不递交投标担保书，或在投标担保书格式文本上注明已递交的投标保证的支票或现金的金额。

（4）法定代表人资格证明书、投标文件签署授权委托书的填写　法定代表人资格证明书和投标文件签署授权委托书是证明投标人的合法性及商业资信的文件，必须按实填写。

2. 投标报价文件的编写

投标报价是投标文件的核心部分，应当根据招标文件的具体要求填写投标报价文件。

3. 技术标书的编制

对于大中型工程和结构复杂、技术要求高的工程来说，技术标往往是能否中标的决定性因素，其中最主要的是施工组织设计和项目经理人选。

（1）编制施工组织设计的具体要求　投标文件中的施工组织设计称为标前施工组织设计。标前施工组织设计可以比中标后编制的施工组织设计概略，编制的具体要求如下：

1）编制标前施工组织设计应采用文字与图表结合的方式阐述说明各分部分项工程的施工方法，以及施工机械设备、劳动力和材料采购、运输、使用等的计划安排。

2）结合招标工程特点，提出切实可行的保证工程质量、安全生产、文明施工、工程进度的技术组织措施。

3）对关键工序、复杂环节等重点提出相应的技术措施，例如，冬雨期施工技术措施、降低噪声和环境污染的技术措施、地下管线及其他相邻设施的保护加固措施等。

4）按照施工组织设计的内容，填写招标文件指定的技术标的图表。

（2）项目管理机构配备情况的编制

1）项目管理机构配备情况表。项目管理机构的配备，应根据工程大小和现场管理上的需要确定，大中型工程的项目经理部通常配备项目经理、项目副经理、技术负责人、施工员、材料员、质量员、安全员以及泥工、木工和钢筋翻样等技术岗位人员，投标人要将配备人员的名单及其基本情况按规定表格格式如实填写。

2）项目经理简历表。投标人应根据招标工程的特点和投标策略选派得力的项目经理，然后按规定格式如实填写。

3）项目技术负责人简历表。投标人应根据招标工程的技术特征选派合适的技术负责人，并按规定格式如实编写。

4）项目管理机构配备情况辅助说明资料。说明资料由投标人自行设计填报的格式，主要填报下列情况：管理机构的机构设置及职责分工、项目班子主要成员执业资格证书等复印证明资料、投标人认为有必要提供的其他资料。

（3）项目拟分包情况表　投标决策确定中标后拟将部分工程分包出去的，应按规定格式如实填表，如果不准备分包出去，则在规定表格填"无"。

（4）替代方案　招标人允许递交替代方案时，投标人可按多方案报价法提出替代方案及其相应的报价，作为投标文件的附录，供招标人考虑和选用。

5.4.4　编制建设工程施工投标书的要求

投标文件的编制质量关系重大，为了避免因工作上的疏漏而造成废标，编写投标文件时应注意下列事项：

1）投标人编制的投标文件，必须符合响应性投标的要求。

2）投标文件必须按规定的格式编制，不得任意修改招标文件中原有的工程量清单和投标文件格式。规定格式的每一空格都必须填写，如有重要数字不填写的，将被作为废标处理。

3）投标文件编制完毕后必须反复校对，单价、合价、总标价及其大、小写数字均应仔细核对，必须保证计算数字及书写均正确无误。

4）投标文件必须字迹清楚，签名及印鉴齐全。

5）投标文件编制完成后应按招标文件的要求整理、装订成册、密封和标志。

6）投递标书不宜太早，通常在截止日期前1~2天内递标，但也必须防止投递标书太迟，超过截止时间送达的标书是无效的。

7）要避免因细节疏忽和技术上的缺陷导致投标书无效。

5.5 招标投标过程中否决投标的情形

1）第一大类，限制参与投标，以全过程咨询招标为例，投标人不得存在下列情形之一：

①为招标人不具有独立法人资格的附属机构（单位）。

②为本工程提供招标代理服务的。

③为本工程的代建人。

④为本工程的施工人。

⑤与本工程的施工人或代建人或招标代理机构同为一个法定代表人的。

⑥与本工程的施工人或代建人或招标代理机构相互控股或参股的。

⑦与本工程的施工人或代建人或招标代理机构相互任职或工作的。

⑧被责令停业的。

⑨被暂停或取消投标资格的。

⑩财产被接管或冻结的。

⑪在最近三年内有骗取中标或重大安全、质量事故的或因严重违约被解除合同。

2）第二大类：串通投标、弄虚作假、有其他违法行为的：

①不按评标委员会要求澄清、说明或补正的，投标应被否决，招标人向投标人发出《否决投标函》格式见表5-4。

表 5-4 《否决投标函》格式

工程名称：

投标人	
否决原因	评标专家签字：
投标人澄清	投标人法定代表人或授权人签字：
评标委员会评判意见	评标专家签字：
说明：将上述问题的澄清于　　年　　月　　日　　时　　分递交至	

注：1. 有证明材料须书面附上。
   2. 本表空白不够可以另行增加。

②串通投标或弄虚作假或有其他违法行为的,应进行串通投标行为认定,见表5-5。

表 5-5 串通投标行为认定

工程名称:

序号	评审内容	投标人1	投标人2	投标人3
1	不同投标人的投件内容存在非正常一致的			
2	不同投标人的投标文件有两处及以上错漏之处一致的			
3	不同投标人的投标报价或者报价组成两处及以上出现异常一致的或呈规律性变化的			
4	不同投标人的投标文件由同一单位或者同一个人编制的			
5	不同投标人的投标文件载明的项管理班子成员出现同一人的			
6	不同投标人的投标文件相互混装的			
7	不同投标人委托同一人投标的			
8	不同投标人使用同一个人或者同一企业的资金交纳投标保证金的			
9	不同投标人聘请同一人为其投标提供技术或者经济咨询服务的(招标项目本身要求采用专有技术的除外)			
10	招标人(招标代理人)组织投标人串通投标或者招标人(招标代理人)为投标人制作投标材料的			
11	招标人(招标代理人)在公开开标前,开启标书,并将投标情况告知其他投标人,或者协助投标人撤换标书,更换报价的			
12	投标人与招标人(招标代理人)商定,在招标投标时压低或者抬高标价,中标后再给投标人或者招标人额外补偿的			
13	招标人(招标代理人)预先内定中标人,在确定中标人时以此决定取舍的			
14	其他围标、串标情形			

注:本表为评标报告组成部分,请评标委员会根据投标文件如实填写"无"或"有",如"有"请说明具体情况。有以上情形之一的,应认定为串通投标。若评标委员会发现投标人在投标过程中有串标、围标行为的,应及时以书面形式向行政监管部门报告。

③招标文件雷同,如格式相同、字体一样、表格颜色相同。

④电子投标中,不同投标人的投标报名的 IP 地址一致,或者 IP 地址在某一特定区域。

⑤不同的投标人的投标文件由同一台计算机编制或同一台附属设备打印。

⑥一家投标人的投标文件中装订了其他投标人名称的文件材料。

⑦不同投标人的投标报价总价异常一致,但差异化极大,或者呈规律性变化;不同投标人的投标总报价相近,但是各分项报价不合理,又无合理的解释。

⑧故意废标,有意致使投标报价与招标文件约定的投标报价限价一致或者高于报价限价;故意按照招标文件规定的无效标条款制作无效投标文件。

⑨潜在投标人大量购买招标文件后拒绝缴纳投标保证金;不同投标人的投标保证金由同一第三方账户代打。

⑩其他情形。多个投标人使用同一个人或者同一企业出具的投标保函；投标人一年内有三次及以上参加报名并购买招标文件后，不递交投标文件、不参加开标会议；递交投标文件截止时间前，多家投标人几乎同时发出撤回投标文件的声明；法定代表人签字一致；技术标书雷同或者技术标书中有意编制与本工程无关的专业技术要求，致使施工组织设计文件不可行；断章取义，有意缺失施工组织设计文件中关键分部工程技术描述导致其评审不可行。

5.6 关于招标投标行业信用评价的规定

为落实《国务院关于印发〈社会信用体系建设规划纲要（2014—2020年）〉的通知》（国发〔2014〕21号）、民政部等八部门《关于推进行业协会商会诚信自律建设工作的意见》（民发〔2014〕225号），推进招标投标行业信用体系建设，完善招标投标企业守信激励、失信惩戒机制，依据商务部信用工作办公室、国资委行业协会办公室《关于进一步做好行业信用评价工作的意见》（商信用字〔2015〕1号），全面推行国家招标投标行业信用评价制度，国家借助中国招标投标协会网站和中国招标投标公共服务平台网络信息系统建立独立的第三方信用服务机构，为信用评价工作提供技术支持。招标投标行业信用评价工作原则上每年开展2次。国家招标投标行业信用评价是行业自律行为，遵循"自愿、客观、公开、公正"的原则。

（1）信用等级标准　第三方信用服务机构结合招标投标行业特征，采用定量与定性、动态与静态、宏观与微观相结合的方法，组织制定中国招标投标行业信用评价标准和指标体系。中国招标投标行业信用评价等级共分"三等九级"，等级标准分为A、B、C三等，下设AAA、AA、A、BBB、BB、B、CCC、CC、C九级，每个等级均对应相应的信用状况。

（2）各信用等级对应的企业评分X

① AAA级：90分$\leqslant X \leqslant$100分，招标投标企业经营的稳定性极强，对履行相关经济和社会责任能够提供极强的安全保障，尽管环境因素可能会发生变化，但这些变化对受评主体的影响不会从根本上损害其相当稳定的发展趋势，违约风险极低。

② AA级：85分$\leqslant X <$90分，招标投标企业经营的稳定性很强，对履行相关经济和社会责任能够提供很好的安全保障，环境因素发生不利变化时其稳定性可能会受到影响，但违约风险很低。

③ A级：80分$\leqslant X <$85分，招标投标企业经营的稳定性较强，对履行相关经济和社会责任能够提供较好的安全保障，对于抵御环境发生不利变化时的能力较弱，但违约风险较低。

④ BBB级：75分$\leqslant X <$80分，在正常条件下，招标投标企业在履行相关经济和社会责任时可以提供充足的安全保障，但发生不利经营环境时，存在或有违约风险。

⑤ BB级：70分$\leqslant X <$75分，在正常条件下，招标投标企业在履行相关经济和社会责任时可以提供部分的安全保障，发生不利经营环境时，存在一定违约风险。

⑥ B 级：65 分 ≤ X < 70 分，在正常条件下，招标投标企业在履行相关经济和社会责任时不能提供充足的安全保障，发生不利经营环境时，违约风险较大。

⑦ CCC 级：60 分 ≤ X < 65 分，在正常条件下，招标投标企业履行相关经济和社会责任时不能提供保障，发生不利经营环境时，违约风险很大，有一定违约损失，经营能力受到影响。

⑧ CC 级：55 分 ≤ X < 60 分，在正常条件下，招标投标企业不能保障履行相关经济和社会责任，发生不利经营环境时，违约风险很大，违约损失较大，经营能力受到严重制约。

⑨ C 级：X < 55 分，在正常条件下，招标投标企业基本不具备履行相关经济和社会责任的能力，发生不利经营环境时，违约风险很大，违约损失很大，基本丧失经营能力。

（3）参评条件和评价程序　参评企业应在工商行政管理部门注册登记 3 年以上，并具有 2 年以上稳定的经营记录。评价程序包括企业申报、初评、公示、终评等阶段。具体操作程序如下：

1）企业申报。参评企业在中国招标投标协会网站下载填写"中国招标投标行业信用评价申报表"，提交有关证明材料。参评企业应对其提交材料的真实性、准确性和完整性负责。

2）初评。中国招标投标协会信用工作办公室根据参评企业提供的资料，组织第三方信用服务机构在定性和定量分析的基础上，初步确定参评企业的信用等级并提出信用报告。

3）公示。中国招标投标协会信用工作办公室将初评结果在中国招标投标协会网站、中国招标投标公共服务平台等媒体上公示，接受会员企业和社会公众的监督和评议，公示期为 7 天。

4）终评。公示期结束后，中国招标投标协会信用工作办公室组建由行业、财务、质量、信用管理、法律等方面专家组成的评审委员会对初评报告及公示反馈意见进行审核。经 2/3 以上评审委员认可的评价结果为最终结果。

（4）信用评价报告　信用评价报告根据本办法及中国招标投标行业信用评价标准和指标体系，采用专业的计算方法通过综合分析后出具。信用评价报告一般由参评企业的基本信息、公司治理、人力资源分析、运营效率分析、行业地位分析、财务实力分析、招标投标履约记录及公共信用记录等内容构成。

（5）信用评价结果推广应用　中国招标投标协会为参评企业颁发商务部和国资委统一格式、统一编号的信用评价证书和信用评价标牌。信用评价结果在中国招标投标协会网站、中国市场秩序网、中国招标投标公共服务平台、《国际商报》《中国商务年鉴》《招标采购管理》杂志等相关媒体上发布，信用评价结果可在企业承接业务、企业宣传中使用；可作为行政机关和有关行业自律组织监督管理、资质等级评定以及周期性检验和表彰评优等工作的参考依据；市场主体可在招标投标活动中将本信用评价结果作为评价指标之一。中国招标投标协会网站和中国招标投标公共服务平台网络信息系统为社会提供信用信息查询服务，实现信用信息的互通与共享；将评价结果纳入商务领域信用信息系统数据库，供各类企业、商业机构、金融机构、政府机构、各地方商务主管机关使用。

（6）工作管理　建立参评企业动态管理制度，在信用评价结果有效期内实时跟踪了解参评企业信用状况。对违反国家法律和行政法规且受到与企业经营活动相关的行政处罚的参评企业，撤销其信用等级，并收回相关证书和标牌。对受到举报投诉的参评企业，及时核实情况，并视情况对其信用等级做出调整。信用评价结果有效期为2年。2年期满之前3个月，对参评企业进行复评，复评程序按相关规定执行。2年期满后，参评企业自愿放弃复评的，原信用评价结果自动失效。严格执行国家法律、法规规定的对企业信用信息的管理办法，建立招标投标企业信用档案，规范企业信用信息的记录、归集与使用等工作。中国招标投标协会在信用评价过程中适当收取成本费用，用于向第三方信用服务机构支付的费用、专家评审费、公示费、证牌工本费和管理费等。当参评企业信用状况发生变化后，及时向社会公布。

（7）工作监督　中国招标投标协会在开展信用评价工作过程中，遵守国家有关法律、法规等相关规定。严格依据信用评价标准和指标体系开展信用评价工作，保证信用评价结果的公开、公正、科学和完整性。认真核实和处理收到的反馈信息和投诉，接受政府相关部门监督。参与信用评价的工作人员必须坚持客观公正原则，廉洁自律，恪尽职守，不得泄露参评机构商业秘密。对在信用评价工作有违纪行为者，视其情节轻重给予警告，直至追究法律责任。

小　结

建设工程招标投标是一种商品交易方式，具有较强的竞争性。招标方式一般包括公开招标和邀请招标。本章从招标与投标的立法规定，从招标投标的实践角度介绍了招标投标制度、建设工程招标投标程序、建设工程施工招标文件、建设工程投标书等内容。从职业情景的角度全面再现了工程建设招标、投标、评标、定标的全过程。

思考题

5-1　名词解释：工程项目招标、资格预审、控制价、响应性投标。

5-2　工程项目招标的方式有哪些？简述各种方式的适用条件。

5-3　简述工程施工招投标的步骤。

5-4　简述施工招标的定标方式和定标原则。

5-5　案例：实际编制施工、监理招标文件及投标文件。

5-6　正确理解招标投标过程中潜在的串标行为。

5-7　正确理解招标投标行业信用评价的规定。

第 6 章 建设工程合同法律基础

学习目标：

通过学习建设工程法律法规的基本知识，了解合同的类别、格式条款、缔约过失责任、民事法律关系及其构成；熟悉有效合同、无效合同、效力待定合同、可撤销变更合同，合同的转让与合同履行中的债权债务转移；掌握合同争议的解决、要约与承诺、合同的生效、变更与终止、合同履行、违约责任。

关键词：

建设工程合同法律制度　合同订立　合同效力　合同履行、变更、转让与终止　合同的违约责任

6.1 建设工程合同法律制度

6.1.1 合同的概念及其法律特征

建设工程合同是承包人进行工程建设，发包人支付价款的合同。建设工程合同包括建设工程勘察合同、建设工程设计合同、建设工程施工合同等。建设工程合同的订立，应当遵循自愿原则、公平原则、诚信原则，不得违反法律，不得违背公序良俗，应当有利于节约资源、保护生态环境。

1. 合同的概念

《中华人民共和国民法典》(简称《民法典》)(2021 年 1 月施行) 规定，合同是民事主体之间设立、变更、终止民事法律关系的协议，是平等主体的自然人、法人、其他组织之间设立、变更、终止民事权利义务关系的协议。《民法典》规定，民事主体从事民事活动，应当遵循自愿原则，按照自己的意思设立、变更、终止民事法律关系。

2. 合同的法律特征

合同具有以下法律特征：当事人地位的平等性；主体的广泛性；缔约的自愿性；意思表示的一致性；法律约束性。

1）合同是一种法律行为。

2）合同的当事人法律地位一律平等，双方自愿协商，任何一方不得将自己的观点、主张强加给另一方。

3）合同的目的在于设立、变更、终止民事权利义务关系。

4）合同的成立必须有两个以上当事人；两个以上当事人不仅做出意思表示，而且意思表示是一致的。

3. 合同订立的原则

（1）自愿原则　自愿原则体现了民事活动的基本特征，是民事法律关系区别于行政法律关系、刑事法律关系的特有原则。自愿原则贯穿于合同活动的全过程，包括订不订立合同自愿，与谁订立合同自愿，合同内容由当事人在不违法的情况下自愿约定，在合同履行过程中当事人可以协议补充、协议变更有关内容，双方也可以协议解除合同，可以约定违约责任，以及自愿选择解决争议的方式。总之，只要不违背法律、行政法规的强制性规定，合同当事人有权自愿决定，任何单位和个人不得非法干预。

（2）公平原则　民事主体从事民事活动，应当遵循公平原则，合理确定各方的权利和义务。公平原则作为合同当事人的行为准则，可以防止当事人滥用权利，保护当事人的合法权益，维护和平衡当事人之间的利益。它主要包括以下内容。

1）订立合同时，要根据公平原则确定双方的权利和义务，不得欺诈，不得假借订立合同恶意进行磋商。

2）根据公平原则确定风险的合理分配。

3）根据公平原则确定违约责任。

（3）诚信原则　民事主体从事民事活动，应当遵循诚信原则，恪守承诺。诚信原则主要包括以下内容：

1）订立合同时，不得有欺诈或其他违背诚信的行为。

2）履行合同义务时，当事人应当根据合同的性质、目的和交易习惯，履行及时通知、协助，提供必要条件、防止损失扩大、保密等义务。

3）合同终止后，当事人应当根据交易习惯，履行通知、协助、保密等义务。

（4）不得违背公序良俗原则　民事主体从事民事活动，不得违反法律，不得违背公序良俗，也就是合同的订立和履行属于合同当事人之间的民事权利义务关系，只要当事人的意思不与法律规范、社会公序良俗相抵触，即承认合同的法律效力。对于损害社会公共利益、扰乱社会经济秩序的行为，必将受到有关法律、行政法规约束。

（5）有利于节约资源、保护生态环境原则　民事主体从事民事活动应当有利于节约资源、保护生态环境。这是一项限制性的"绿色原则",即民事主体在从事民事行为过程中,不仅要遵循自愿、公平、诚信原则,不得违反法律,不得违背公序良俗,还必须要兼顾社会环境公益,有利于节约资源和生态环境保护。否则,将不受到法律的保护与支持。

4. 合同的分类

合同的分类是指按照一定的标准,将合同划分成不同的类型。这种分类有利于当事人找到能达到自己交易目的的合同类型,订立符合自己愿望的合同条款,便于合同的履行,也有助于司法机关在处理合同纠纷时准确地适用法律,正确处理合同纠纷。

(1)有名合同与无名合同　根据法律是否明文规定了某种合同的名称,可以将合同分为有名合同与无名合同。有名合同又称为典型合同,是指法律上已经确定了一定的名称及具体规则的合同,如建设工程合同等。无名合同又称为非典型合同,是指法律上尚未确定一定的名称与规则的合同。合同当事人可以在不违背法律的禁止性规定和社会公共利益的前提下,自由决定合同的内容。

(2)双务合同与单务合同　根据合同当事人是否互相负有给付义务,可以将合同分为双务合同和单务合同。双务合同是指当事人双方互负给付义务的合同,即双方当事人互享债权、互负债务,一方的合同权利正好是对方的合同义务,形成对价关系。例如,建设工程施工合同中,承包人有获得工程价款的权利,而发包人则有按合同约定支付工程价款的义务。大部分合同都是双务合同。单务合同是指合同当事人中仅有一方负担义务,而另一方只享有合同权利的合同。例如,在赠与合同中,受赠人享有接受赠与物的权利,但不负担任何义务。无偿委托合同、无偿保管合同均属于单务合同。

(3)诺成合同与实践合同　根据合同的成立是否需要交付标的物,可以将合同分为诺成合同和实践合同。诺成合同是指当事人双方意思表示一致就可以成立的合同。大多数的合同都属于诺成合同,如建设工程合同、买卖合同、租赁合同等。实践合同是指除当事人双方意思表示一致以外,还须交付标的物才能成立的合同,如保管合同。

(4)要式合同与非要式合同　根据法律对合同的形式是否有特定要求,可以将合同分为要式合同与非要式合同。要式合同是指根据法律规定必须采取特定形式的合同。建设工程合同是典型的要式合同,应当采用书面形式。非要式合同是指当事人订立的合同依法并不需要采取特定的形式,当事人可以采取口头方式,也可以采取书面形式或其他形式。要式合同与非要式合同的区别实际上是关于合同成立与生效的条件的问题。如果法律规定某种合同必须经过批准才能生效,则合同未经批准便不生效;如果法律规定某种合同必须采用书面形式才成立,则当事人未采用书面形式时合同不成立。

(5)有偿合同与无偿合同　根据合同当事人之间的权利义务是否存在对价关系,可以将合同分为有偿合同与无偿合同。有偿合同是指一方通过履行合同而给对方某种利益,对方要得到该利益必须支付相应代价的合同,如建设工程合同等。无偿合同是指一方给付对方某种利益,对方取得该利益时并不支付任何代价的合同,如赠与合同等。

（6）主合同与从合同　根据合同相互间的主从关系可以将合同分为主合同与从合同。主合同是指能够独立存在的合同；依附于有效主合同而订立的合同是从合同。例如，发包人与承包人签订的建设工程施工合同为主合同，如保证、抵押等担保合同。主合同的变更和终止会引起从合同的变更和终止，即主合同的法律效力决定从合同的法律后果。

6.1.2　合同法律关系及其构成要素

合同是民事主体之间设立、变更、终止民事法律关系的协议。合同关系同其他民事法律关系一样，都是由主体、内容和客体三个不可缺少的要素构成。

1. 合同法律关系的主体

合同法律关系的主体是指参加民事法律关系，享有民事权利并承担义务的当事人。合同法律关系主体包括以下内容。

（1）自然人　自然人是指基于出生而成为民事法律关系主体的有生命的人。自然人作为合同关系的主体应当具有相应的民事权利能力和民事行为能力。其中，民事权利能力是指民事主体参加具体的民事法律关系，享有具体的民事权利，承担具体的民事义务的前提条件。自然人的权利能力始于出生，终于死亡，是国家法律直接赋予的。民事行为能力是指民事主体以自己的行为参与民事法律关系，从而取得享受民事权利和承担民事义务的资格。民事行为能力与民事权利能力不同，民事权利能力是法律规定民事主体享有民事权利和承担民事义务的资格，而民事行为能力是指民事主体通过自己的行为去取得民事权利和承担民事义务的资格。不是所有自然人都具有民事行为能力，根据不同年龄和精神健康状况，可分为完全民事行为能力人、限制民事行为能力人和无民事行为能力人。

（2）法人　法人是指具有民事权利能力和民事行为能力，依法独立享有民事权利和承担民事义务的组织。

1）法人是相对于自然人而言的社会组织，作为一个社会组织，必须同时具备法定条件才能成为法人。法人应具备以下条件。

①依法成立。法人必须是按照法定程序成立的社会组织。社会组织要取得法人资格，应向国家主管机关提出申请，将本组织的性质、宗旨、章程、资金和经费、负责人以及活动范围和方式等如实报告，经审查批准后，才能取得法人资格。例如，企业法人经国家主管机关批准后，还应根据国务院发布的《中华人民共和国市场主体登记管理条例》的规定，经工商行政管理机关登记获准后，方能开展经济活动。

②有自己的名称、组织机构、住所、财产和经费。法人依法享有名称权。因此，法人要有自己的正式名称，以标明其身份。法人是法律上人格化的社会组织，是一个有机结合的整体。因此，法人必须设有一定的组织机构。在对外、对内活动中，法人的常设领导机构或法定代表人，依据法律和法人组织章程的规定行使管理权和履行职责。法人要有固定的场所作为其享有权利和承担义务的法定住所，以利国家主管机关进行监督和管理或者企

业开展生产经营和服务等活动。法人必须具有独立的财产或独立经营管理的财产和活动经费。财产是法人开展工作和进行生产经营活动的物质基础,也是法人享有经济权利和承担经济义务的先决条件。所谓独立支配的财产,包括法人享有独立支配权的财产或者独立所有权的财产。企业法人还必须是实行自负盈亏、独立经营与独立核算的社会组织。而工厂的车间、企业或事业单位的职能部门则不能成为法人。

③能够独立承担民事责任。法人必须是能以自己的名义享有权利和承担义务,并能独立地参与起诉、应诉的社会组织。法人对其行为所产生的法律后果应承担法律责任。法人的分支机构或者其所属的经济实体,不能履行义务时,由该法人组织承担连带责任。

2)法人的权利能力和行为能力。法人作为"人格化"的经济法律关系的主体,依法也应具有权利能力和行为能力。

①法人的权利能力。法人的权利能力是指法律赋予法人参与经济活动时,依法享有经济权利和承担经济义务的资格。法人的权利能力根据其成立的宗旨、章程的规定和注册的经营范围等要件而具有单位的特殊性。例如,企业法人的权利能力表现为其经营活动只能根据法定登记的营业范围进行,不得擅自超越。法人的权利能力自核准成立之日起具有,企业法人资格自领取企业法人营业执照或批准筹建之日起具有;法人终止时,其权利能力即告消灭。法人的权利能力与自然人的权利能力既有相同点,又有不同点。对此,参与经济活动的当事人应予注意。

②法人的行为能力。法人的行为能力是指法人能以自己的行为参与经济活动,依法享有经济权利和承担经济义务,从而引起经济法律关系发生、变更、终止的资格。

3)法人的产生、变更和终止。法人是经济法律关系的主要主体。它的产生、变更和终止,既关系到维护正常的社会经济秩序,又关系到保障法人的合法权益。因此,国家法律关于法人的产生、变更和终止都做出了专门的规定。

①法人的产生。法人产生的形式有三种:一是依照国家法律规定或者国家机关行政命令的程序而成立的机关和社会组织;二是经国家行政主管机关核准登记而成立的工商企业;三是根据国家公布的规范性文件的程序而成立的专门经济组织、学术组织的社会团体;四是指依法成立,但不具备法人资格,而能以自己的名义参与民事活动的经济实体或者法人的分支机构等其他社会组织。

②法人的变更。法人的变更是指法人依法成立后,在组织机构上、宗旨上以及业务范围方面的重大变更,如企业改变名称、法定代表人,组织分立或者改变经营性质、范围、方式等。

③法人的终止。法人的终止是指在法律上终止法人的资格。法人终止的原因是多方面的,如依据法律、法令或行政机关的命令而撤销;法人完成了规定的使命或任务;法人法定存在期限届满;法人依法被撤销或宣布解散;法人依法宣告破产等。法人终止时,应向原登记机关办理注销登记手续,并依法妥善处理善后事宜。

2. 合同法律关系的内容

合同法律关系的内容，即一般条款所规范的主体的权利和义务。

（1）权利　权利是指权利主体依据法律规定和约定，有权按照自己的意志做出某种行为，同时要求义务主体做出某种行为或者不得做出某种行为，以实现其合法权益。当权利受到侵犯时，法律将予以保护。一方面，权利受到国家保护，如果一个人的权利因他人干涉而无法实现或受到了他人的侵害时，可以请求国家协助实现其权利或保护其权利；另一方面，权利是有行为界限的，超出法律规定，非分的或过分的要求是不合法的或不被视为合法的权利。权利主体不能以实现自己的权利为目的而侵犯他人的合法权利或侵犯国家和集体的利益。

（2）义务　义务是指义务主体依据法律规定和权利主体的合法要求，必须做出某种行为或不得做出某种行为，以保证权利主体实现其权益，否则要承担法律责任。一方面，义务人履行义务是权利人享有权利的保障，所以，法律规范都针对保障权利人的权利规定了法律义务，尤其是强制性规范，侧重对义务的规定，而不是对权利的规定；另一方面，法律义务对义务人来说是必须履行的，如果不履行，国家不要依法强制执行，因不履行造成后果的，还要追究其法律责任。

3. 合同法律关系的客体

合同法律关系的客体是指法律关系主体的权利和义务所指向的对象。在法律关系中，主体之间的权利义务之争总是围绕着一定的对象所展开的，没有一定的对象，也就没有权利义务之分，当然也就不会存在法律关系了。

合同法律关系客体的种类主要表现在以下几方面。

1）行为，在这里是指人们在主观意志支配下所实施的具体活动，包括作为和不作为。如义务人向权利人支付一定的货币，交付一定的物，完成一定的工作，提供一定的劳务等，还包括权利人对其所有物的支配行为。

2）财，一般是指货币资金，也包括有价证券，它是生产和流通过程中停留在货币形态上的那部分资金，如借款合同的信贷资金。

3）物，是指可为人们控制，具有使用价值和价值的生产资料和消费资料。此处的物即为合同中的标的，它的种类和范围均由法律加以规定。

4）智力成果，也称非物质财富，它是指脑力劳动的成果，如专利权、商标权和著作权等。

4. 合同法律关系的产生、变更与消灭

合同法律关系的产生是指由于一定客观情况的存在，合同法律关系主体之间形成一定的权利义务关系。例如，如业主与承包商协商一致，签订了建设工程合同，就产生了合同关系。合同法律关系的变更是指已经形成的合同法律关系，由于一定的客观情况的出现而引起合同法律关系的主体、客体、内容的变化。合同法律关系的变更不是任意的，它要受到法律的严格限制，并要严格依照法定程序进行。合同法律关系的消灭是指合同法律主体之间的权利义

务关系不复存在。法律关系的消灭可以是因为主体履行了义务,实现了权利而消灭;可以是因为双方协商一致的解除而消灭;可以是发生不可抗力而消灭;还可以是主体的消亡、停业、转产、破产、严重违约等原因而消灭。合同法律关系的产生、变更与消灭是因一定的客观情况引起的。由合同法律规范确认并能够引起合同法律关系产生、变更与消灭的客观情况即是法律事实。法律规范规定的法律事实是多种多样的,总的可以分为两大类,即事件和行为。

(1)事件　事件是指不以合同法律关系主体的主观意志为转移的一种客观事实,包括自然事件、社会事件和意外事件。

1)自然事件是指由于自然现象所引起的客观事实,如地震、水灾、台风、虫灾等破坏性自然现象。

2)社会事件是指由于社会上发生了不以个人意志为转移,难以预料的重大事变所形成的客观事实,如战争、暴乱、政府禁令、动乱、罢工等。

3)意外事件是指突发的,难以预料的客观事实,如爆炸、触礁、失火等。

(2)行为　行为是指合同法律关系主体有意识的活动,它是以人们的意志为转移的法律事实,包括合法行为与违法行为。

1)合法行为是指符合国家法律、法规的行为,合同法律关系的产生、变更与消灭都是由合法行为引起的。

2)违法行为是指行为人违反法律规定,做出侵犯国家或其他法律关系主体的权利的行为。违法行为不能产生行为人所期待的法律后果,而引起的法律责任要受到追究。

6.1.3　代理制度

1. 代理的概念及法律特征

代理是指代理人以被代理人的名义,在其授权范围内向第三人做出意思表示,所产生的权利和义务直接由被代理人享有和承担的法律行为。

代理具有以下法律特征。

1)代理是代理人为被代理人从事的民事法律行为。在民法上,所谓代理,并非一切事务都可以代理,可代理的只有民事法律行为。但也不是一切民事法律行为都可以由代理人代理,有些民事法律行为由于法律的规定或行为的性质不适于代理的,也不能由代理人代理,如结婚登记。

2)代理行为是代理人以被代理人的名义实施的民事法律行为,代理人只有以被代理人的名义进行代理活动,才能为被代理人设定权利和义务,代理行为所产生的后果才能归属于被代理人。如果代理人不是以被代理人的名义而是以自己的名义替他人从事某种法律行为的,则不属于代理行为,而是行纪行为。

3)代理人在被代理人的授权范围内独立地进行意思表示。当代理人以被代理人的名义并在其授权范围内与第三人开展民事法律活动时,必须根据被代理人的授权内容,通过自己的思考和决策而做出独立的、发挥主观能动性的意思表示。正是这样，使得代理人必然区别于与居间人、传达人。

4）代理人的代理行为所产生的法律后果直接归属被代理人，即由被代理人直接取得权利和承担义务，包括代理人在执行代理活动中所造成的损失责任。

2. 代理的种类

（1）委托代理　委托代理是指按照被代理人的委托授权而产生代理权的一种行为。被代理人向代理人授予代理权的意思表示，称为授权行为，授权行为通常是采取委托形式。委托代理是依据一定的法律关系产生的，在这种法律关系中，对于委托人和受托人双方的权利和义务都应有明确的规定。民事法律行为的委托代理，可以用书面形式，也可以用口头形式。法律规定书面形式的，应当采用书面形式，如在投标过程中的授权委托书。

（2）法定代理　法定代理是指依据法律的直接规定而产生代理权的一种行为。这种代理行为不需要被代理人委托，而是直接由法律根据一定社会关系的存在加以确定的代理关系。这种代理关系中的代理人和被代理人是法定的，代理权的内容也是法定的。

（3）指定代理　指定代理是指根据人民法院或有关主管机关指定，而产生代理权的一种代理。指定代理关系中的被代理人只能是公民，而且是无行为能力或限制行为能力的公民，如人民法院为无行为能力又无法定代理人的诉讼当事人指定的代理人。

3. 无权代理

无权代理是指行为人没有代理权或超越代理权而进行的代理活动。行为人没有代理权、超越代理权或者代理权终止后，以被代理人名义订立的合同，未经被代理人追认，对被代理人不发生效力。

（1）无权代理的表现形式

1）无合法授权的代理行为。代理权是代理人进行代理活动的法律依据，不享有代理权的行为人以他人名义进行代理活动，属于最主要的无权代理的形式。通常表现为下列两种情况：第一，无合法的授权而以他人名义进行代理活动；第二，假冒法定代理人的身份代理未成年人或丧失行为能力人参与民事活动等。

2）代理人超越代理权所进行的代理活动。在委托代理中，代理权的权限范围必须明确地加以规定，代理人应依据代理权限进行代理活动，超越代理权限所进行的活动就属于越权代理，其行为就是构成无权代理。

3）代理权终止后进行的代理活动。代理人在代理权已经终止的情况下，仍以他人的名义进行代理活动，也属于无权代理。

在实践中，无论委托代理还是法定代理，代理人的代理权总是在特定时间范围内是有效的。因此，代理权终止后，代理人的身份也就相应地消灭了，因而原代理人再进行代理的行为也属于无权代理行为。

（2）无权代理的法律后果

行为人没有代理权、超越代理权或者代理权终止后，仍然实施代理行为，未经被代理人追认的，对被代理人不发生效力。

相对人可以催告被代理人自收到通知之日起30日内予以追认。被代理人未做表示的，视为拒绝追认。行为人实施的行为被追认前，善意相对人有撤销的权利。撤销应当以通知的方式做出。

行为人实施的行为未被追认的，善意相对人有权请求行为人履行债务或者就其受到的损害请求行为人赔偿。但是，赔偿的范围不得超过被代理人追认时相对人所能获得的利益。

相对人知道或者应当知道行为人无权代理的，相对人和行为人按照各自的过错承担责任。

行为人没有代理权、超越代理权或者代理权终止后，仍然实施代理行为，相对人有理由相信行为人有代理权的，代理行为有效。

4. 代理关系的终止

在建筑业活动中，委托代理关系终止的情况包括以下几种。

1）代理期间届满或者代理事务完成后，代理权终止。在委托代理中，被代理人根据委托代理事项的需要，在其授权时明确表示代理权的有效期间，当有效期间届满，代理关系即告终止，代理权也终止。若被代理人在其授权时明确表示委托的专项事务，代理人在行使代理权的过程中，依据合同完成了受委托的事务，代理活动结束，代理关系也终止。

2）被代理人取消委托或者代理人辞去委托的，代理权终止。委托代理关系的成立基于被代理人的委托授权和代理人接受授权，这种关系所具有的单方法律行为的属性，决定了被代理人在授权后根据自己的意志有权取消委托。同样，代理人在接受代理权后无意继续进行委托事项而有权辞去代理。因此，被代理人取消委托或者代理人辞去委托，即发生终止代理关系的法律效力。但行为人代理权的取消和辞去，都应事先通知对方，以防止给对方造成经济损失。对于代理权终止前代理人实施的代理行为，被代理人不能因代理权的取消或辞去而拒绝承担责任。

3）代理人死亡，代理权终止。代理关系是具有严格人身属性的法律关系。代理人与被代理人之间的彼此了解、相互信赖是委托代理关系的基础。因此，代理人死亡，作为代理关系的一方主体不存在了，代理权不能以继承的方式转给他的继承人，代理权随之消灭。

4）代理人丧失民事行为能力，代理权终止。代理人的任务就是代替被代理人实施民事法律行为，这就要求代理人应具有民事行为能力，若代理人丧失民事行为能力，便无法以自己的行为履行代理人的职责，委托代理关系即告终止。

5）作为被代理人或者代理人的法人终止，导致代理权终止。法人作为依据法定条件成立的社会组织，可以成为代理关系中的被代理人或代理人。法人的存在是以一个具有独立的民事主体的身份，委托他人或者代理他人参与民事活动为前提。法人一经撤销或解散，便丧失了作为民事权利主体的资格，丧失了民事权利能力和民事行为能力。

5. 代理制度中的民事责任

1）委托书授权不明的连带责任。委托授权书直接确定着代理权的权限，而代理权又是委托代理关系产生的基础，它的有无及权限大小直接关系到代理关系的命运。因此，代理权应在委托授权书中载明，以免发生纠纷。委托书授权不明的，被代理人应当向第三人承担民事责任，代理人负连带责任。

2）无权代理的民事责任。没有代理权、超越代理权或者代理权终止后的行为，如果未经被代理人追认，由行为人承担民事责任。但第三人知道行为人没有代理权、超越代理权或者代理权已经终止，还与行为人实施民事行为，给他人造成损害时，由第三人和行为人负连带责任。

3）代理人不履行职责的民事责任。在法定代理关系中，代理人即监护人不履行职责，代理人应承担责任，给被监护人造成财产损失的，应当赔偿损失。在委托代理关系中，代理人不履行职责而给被代理人造成损害的，代理人应当承担民事责任。

4）代理人和第三人串通的连带责任。代理人和第三人串通不仅反映了他们主观上有故意，也反映了他们在行为上有联系。因此，代理人和第三人串通，损害被代理人利益的，由代理人和第三人负连带责任。

5）代理违法事项的法律责任。代理人知道被委托代理的事项违法仍然进行代理活动的，或者被代理人知道代理人的代理行为违法不表示反对的，由被代理人和代理人负连带责任。

6.1.4 担保制度

担保是指合同的当事人双方为了使合同能够得到全面履行，根据法律、行政法规的规定，经双方协商一致而采取的一种具有法律效力的保护措施。担保方式有五种：保证、抵押、质押、留置和定金。

1. 保证

（1）保证和保证人 保证是指保证人和债权人约定，当债务人不履行债务时，保证人按照约定履行债务或承担责任的行为。保证人是指具有代为清偿债务能力的人，可以是法人，也可以是其他组织或公民。但符合下列情况的不得作为保证人：

1）国家机关，但经国务院批准为使用外国政府或国际经济组织贷款而进行的转贷除外。

2）学校、幼儿园、医院等以公益为目的的事业单位、社会团体。

3）企业法人的分支机构、职能部门，但有法人书面授权的，可在授权范围内提供保证。

（2）保证合同 保证人与债权人应当以书面形式订立保证合同。保证合同应包括以下内容：

1）被保证的主债权种类、数量。

2）债务人履行债务的期限。

3）保证的方式。

4）保证担保的范围。

5）保证的期间。

6）双方认为需要约定的其他事项。

（3）保证方式　保证的方式分为一般保证和连带保证两种。保证方式没有约定或约定不明确的，按一般保证承担保证责任。一般保证是指当事人在保证合同中约定，当债务人不履行债务时，由保证人承担保证责任的保证方式。一般保证的保证人在主合同纠纷未经审判或仲裁，并就债务人财产依法强制执行仍不能履行债务前，对债务人可以拒绝承担保证责任。连带保证是指当事人在保证合同中约定保证人与债务人对债务承担连带责任的保证方式。连带责任保证的债务人在主合同规定的债务履行期届满没有履行债务的，债权人可以要求债务人发行债务，也可以要求保证人在其保证范围内承担保证责任。

（4）保证范围及保证期间　保证范围包括主债权及利息、违约金、损害赔偿金和实现债权的费用。保证合同另有约定的，按照约定执行；当事人对保证范围无约定或约定不明确的，保证人应对全部债务承担责任。一般保证的担保人与债权人未约定保证期间的，保证期间为主债务履行期间届满之日起六个月。债权人未在合同约定和法律规定的保证期间内主张权利（仲裁或诉讼），保证人免除保证责任；如债权人已主张权利的，保证期间适用于诉讼时效中断的规定。连带责任保证人与债权人未约定保证期间的，债权人有权在自主债务履行期满之日起六个月内要求保证人承担保证责任。在合同约定或法律规定的保证期间内，债权人未要求保证人承担保证责任的，保证人免除保证责任。

2. 抵押

抵押是指债务人或第三人不转移对抵押财产的占有，将该财产作为债权的担保。当债务人不履行债务时，债权人有权依法以该财产折价或以拍卖、变卖该财产的价款优先受偿。根据有关规定，下列财产可以作为抵押物：

1）抵押人所有的房屋和其他地上定着物。

2）抵押人所有的机器、交通运输工具和其他财产。

3）抵押人依法有权处分的国有土地使用权、房屋和其他地上定着物。

4）抵押人依法有权处分的机器、交通运输工具和其他财产。

5）抵押人依法承包并经发包方同意抵押的荒山、荒沟、荒丘、荒滩等荒地土地所有权。

6）依法可以抵押的其他财产。

下列财产不得抵押：

1）土地所有权。

2）宅基地、自留地、自留山等集体所有的土地使用权，但是法律规定可以抵押的除外。

3）学校、幼儿园、医院等为公益目的成立的非营利法人的教育设施、医疗卫生设施和其他公益设施。

4）所有权、使用权不明确或有争议的财产。

5）依法被查封、扣押、监管的财产。

6）法律、行政法规规定不得抵押的其他财产。

3. 质押

质押是指债务人或第三人将其动产移交债权人占有，用以担保债权的履行，当债务人不能履行债务时，债权人依法有权就该动产优先得到清偿的担保方式。质押包括动产质押和权利质押两种。

4. 留置

债务人不履行到期债务，债权人可以留置已经合法占有的债务人的动产，并有权就该动产优先受偿。债权人为留置权人，占有的动产为留置财产。债权人留置的动产，应当与债权属于同一法律关系，但是企业之间留置的除外。法律规定或者当事人约定不得留置的动产，不得留置。留置财产为可分物的，留置财产的价值应当相当于债务的金额。留置权人负有妥善保管留置财产的义务；因保管不善致使留置财产毁损、灭失的，应当承担赔偿责任。留置权人有权收取留置财产的孳息。孳息应当先充抵收取孳息的费用。留置权人与债务人应当约定留置财产后的债务履行期限；没有约定或者约定不明确的，留置权人应当给债务人六十日以上履行债务的期限，但是鲜活易腐等不易保管的动产除外。债务人逾期未履行的，留置权人可以与债务人协议以留置财产折价，也可以就拍卖、变卖留置财产所得的价款优先受偿。

5. 定金

当事人可以约定一方向对方给付定金作为债权的担保。定金合同自实际交付定金时成立。定金的数额由当事人约定，但是不得超过主合同标的额的 20%，超过部分不产生定金的效力。实际交付的定金数额多于或者少于约定数额的，视为变更约定的定金数额。债务人履行债务的，定金应当抵作价款或者收回。给付定金的一方不履行债务或者履行债务不符合约定，致使不能实现合同目的的，无权请求返还定金；收受定金的一方不履行债务或者履行债务不符合约定，致使不能实现合同目的的，应当双倍返还定金。当事人既约定违约金，又约定定金的，一方违约时，对方可以选择适用违约金或者定金条款。定金不足以弥补一方违约造成的损失的，对方可以请求赔偿超过定金数额的损失。

6.2 合同订立

6.2.1 合同形式及主要条款

1. 合同形式

当事人订立合同有书面形式、口头形式和其他形式。所谓书面形式，是指合同书、信件和电报、电传、传真等可以有形地表现所载内容的形式。法律、行政法规规定采用书面形式的，应当采用书面形式。当事人约定采用书面形式的，应当采用书面形式。同时，鼓励采用灵活多样的市场交易方式。例如，当事人未采用书面形式但一方已经履行了合同的主要义务，对方接受的，该合同成立；采用合同书形式订立合同，在签字或者盖章之前，当事人一方已经履行主要义务，对方接受的，该合同也成立。

2. 合同主要条款

合同一般条款的内容是通过合同条款来表达的，合同的内容也主要是围绕合同的条款展开的。根据自愿订立合同的原则，合同的内容由当事人约定。为了指导和规范合同订立和履行的行为，保障合同当事人的正当权益。合同的内容由当事人约定，一般包括：当事人的姓名或者名称和住所；标的；数量；质量；价款或者报酬；履行期限、地点和方式；违约责任；解决争议的方法。

国家根据需要下达指令性任务或者订货任务的，有关法人、其他组织之间应当依照有关法律、行政法规规定的权利和义务订立合同。当事人可以参照政府有关部门以及行业自律机构编制的各类合同的示范文本订立合同。

6.2.2 要约与承诺

合同谈判在国际合同公约和世界其他国家合同立法方面的通行做法一般有要约邀请、要约、承诺等阶段。我国《民法典》规定，当事人订立合同，可以采用要约、承诺方式或者其他方式。

1. 要约的概念与要约成立的条件

（1）要约的概念　要约是指希望和他人订立合同的意思表示。提出要约的一方是要约人，接受要约的一方是受要约人。

（2）要约应符合的条件

1）内容具体且确定。由于要约一经受要约人承诺，合同即为成立，因此要约必须能够决定合同主要内容的意思表示；要约的内容应当确定，不能含糊其辞，同时还应包含合同得以成立的必要条款。

2）表明经受要约人承诺，要约人即受该意思表示约束。要约已具有法律约束力。要约人在要约有效期间要受自己要约的约束，并负有与做出承诺的受要约人签订合同的义务。要约一经要约人发出，并经受要约人承诺，合同即告成立。

（3）要约邀请　要约邀请是指希望他人向自己发出要约的意思表示。如寄送的价目表、拍卖公告、招标公告、招股说明书、商业广告等为要约邀请。但是，如果商业广告的内容符合要约规定的，则应视为要约。

（4）要约生效　关于要约的生效时间，我国《民法典》规定，以对话方式做出的意思表示，相对人知道其内容时生效。以非对话方式做出的意思表示以到达相对人时生效，即要约到达受要约人时生效。所谓"到达受要约人"是指若采用数据电文形式订立合同，要约一旦进入收件人指定的特定系统并接收数据电文的，该数据电文进入该特定系统的时间，视为到达时间；若要约进入指定的特定系统装置的，该数据电文进入收件人的任何系统的首次时间，视为到达时间。

（5）要约撤回与撤销　要约撤回是指要约在发生法律效力之前，要约人使其不发生法律效力而取消要约意思表示的行为。必须保证撤回要约的通知应当在要约到达受要约人之前或者与要约同时到达受要约人，要约因撤回而不发生效力。要约撤销是指要约在发生法律效力之后，要约人使其法律效力归于消灭而取消要约意思表示的行为。必须保证撤销要约的通知应当在受要约人发出承诺通知之前到达受要约人，要约因被撤销而产生法律效力。为了保护受要约人的正当权益，有下列情形之一的，要约不得撤销：

1）要约人确定了承诺期限或者以其他形式明示要约不可撤销。

2）受要约人有理由认为要约是不可撤销的，并已经为履行合同作了准备工作。

2．承诺

（1）承诺的概念和条件　承诺是指受要约人同意要约的意思表示。承诺的构成要件包括：

1）承诺必须由受要约人做出。如果要约是向特定人发出的，特定的受要约人具有承诺资格；如果要约是向不特定的人发出的，不特定的受要约人具有承诺资格。实践中除了作为受要约人的自然人、法人或者其他组织以及其授权的代理人之外，其他任何人对要约人做出承诺的意思表示，对要约人和受要约人均不产生效力，也不可能产生合同成立的后果，只能作为要约。

2）承诺只能向要约人做出。

3）承诺的内容应当与要约的内容一致。受要约人对要约的有关合同标的、数量、质量、价款或者报酬、履行期限、履行地点和方式、违约责任和解决争议方法等的变更属于实质性变更的，为新要约；承诺对要约的内容做出非实质性变更的，除要约人及时表示反对或者要约表明承诺不得对要约的内容做出任何变更的以外，该承诺有效，合同的内容以承诺的内容为准。

4）承诺必须在规定的承诺期限内发出。除要约人及时通知受要约人的过期承诺有效外，其他的过期承诺则属于新的要约。

（2）承诺的方式　承诺的方式是指受要约人通过哪种形式将承诺的意思送达要约人。承诺应当以明示的方式做出，缄默或者不作为不能视为承诺，但根据交易习惯或者要约表明可以通过行为做出承诺的除外。

（3）承诺的期限　承诺的期限实际上是受要约人资格的存续期限，在该期限内受要约人具有承诺的资格，可以向要约人发出具有约束力的承诺。承诺应当在要约确定的期限内到达要约人。要约以信件或者电报做出的，承诺期限自信件载明的日期或者电报交发之日开始计算。信件未载明日期的，在投寄该信件的邮戳日期开始计算。要约以电话、传真等快速通信方式做出的，承诺期限自要约到达受要约人时开始计算。受要约人超过承诺期限发出承诺的，除要约人及时通知受要约人该承诺有效以外，对于迟延的承诺应当视为新要约。受要约人在承诺期限内发出承诺，按照通常情形能够及时到达要约人，但因其他原因承诺到达要约人时超过承诺期限的，除要约人及时通知受要约人因承诺超过期限不接受该承诺的以外，该承诺有效。要约没有确定承诺期限的，承诺应当依照下列规定到达：

1）要约以对话方式做出的，应当及时做出承诺，但当事人另有约定的除外。

2）要约以非对话方式做出的，承诺应当在合理期限内到达。

（4）承诺的撤回　承诺的撤回是指在发出承诺之后，受要约人使其将产生法律效力承诺归于消灭，而取消承诺意思表示的行为。撤回承诺的通知应当在通知到达要约人之前或者与承诺通知同时到达要约人。承诺不得撤销，这是因为承诺生效之后合同即成立，如果允许撤销承诺，就等于允许合同违约。

（5）承诺生效的时间　承诺生效的时间是指承诺何时发生法律约束力。承诺通知到达要约人时生效。承诺不需要通知的，根据交易习惯或者要约的要求做出承诺的行为时生效。采用数据电文形式订立合同的，承诺到达时间的确定方式与确定要约到达时间的方式相同。

6.2.3　缔约过失责任

1. 缔约过失责任的概念

缔约过失责任是指在合同缔结的过程中，当事人一方或者双方由于自己的过失导致合同不成立、无效或者被撤销而应该承担相对人的信赖利益损失的行为。例如，在合同谈判过程中，当事人为订立合同在相互接触和协商期间产生的义务，它包括当事人之间的相互协助、相互保护，对合同有关事宜给予必要和充分的注意等义务，由于此时合同还没有成立，因此先合同义务不是合同义务。同样，因违反先合同义务应当承担的赔偿责任不是合同责任。缔约过失责任不同于违约责任和侵权责任，而是独立的承担责任的方式。缔约过失责任对于维护交易安全、保护当事人的利益具有重要意义。

2. 构成缔约过失责任的要件

当事人承担缔约过失责任必须满足以下要件：

1）缔约过失责任发生在合同订立的过程中（合同尚未成立）。

2）缔约当事人一方主观上有过错行为。

3）缔约当事人一方有实际损失发生。

4）缔约当事人的过错行为与该实际损失之间有因果关系。

3. 缔约过失行为的表现形态

法律规定当事人在订立合同过程中，有下列缔约过失行为之一的，就应当承担缔约过失责任：

1）假借订立合同，恶意进行磋商。

2）故意隐瞒与合同订立有关的重要事实或者提供虚假情况。

3）有其他违背诚实信用原则的行为。

4）违反缔约过程中的保密义务（即违反先合同义务），如当事人泄露或者不正当使用在合同订立过程中的商业秘密。商业秘密是指一切不为公众所知悉，具有经济价值和使用价值，且被权利人采取了保密措施的经营信息和技术信息，具有信息性、秘密性、价值性、使用性、保密性等法律特征，只有同时具备这些法律特征的信息才是商业秘密。

6.3 合同效力

6.3.1 合同效力的法律规定

1. 合同效力的含义

合同效力是指依法成立的合同对当事人具有法律约束力。合同效力不仅表现为对当事人的约束，而且在合同有效的前提下，当事人可以通过一定的手段（如司法途径）实现合同目的。依法成立的合同对当事人具有法律约束力，当事人应当按照约定履行自己的义务，不得擅自变更或者解除合同。依法成立的合同受法律保护。

2. 合同的生效

合同生效是指已经成立的合同在当事人之间产生了一定的法律效力。合同成立后，必须具备相应的法律条件才能生效。合同生效应当具备下列条件：

1）当事人具有相应的民事权利和民事行为能力，即合同的主体资格合格。主体的种类不同，其相应的民事权利能力和民事行为能力也不相同。

2）意思表示真实。意思表示是指行为人追求一定法律后果的意志在外界的表现。意思表示真实是指行为人的意思表示真实地反映其内心的效果意思。

3）不违反法律或者社会公共利益。不违反法律的含义主要是指不违反法律、行政法规的强制性规定；不违反社会公共利益的含义则是指合同的订立与履行不得违反公共道德和公序良俗。

4）具备法律、行政法规规定的合同生效所必须具备的形式要件。

3. 合同的成立

合同的成立是指当事人就合同的标的、数量、质量、价款或者报酬等主要条款达成一致的意思表示。合同成立与合同生效是两个不同的概念，合同成立并不等于合同生效。合同成立是合同生效的前提。已经成立的合同如果不符合法律规定的生效要件，仍不能产生法律效力。合同的效力体现了国家对当事人已经订立的合同的评价。这种评价若是肯定的，即合同能够发生法律效力；这种评价若是否定的，即合同不能发生法律效力。据此可以说，合同的成立主要体现了当事人的意志，体现了自愿订立合同的原则，而合同效力制度则体现了国家对合同关系的肯定或否定的评价,反映了国家对合同关系的干预。

4. 生效合同与合同成立的关系

生效合同的法律效力就是强调合同对当事人的约束力。合同的这种法律效力发生的时间,就是合同生效的时间。对于那些依法成立且符合法律生效要件的合同来说,一旦成立即产生法律约束力。这种情形表现为合同的成立与生效在时间上的同一性。但是对于那些需要履行批准、登记手续方能生效的合同以及附条件和附期限的合同,合同的成立与生效有一定的时间间隔,表现为合同的成立与生效在时间上的不同一性,合同的成立和生效在时间上不尽一致。例如,法律、行政法规规定应当办理批准、登记等手续生效的,在办理了相应的批准、登记手续后生效。当事人对合同的效力可以约定附条件和附期限。对附生效条件的合同,自条件成熟时生效;对附解除条件的合同,自条件成熟时失效;对附生效期限的合同,自期限届至时生效;附终止期限的合同,自期限届满时失效。

6.3.2 有效合同

有效合同指依法成立并符合合同生效条件的合同。合同的生效要件就是指已经成立的合同产生法律效力所应当具备的条件,是判断合同是否具有法律约束力的标准。

6.3.3 无效合同

1. 无效合同的概念

无效合同相对于有效合同而言,是指当事人违反法律法规的强制性规定,损害国家、社会公共利益而订立,不具有法律效力的合同。无效合同从订立之时起就不具有法律效力。需要指出的是,无效合同对当事人没有法律约束力,只是意味着当事人不能实现合同的目的,而并不是指无效合同不发生任何法律后果。无效合同具有下列法律特征:

1)违法性,违反了法律和行政法规的强制性规定和社会公共利益的合同。
2)自始无效,即从订立之时就不具有法律约束力,无效合同的无效是绝对的。

2. 无效合同的表现形态

有下列情形之一的,合同无效:
1)一方以欺诈、胁迫的手段订立合同,损害国家利益。
2)恶意串通,损害国家、集体或者第三人利益。
3)以合法形式掩盖非法目的。
4)损害社会公共利益。
5)违反法律、行政法规的强制性规定。

3. 无效合同的免责条款

无效合同自始至终是无效的,即一般不承担法律责任,但无效合同中的下列条款免责无效:

1）造成对方人身伤害的。
2）因故意或者重大过失造成对方财产损失的。

4. 无效合同的法律后果

无效合同的确认权归人民法院或者仲裁机构，合同当事人或者其他任何机构均无权认定合同无效。合同被确认为无效后，履行中的合同应当终止履行，尚未履行的合同不得继续履行。由此所产生的财产应当按以下方式依法处理：

1）返还财产或者作价补偿。
2）赔偿损失。

6.3.4 效力待定合同

1. 效力待定合同的概念

效力待定合同是指合同虽然已经成立，但并不完全符合有关合同生效要件的规定，因此其能否生效尚未确定，一般须经追认后才能生效的合同。

2. 效力待定合同的种类

（1）限制民事行为能力的人订立的合同 根据我国《民法典》的规定，8周岁以上的未成年人和不能辨认自己行为的精神病人为限制民事行为能力的人。他们可以独立实施纯获利益的民事法律行为或者与其年龄、智力和精神健康状况相适应的民事法律行为。对于限制民事行为能力的人订立的合同，除与其年龄、智力和精神健康状况相适应而订立的合同或者纯获利益的合同，不必经法定代理人追认外，其他合同须经其法定代理人事先同意或者事后追认方为有效。所谓追认是指法定代理人明确无误地表示同意限制民事行为能力人与他人订立的合同。这种同意是一种单方意思表示，无须合同相对人同意即可发生效力。相对人可以催告法定代理人在一个月内予以追认。法定代理人未做意思表示的，视为拒绝追认。

（2）行为人无代理权而订立的合同 行为人无代理权而订立的合同是指行为人没有代理权、超越代理权或者代理权终止后，以被代理人名义订立的合同。为了保护相对人的正当权益，并使合同效力和交易关系尽快确定下来，这类合同未经被代理人追认，对被代理人不发生效力，由行为人承担责任。同时，合同法也赋予了相对催告权和撤销权。相对人可以催告被代理人在30日内予以追认。被代理人未做表示的，视为拒绝追认。被代理人的追认必须以明示的、积极的方式做出。合同被追认之前，善意相对人有撤销的权利。在被代理人追认之后，善意相对人不再享有撤销权。

（3）表见代理人订立的合同 表见代理是指客观上存在使相对人相信无权代理人的行为是有权代理的情况或理由，且相对人主观上为善意的代理活动。表见代理的情形包括：

1）被代理人对第三人表示已将代理权授予他人，而实际未授权。
2）被代理人明知无权代理人表示为他的代理人而不反对的。
3）被代理人将某种有代理权的证明文件如盖有法人印章的空白介绍信、合同文本等交由代理人后,再与第三人进行代理活动。

4)代理关系终止后未履行告之义务使第三人相信代理人继续享有代理权而与之进行的代理行为。

(4) **法定代表人、负责人越权订立的合同** 法人或者其他组织的法定代表人、负责人超越权限订立的合同,除相对人知道或者应当知道其超越权限的以外,该代表行为有效。简单地说,法定代表人、负责人依法享有相应的权利订立的合同是有效的;但是,相对人知道或者应当知道法定代表人、负责人超越权限而代理的,该代理行为无效;对合同当事人违反国家限制经营、特许经营以及法律、行政法规禁止经营等规定,而实施代理的,该行为也无效。

(5) **没有处分权的行为人订立的合同** 对财产的处分包括法律上的处分和事实上的处分,前者如出卖、赠与,后者如抛弃。通过订立合同处分财产属于一种法律上的处分。在一般情况下,没有处分权的行为人处分他人的财产订立的合同是无效的,在特定情况下,行为人可以根据法律的规定取得处分权。例如,抵押权人、质押权人、留置权人根据法律规定在特定条件下有处分抵押物、质押物、留置物的权利。无处分权的人处分他人财产,经权利人追认或者无处分权的人订立合同后取得处分权的,该合同有效。

6.3.5 可撤销与可变更合同

1. 可变更或可撤销合同

可变更或可撤销合同是指欠缺生效条件,但一方当事人可依照自己的意思使合同的内容变更或合同的效力归于消灭的合同。合同当事人只具有合同可变更或可撤销的主张权,在合同发生争议后,通过当事人提出合同变更或撤销的请求时,人民法院或者仲裁机构确认无误后,合同才能被允许可变更或可撤销。

2. 导致合同可变更或可撤销的原因

导致合同可变更或可撤销的法定原因包括:

1)因重大误解订立的合同。

2)在订立合同时显失公平的合同。

3)一方以欺诈、胁迫手段或者乘人之危,使对方在违背真实意思的情况下订立的合同。

在上述三种情形下订立的合同,因违背了意思表示真实的要求,所以,法律赋予当事人享有请求人民法院或者仲裁机构变更或撤销合同的权利。对合同是变更还是撤销,由享有撤销权的当事人自由选择。当事人请求变更的,人民法院或者仲裁机构不得撤销。

3. 撤销权的消灭

可撤销的合同在被撤销之前是有效合同,但是由于存在可撤销的因素,所以可撤销合同的效力并不是处于十分确定的状态。为了稳定当事人之间的合同关系,保护另一方当事人的利益，法律规定了撤销权消灭制度。自撤销权消灭之时起，可撤销合同的效力转入一种确定的状态，即为确定有效的合同，享有撤销权的一方当事人无权再请求人民法院或者仲裁机构撤销合同。因此，有下列情形之一的，撤销权消灭：

1）具有撤销权的当事人自知道或者应当知道撤销事由之日起1年内没有行使撤销权的。

2）具有撤销权的当事人知道撤销事由后明确表示或者以自己的行为放弃撤销权的。

6.3.6　当事人合并或者分立后的合同效力规定

在现代市场经济活动中，由于资产的优化重组，通过合并或者分立进而产生了新的法人组织。为遏止假借合同分立名义规避债务行为的，《民法典》规定，法人合并的，其权利和义务由合并后的法人享有和承担。法人分立的，除债权人和债务人另有约定以外，其权利和义务由分立后法人享有连带债权，承担连带债务。

6.4　合同履行、变更、转让与终止

6.4.1　合同的履行

1. 合同履行的概念和意义

合同的履行是指合同依法成立后，当事人双方按照合同约定的标的、质量、数量、价款或者报酬、履行期限、履行地点、履行方式等内容，全面地完成各自承担的义务，从而使合同的权利义务得到全部实现的过程。合同的履行以合同的有效为前提和基础，是依法成立的合同必然发生的法律效果。合同的履行是核心，合同的订立、担保、变更以及违约责任等的规定无一不是围绕合同履行这个核心的。

2. 合同履行的原则

当事人应当按照约定全面履行自己的义务，当事人应当遵循诚信原则，根据合同的性质、目的和交易习惯履行通知、协助、保密等义务。合同履行时应当做到以下几点：

1）全面、适当履行遵守约定原则。全面、适当履行是指合同当事人按照合同约定全面履行自己的义务，也就是遵守约定。全面、适当履行是合同履行的一项最根本的要求。适当履行就是指合同当事人按照合同约定的履行主体、标的、时间、地点以及方式等均须适当，完全符合合同约定要求；全面履行要求合同当事人按照合同所约定的各项条款，全面、完整地履行合同义务。适当履行侧重于债务履行的质，全面履行则侧重于合同履行的量。如果当事人不全面履行合同，将构成违约行为，应依法追究违约方的违约责任。正是从这个意义上讲，全面、适当履行是判断合同是否违约的标准，是衡量合同履行程度和违约责任的尺度。

2）遵循诚信原则。诚信原则是我国《民法典》的基本原则，它贯穿于合同谈判与履行

的全过程。遵循诚信原则又可称为协作履行原则，当事人双方应当在团结协作、互惠互利、双边多赢的基础上共同完成合同规定的各项义务。

3）公平合理。合同当事人应当公平合理地确定双方的权利和义务。在合同订立和履行过程中，合同当事人应当正确行使权利和履行义务，兼顾、均衡他人利益，以实现合同订立的目的。

3. 合同履行过程中，合同条款空缺（条款约定有缺陷）的处理规定

当事人订立的合同条款应当明确、具体，以便于合同的全面适当履行。但由于合同订立的当事人因欠缺法律知识或者对事物的认知程度不够，使合同的某些条款约定不明确，导致合同难以正确履行，这种现象就是合同条款空缺的表现。为了维护当事人的正当权益，法律规定在合同履行的过程中，允许对有条款空缺（条款约定有缺陷）的约定采取协议补充，以便实现合同交易的目的。协议补充是指合同当事人对没有约定或者约定不明确的条款，可以通过协商一致签订补充协议，使合同继续正确履行。交易习惯是指合同当事人就合同内容没有约定或者约定不明确的条款，又不能通过协商一致达成补充协议的，可以依据合同相似条款或者在合同交易过程中的通行做法予以补充确定，使合同继续正确履行。对既不适用协议补充，又不能按合同有关条款或者交易习惯使合同约定明确的，遵循下列规定：

1）质量要求不明确的，按照国家标准、行业标准履行；没有国家标准、行业标准的，按照通常标准或者符合合同目的的特定标准履行。

2）价款或者报酬不明确的，按照订立合同时履行地的市场价格履行；依法应当执行政府定价或者政府指导价的，按照规定履行。

3）履行地点不明确，给付货币的，在接受货币一方所在地履行；交付不动产的，在不动产所在地履行；其他标的，在履行义务一方所在地履行。

4）履行期限不明确的，债务人可以随时履行，债权人也可以随时要求履行，但应当给对方必要的时间准备。

5）履行方式不明确的，按照有利于实现合同目的的方式履行。

6）履行费用的负担不明确的，由履行义务一方负担。

7）执行政府定价或者政府指导价的，在合同约定的交付期限内政府价格调整时，按照交付时的价格计价。逾期交付标的物的，遇价格上涨时，按照原价格执行；价格下降时，按照新价格执行。逾期提取标的物或者逾期付款的，遇价格上涨时，按照新价格执行；价格下降时，按照原价格执行。

4. 合同履行过程中的抗辩权

抗辩权是指在双务合同中的履行中，当事人都应当履行自己的债务，一方不履行或者有可能不履行时，另一方可以据此拒绝对方的履行要求。根据抗辩权实施的先后顺序可分为：同时履行抗辩权、后履行抗辩权、先履行抗辩权。

（1）同时履行抗辩权　在没有规定履行顺序的双务合同中，对互负债务的当事人，应当同时履行。同时履行抗辩权的表现形式：一方在对方履行之前有权拒绝其履行要求；一方在对方履行债务不符合约定时，有权拒绝其相应的履行要求。例如，在建设工程施工合同履行的过程中，建设单位不按约定支付工程进度款的，施工单位在条件成就的情况下可以停止施工，由此产生的后果由建设单位承担。同时履行抗辩权的适用条件如下：

1）由同一双务合同产生互负的对价给付之债。
2）合同中没有规定的履行顺序。
3）对方当事人没有履行债务或者没有正确履行债务的。
4）对方的对价给付是可能履行的义务，否则当事人可依照法律规定解除合同。

（2）后履行抗辩权　当事人互负债务，有先后履行顺序，先履行的一方未履行时，后履行一方有权拒绝其履行要求；应当先履行的一方履行债务不符合约定的，后履行一方有权拒绝其相应的履行要求。例如，建筑钢材供应合同约定材料供应商所供应的钢材货到验收合格后24h内付款结算，但由于该批钢材验收不合格，那么采购方就有权拒绝付款。

（3）先履行抗辩权（不安抗辩权）　先履行抗辩权是指合同中约定了履行顺序，合同成立后发生了应当后履行一方出现财务状况严重恶化的情况，应当先履行合同一方在对方未履行或者提供担保前有权拒绝履行。应当先履行合同的一方当事人有确切证据证明对方有下列情形之一的，可以中止履行合同：

1）经营状况严重恶化。
2）转移财产、抽逃资金，以逃避债务。
3）丧失商业信誉。
4）有丧失或者可能丧失履行债务能力的其他情形。

当事人依法中止履行合同的，应当及时通知对方；对方提供适当担保的，应当恢复履行；中止履行后，对方在合理期限内未恢复履行能力且未提供适当担保的，中止履行的一方可以解除合同；但先履行合同一方的当事人没有确切证据而中止履行合同的，应当承担违约责任。

5. 合同不适当履行的处理规定

在高度发达的市场经济活动中，时常会因为债权人的分立或合并等情况的变化致使债务人无法正常履行义务；债务人根据需要也可能提前或部分履行合同义务。这些因素的变化都会使合同当事人不可能全面适当的履行合同。因此，债权人分立、合并或变更住所没有通知债务人的，致使履行债务发生困难的，债务人可以中止履行或者将标的物提存；对提前或者部分履行合同义务的，债权人可以拒绝债务人提前履行债务，但债务人因提前履行债务给债权人增加的费用，则由债务人负担。

6. 合同保全

合同保全是指债权人依据法律规定，在债务人不当处分其权利或财产，危及其债权的实现时，可以制止债务人或者第三人的行为而保障自己债权实现的法律措施。合同保全分为两种：债权人的代位权和撤销权。

（1）债权人的代位权　债权人的代位权是指债权人为了保障其债权不受到债务人的损害，可以向人民法院请求以自己的名义代位债务人行使债权的权利。所以，因债务人怠于行使其到期债权，对债权人造成损害的，债权人可以向人民法院请求以自己的名义代位行使债务人的债权，但该债权专属于债务人自身的除外。代位权的行使范围以债权人的债权为限。债权人行使代位权的必要费用，由债务人负担。债权人行使代位权应该具备的法定条件包括：

1）债务人怠于行使其债权。
2）债务人怠于行使其权利的行为对债权人造成危害。
3）债权人有保全债权的必要。

（2）债权人的撤销权　债权人的撤销权是指债权人为保障合同中约定的合法权益，对因债务人有危害其债权实现的不当行为发生时，有请求人民法院予以撤销的权利。因债务人放弃其到期债权或者无偿转让财产，对债权人造成损害的，债权人可以请求人民法院撤销债务人的行为。债务人以明显不合理的低价转让财产，对债权人造成损害，并且受让人知道该情形的，债权人也可以请求人民法院撤销债务人的行为。撤销权的行使范围以债权人的债权为限。债权人行使撤销权的必要费用，由债务人负担。撤销权自债权人知道或者应当知道撤销事由之日起1年内行使。自债务人的行为发生之日起5年内没有行使撤销权的，该撤销权消灭。债权人行使撤销权的除斥期间是指法律规定债权人撤销权存续的合理期限。这个规定一方面赋予并保证债权人正当的撤销权不受到侵害，另一方面限制其行使的时间，促进交易的正常进行，以实现各方当事人多赢或双赢的合同目的。

6.4.2 合同的变更、转让与终止

1. 合同变更

合同的变更有广义和狭义之分。广义的合同变更包括合同内容的变更和合同主体的变更两种情形，前者是指不改变合同的当事人，仅变更合同的内容；后者是指合同的内容保持不变，仅变更合同的主体，又称为合同的转让。狭义的合同变更是指依法成立的合同进行补充或修改。本书中合同的变更界定为狭义的合同变更，即合同内容的变更。当事人对合同变更的内容约定不明确的，推定为未变更。合同变更的目的是通过对原合同的修改，保障合同更好地履行和一定目的的实现。当事人变更合同，必须具备以下条件：

1）当事人之间本来存在着有效的合同关系。
2）合同的变更应当根据法律的规定或者当事人的约定。
3）必须有合同内容的变化。
4）合同的变更应采取适当的形式。
5）对合同变更的约定应当明确。

2. 合同转让

合同转让是指当事人一方依法将其合同权利或义务全部或部分地转让给第三人的法律行为。合同转让是在保持原合同内容的前提下仅就合同主体所做的变更，转让前的合同内容与转让后的合同内容具有同一性，合同的转让仅使原合同的权利、义务全部或者部分地从合同一方当事人转让给第三人，导致第三人代替原合同当事人一方而成为合同当事人，或者由第三人加入到合同关系中成为合同当事人。合同转让涉及转让人、受让人和合同另一方当事人的三方利益，通常存在两种法律关系，即原合同当事人之间的关系和转让人与受让人之间的关系。合同的转让根据转让的标的不同，分为合同权利转让、合同义务转移和合同权利、义务的一并转让三种情形。

（1）合同权利转让　债权人可以将合同的权利全部或者部分转让给第三人。合同权利转让又称为债权转让，是指不改变合同的内容，债权人将其享有的合同权利全部或者部分转移给第三人享有的法律行为。根据所转让债权范围的大小不同，合同权利转让有全部转让和部分转让之分。在合同权利全部转让时，债权人将其债权全部转让给第三人，由第三人取代原债权人，成为合同关系中新的债权人。在合同权利部分转让时，受让债权的第三人加入原合同关系，与原有债权人共同享有债权，此时称为多数人之债。尽管债权人在原则上可以将合同的权利全部或部分转让给第三人，但有下列情形之一的除外：

1）根据债权性质不得转让的。
2）按照当事人约定不得转让的。
3）依照法律规定不得转让的。

（2）合同义务转移　合同义务转移是指债务人将其负担的债务全部或者部分转移给第三人负担的法律行为。合同义务转移从受让人的角度讲又称为债务承担。在合同义务转移的法律关系中，将债务转移给第三人的人为让与人，承担所转移的债务的人为受让人。合同义务的转移可能会给债权人造成损害，因此，债务人将合同的义务全部或者部分转移给第三人的，应当经债权人同意，否则合同义务转移失去法律效力。债务人转移义务的，新债务人可以主张原债务人对债权人的抗辩；同时，新债务人应当承担与主债务有关的从债务，但该从债务专属于原债务人自身的除外。法律、行政法规规定转让权利或者转移义务应当办理批准、登记等手续的，应当依照其规定执行。

（3）合同权利、义务一并转让　所谓合同当事人将权利、义务一并转让是指原合同当事人一方将自己在合同中的权利和义务一并转移给第三人，由第三人概括地继受这些债权和债务，又称为债权债务的概括转移。合同当事人将权利、义务一并转让时，必须经对方当事人同意。合同权利、义务一并转让，可分为权利、义务的全部转让和权利、义务的部分转移。合同权利、义务一并转让，可因对方当事人的同意而确定转让人和受让人之间享有债权债务的性质和份额。如果对此没有明确约定，或者约定无效的，则认为转让人与受让人共同享有合同的权利和义务，他们之间是连带关系。在合同权利、义务一并转让中，受让人取得转让人在合同中的地位,成为合同的一方当事人。合同权利、义务一并转让不同于合同权利转让或者合同义务转移,该转让方式通常有两种情形:

1)合同权利、义务约定转让,是指当事人一方与第三人订立合同,并经另一方当事人的同意,将其在合同中的权利、义务一并转移于第三人,由第三人处于自己在合同中的地位,享受权利并承担义务。

2)合同权利、义务的法定转让,是指当法律规定的条件成就时,合同的权利、义务一并转移与第三人的情形。

3. 合同终止

合同终止是指当事人根据合同约定的权利、义务在客观上不复存在,以此使其失去法律约束力。合同权利、义务的终止,不影响合同中结算和清算条款的效力,当事人应当遵循诚实信用原则,根据交易习惯履行通知、协助、保密等义务。符合下列情形之一的,合同的权利义务终止:

1)债务已经履行。
2)合同解除。
3)债务相互抵消。
4)债务人依法将标的物提存。
5)债权人免除债务。
6)债权债务同归于一人。
7)法律规定或者当事人约定终止的其他情形。

4. 合同解除

合同解除是指对已经生效,但尚未履行或者尚未完全履行的合同,经双方当事人协商一致,依法解除合同关系,使其法律效力提前归于消灭的行为。合同解除分为约定解除和法定解除。

(1)约定解除 当事人协商一致,可以解除合同;当事人可以约定一方解除合同的条件,解除合同的条件成就时,解除权人可以解除合同。

(2)法定解除 合同当事人有下列情形之一的,可以依法解除合同关系:

1)因不可抗力致使不能实现合同目的。
2)在履行期限届满之前,当事人一方明确表示或者以自己的行为表明不履行主要债务。
3)当事人一方迟延履行主要债务,经催告后在合理期限内仍未履行的。
4)当事人一方迟延履行债务或者有其他违约行为致使不能实现合同目的的。
5)法律规定的其他情形。

(3)合同解除权行使的期限和方式 法律规定或者当事人约定解除权行使期限,期限届满时当事人不行使的,该权利消灭。法律没有规定或者当事人没有约定解除权行使期限,经对方催告后在合理期限内不行使的,该权利消灭。合同解除应当由有主张解除权的当事人通知对方当事人,自通知到达对方时解除。对方有异议的,可以请求人民法院或者仲裁机构确认解除合同的效力。法律、行政法规规定解除合同应当办理批准、登记等手续的,应当依照其规定执行。

(4)合同解除的法律后果　合同解除后,尚未履行的,终止履行;已经履行的,根据履行情况和合同性质,当事人可以要求恢复原状,采取其他补救措施,并有权要求赔偿损失。

6.5 合同的违约责任

6.5.1 概述

1. 违约责任的概念

违约责任是指当事人不履行合同义务或者履行合同义务不符合约定时,依法应当承担的法律责任。违约责任既是违约行为的法律后果,同时又是合同效力的延伸表现。违约责任不同于行政责任和刑事责任,而是承担民事责任的方式之一,具有下列典型的法律特征:以有效合同为前提;以违反合同义务为条件,即只要违反合同约定,就必须承担相应的民事责任;合同当事人可依法在合同范围内约定违约情况;属于民事赔偿责任,体现了一定的补偿性和惩罚性。

2. 违约责任的构成要件

违约责任的构成要件是指违约责任的成立所必须具备的要件。违约责任的构成要件分一般构成要件与特殊构成要件。其中,特殊构成要件就是具体的违约责任形式所必须具有的条件,而一般构成要件是所有的违约责任都必须具备的要件,包括:

1)当事人有违约行为的发生。

2)当事人实施了违反法律规定的行为,如当事人一方有假借订立合同,恶意进行磋商的;故意隐瞒与订立合同有关的重要事实或者提供虚假情况的;其他违背诚实信用原则的行为以及当事人泄露或者不正当地使用在订立合同过程中所知悉的商业秘密。

3)一方当事人的违约行为给另一方当事人造成了损失。

4)一方当事人的违约行为与另一方当事人的损失之间有因果关系。

5)违反先合同义务的一方在主观上有过错。主观上有过错也就是合同当事人故意或者过失行为表现。

3. 违约行为

违约行为是指合同当事人不履行合同义务或者履行合同义务不符合约定条件行为,即所发生的违约事实,又称为合同债务不履行。这里的合同义务包括当事人在合同中约定的义务、法律直接规定的义务、根据法律原则的要求当事人所必须遵守的义务。违约行为的表现形式多种多样，归纳起来主要有以下几种：

1）按照是否完全违背缔约目的，违约行为可分为根本违约和非根本违约。

2）按照合同是否履行与履行状况，违约行为可分为不履行和不适当履行。不履行是指债务人不能履行或者拒绝履行合同义务；不适当履行是指除不履行外的其他所有违约情形，又称不完全履行。

3）按照是否造成侵权损害，违约行为可分为瑕疵履行和加害履行。瑕疵履行是指因债务人的履行有瑕疵，致使履行本身的价值或效用减少或丧失；加害履行是指债务人的履行不仅有瑕疵，而且该瑕疵还导致债权人的其他权益受到损害。

4）按照迟延履行的主体，违约行为可分为债务人给付迟延履行和债权人受领迟延履行。

4. 违约行为的表现形态

各个国家合同法对违约行为的表现形态的划分都不尽一致。我国合同法对违约行为的表现形态划分为：

（1）预期违约　预期违约也称先期违约，包括明示毁约和默示毁约两种。明示毁约是指在合同履行期到来之前，一方当事人无正当理由而明确、肯定地向另一方表示他将不履行合同。默示毁约是指在履行期到来之前，一方当事人有确凿的证据证明另一方当事人在履行期到来时将不履行或不能履行合同，而另一方又不愿提供必要的履约担保。预期违约表现为未来将不履行合同义务，而不是实际违反合同义务。它所侵害的也不是现实债权，而是履行期届满前的效力不齐备的债权。预期违约的构成要件包括：

1）违约行为必须是在合同有效成立后到合同履行期限届满之前发生。

2）违约行为必须导致合同的目的不能被实现。

（2）实际违约　实际违约是指当事人一方明确表示拒绝履行，以自己的行为表明不履行或者不适当履行合同义务的行为。实际违约的表现形态如下：

1）拒绝履行。债务人对债权人表示不履行合同，这种表示一般为明示的或者默示的。

2）不适当履行。如在履行的数量上不完全；标的物的品种、规格、型号等不符合合同规定；标的物有缺陷；加害给付（所谓加害给付是指履行对债权有积极的侵害，也就是超过履行利益或者于履行利益之外发生的其他损害的违约形态）；履行方式的不完全；违反附随义务的不完全履行等。

（3）债务人迟延履行违约　债务人迟延履行违约是指债务人能够履行，但在履行期限届满时却未履行债务的行为。构成债务人迟延履行的条件如下：

1）存在着有效的债务。

2）能够履行。

3）债务已届履行期限。

4）债务人未履行。

（4）债权人迟延　债权人迟延是指债权人对于已提供的给付义务，未为受领或未为其他给付完成所必要协助的事实。债权人迟延的构成，应当具备以下要件：

1）债务内容的实现以债权人受领或其他协助为必要。

2）债务人依债务本旨提供了履行。

3）债权人受领拒绝或受领不能。

6.5.2　承担违约责任的法律规定

1．承担违约责任的条件

承担违约责任的条件是合同当事人承担违约责任应当具有的要件。承担违约责任的条件归纳起来有两点：

1）主观条件：指合同当事人故意或者过失行为造成违约事实的发生。

2）客观条件：指违反了有效合同条款或者合同条款的有效部分。

2．承担违约责任的原则

（1）严格责任原则　严格责任原则是指当事人一方不履行合同义务或者履行合同义务不符合约定条款时，应当承担继续履行、采取补救措施或者赔偿损失等违约责任的规定。同时，如果当事人一方因第三人的原因造成违约的，还应当向对方承担违约责任。

（2）损益相当原则　损益相当原则是指在承担违约责任大小的确定时，以满足非违约方当事人的实际损失为标准的规定。例如，当事人一方不履行合同义务或者履行合同义务不符合约定，给对方造成损失的，损失赔偿额应当相当于因违约所造成的损失，包括合同履行后可以获得的利益，但不得超过违反合同一方订立合同时所预见到或者应当预见到的因违反合同可能造成的损失。

（3）补偿性原则　补偿性原则是指违约方当事人所承担的违约责任弥补或者补偿因其违约行为所造成的损失的规定。例如，当事人双方约定有违约金条款的，如果一方不履行合同义务或者履行合同义务不符合约定而给对方造成损失的，对约定的违约金低于造成的损失的，就超过的部分当事人可以请求人民法院或者仲裁机构予以增加。

（4）惩罚性原则　惩罚性原则是针对合同中约定定金条款规定的处理规则。例如，对定金担保合同来讲，当事人约定一方向对方给付定金作为债权担保的，如果收受定金的一方不履行约定债务的，那么收受定金的一方就应当向支付定金的一方双倍返还定金。

3．承担违约责任的方式

当事人一方不履行合同义务或者履行合同义务不符合约定的，应当遵循严格责任原则承担继续履行、采取补救措施或者赔偿损失等法律责任。

（1）继续履行　继续履行又称实际履行，是指违约当事人一方无论是否承担了其他哪种形式的违约责任（如采取补救措施、赔偿损失等）都必须根据非违约方当事人的要求，在自己能够履行的情况下，对合同尚未履行的部分继续履行。如对金钱债务而言，当事人一方未支付价款或者报酬的，对方可以要求其支付价款或者报酬；对非金钱债务的情况，如果合同当事人一方不履行非金钱债务或者履行非金钱债务不符合约定的，对方也可以要求履行，但有下列情形之一的除外：

1）法律上或者事实上不能履行。

2）债务的标的不适于强制履行或者履行费用过高。

3）债权人在合理期限内未要求履行。

（2）采取补救措施　采取补救措施是指当事人违反合同的事实发生后，为防止损失继续发生或者扩大，而由违约当事人一方依照法律规定或者合同约定采取修理、更换、重做、退货、减少价款或者报酬、补充数量、特资处置等措施，以给非违约一方当事人弥补或者挽回损失的责任形式。采取补救措施主要用于承担质量不符合约定的违约责任。

（3）赔偿损失　赔偿损失是指当事人一方的违约行为给对方造成财产损失的，违约一方当事人应依法向对方做出经济赔偿。承担赔偿损失责任必须遵循损益相当的原则，也就是损失赔偿额应当相当于因违约所造成的实际损失。如果当事人一方不履行合同义务或者履行合同义务不符合约定的，在履行义务或者采取补救措施后，对方还有其他损失的，也应当赔偿。但是，如果当事人一方违约后，当事人另一方应当采取适当措施防止损失继续扩大；没有采取适当措施致使损失扩大的，不得就扩大的损失要求赔偿。当事人因防止损失扩大而支出的合理费用，则应当由违约当事人一方承担。

（4）支付违约金　支付违约金是指当事人一方违约时，向非违约一方支付一定数额的金钱或者约定因违约产生的损失额的赔偿办法。根据性质不同，违约金可分为惩罚性违约金和赔偿性违约金；根据来源不同，违约金又可分为约定违约金和法定违约金。在合同实务管理的过程中，支付违约金承担违约责任时应当遵循下列原则：

1）约定的违约金低于造成的损失的，当事人可以请求人民法院或者仲裁机构予以增加。

2）约定的违约金过分高于造成的损失的，当事人可以请求人民法院或者仲裁机构予以适当减少。

3）当事人就迟延履行约定违约金的，违约方支付违约金后，还应当履行债务。

4）违约金约定无效的情况：载有违约金条款的合同无效、被撤销、不被追认或不成立；当事人约定违约金与赔偿损失并存，使守约方获取"不当得利"。

（5）定金罚则　定金罚则是指当事人一方向对方给付一定数额的金钱作为债权的担保。定金对于债权的担保作用主要体现为定金罚则，给付定金的一方不履行约定的债务，无权要求返还定金；收受定金的一方不履行约定的债务，应当双倍返还定金。此外，还可采取其他一些补救措施，包括防止损失扩大，暂时中止合同，要求适当履行、解除合同以及行使担保债权等。

6.5.3 违约责任的免除

1. 免责条件

免责条件是指法律明文规定的当事人对其不履行合同不承担违约责任的条件。我国法律规定的免责条件主要包括：

1）不可抗力。因不可抗力不能履行合同的，根据不可抗力的影响程度不同分为部分或者全部免除责任，但法律另有规定的除外。当事人迟延履行后发生不可抗力的，不能免除责任。不可抗力是指不能预见、不能避免也不能克服的客观事实。不可抗力事件分为两大类：自然事件和社会事件，前者如水灾、火灾、地震、疾病流行等，后者如战争、动乱、暴乱、罢工、政府禁令等。

2）货物本身的自然性质、货物的合理损耗。承运人对运输过程中货物的毁损、灭失承担损害赔偿责任，但承运人证明货物的毁损、灭失是因不可抗力、货物本身的自然性质或者合理损耗以及托运人、收货人的过错造成的，不承担损害赔偿责任。

3）债权人的过错，如货物本身的自然性质、货物的合理损耗。寄存人交付的保管物有瑕疵或者按照保管物的性质需要采取特殊保管措施的，寄存人应当将有关情况告知保管人。寄存人未告知，致使保管物受损失的，保管人不承担损害赔偿责任；保管人因此受损失的，除保管人知道或者应当知道并且未采取补救措施的以外，寄存人应当承担损害赔偿责任。

2. 免责条款

（1）免责条款的概念 免责条款是指当事人以协议排除或限制其未来责任的合同条款。免责条款是合同的组成部分，是一种合同条款。免责条款的提出必须是明示的，不允许以默示方式做出，也不允许法官推定免责条款的存在。

（2）免责条款的有效与无效

基于现行法律、风险分配理论可以确定免责条款的有效或者无效。免责条款应以意思表示为要素，以排除或限制当事人的未来责任为目的，因而属于一种民事行为，应遵守相关法律有关条款的规定。合同免责条款无效是指当事人以协议排除或限制其未来责任的合同条款不具有法律效力。合同免责条款无效的表现形式主要包括：

1）被认定为合同无效条款的，如造成对方人身伤害的、因故意或者重大过失造成对方财产损失的。

2）提供格式条款一方所免除的责任加重对方责任并排除对方主要权利的。

3）当事人迟延履行合同义务后所发生不可抗力事件的。

4）合同当事人违反因假借订立合同，恶意进行磋商。

5）故意隐瞒与订立合同有关的重要事实或者提供虚假情况。

6）有其他违背诚实信用原则所订立的合同义务。

第6章 建设工程合同法律基础

小　结

本章介绍了合同的订立、效力、履行以及合同的违约责任。简要地阐述了建设工程合同的相关法律制度、管理制度；重点向读者介绍了合同谈判、签约的全过程即合同三阶段谈判包括要约、承诺。从国家执业资格考试的角度，向读者介绍把与合同相关的法律制度、与合同谈判有关的概念，为读者奠定今后继续学习的基础。

思考题

6-1　合同具有哪些法律特征？合同的类别有哪些？

6-2　什么是民事法律关系？它由哪些要素构成？

6-3　什么是缔约过失责任？

6-4　如何区分有效合同、效力待定合同、可撤销合同、无效合同？

6-5　违约责任的构成要件是什么？承担违约责任的方式是什么？如何免除违约责任？

6-6　合同纠纷的处理方式是什么？合同纠纷的防范措施有哪些？

建设工程委托监理合同

学习目标：

通过学习建设工程委托监理合同基本知识，了解建筑工程委托监理合同基本格式，掌握建设工程委托监理合同的订立，理解建设工程委托监理合同的履行。

关键词：

委托监理合同　委托监理合同示范文本　监理工作

7.1 建设工程委托监理合同相关知识

7.1.1 概述

建设工程实行监理的，发包人应当与监理人采用书面形式订立委托监理合同。业主与监理单位签订的委托监理合同，与其在工程建设实施阶段所签订的其他合同相比，最大区别表现在标的性质上。勘察设计合同、施工合同的标的是智力成果或物质成果，而监理合同的标的是服务，即监理工程师凭据自己的知识、经验、技能，受业主委托为其所签订的其他合同履行实施监督和管理的职责。

但是，随着国家推行政府"放、管、服"的新型政府服务体制，工程监理服务的范围不仅局限在传统意义上的施工阶段监理服务，将会通过一定途径拉长、拉大监理服务的产业链，大力推行监理企业服务前端平移，推行全过程咨询服务。相比之下，"质量、进度、成本"三控制、"合同、信息"两管理、一协调延伸到了"质量、进度、成本"三控制、"合同、信息、安全"三管理、一协调，加大了监理行为责任分量。

由于监理合同的特殊性，作为监理单位接受业主委托，对业主所签订的设计、施工、承揽等合同的履行实施监理，其目的仅限于通过自己的服务活动获得酬金，而不同于建设工程合同的其他责任主体，通过自己的技术、管理等手段获取利润。但是，由于监理工程师的严格管理或者采纳了监理工程师的合理化建议，在保证质量的前提下节约了工程投资，缩短了工期，业主应当按监理合同中的约定给予监理单位所提供的优质服务以奖励。

7.1.2 建设工程委托监理合同示范文本

《建设工程委托监理合同（示范文本）》由建设工程委托监理合同、建设工程委托监理合同标准条件、建设工程委托监理合同专用条件组成。

1. 建设工程委托监理合同

建设工程委托监理合同是一个总的协议，是纲领性的法律文件。它明确了当事人双方确定的委托监理工程的概况（工程名称、地点、工程规模、总投资）；委托人向监理人支付报酬的期限和方式；合同签订、生效、完成时间；双方愿意履行约定的各项义务。建设工程委托监理合同是一份标准的格式文件，经当事人双方在有限的空格内填写具体规定的内容并签字盖章后，即发生法律效力。对委托人和监理人有约束力的合同文件如下：

1）合同协议书。
2）监理委托函或中标函。
3）建设工程委托监理合同标准条件。
4）建设工程委托监理合同专用条件。
5）在实施过程中双方共同签署的补充与修正文件。

2. 建设工程委托监理合同标准条件

建设工程委托监理合同标准条件的内容包括合同中所用词语定义，适用范围和法规，签约双方的责任、权利和义务，合同生效变更与终止，监理报酬，争议的解决以及其他一些情况。它是委托监理合同的通用文件，适用于各类建设工程项目监理。

3. 建设工程委托监理合同专用条件

建设工程委托监理合同专用条件包括以下几个方面：

1）合同内所涉及的词语定义和遵循的法规。
2）监理单位和业主双方各自的责任、权利、义务。
3）对合同生效、变更与终止的规定。
4）监理酬金的计取和支付方法。
5）争议的解决方式。
6）其他方面的规定。

7.2 建设工程委托监理合同的订立

监理委托合同的订立，意味着委托关系的形成，委托方与被委托方的关系都将受到合同的约束。因而合同必须由双方法定代表人或经其授权的代表订立并监督执行。在合同订立过程中,应检验代表对方签字人的授权委托书,避免合同失效或不必要的合同纠纷。不可忽视来往函件。在合同洽商过程中,双方通常会用一些函件来确认某些口头协议或书面交往文件,后者构成招标文件和投标文件的组成部分。为了确认合同责任以及明确双方对项目的有关理解和意图以免产生分歧,订立合同时双方达成一致的部分应写入合同附录或专用条款内。

订立委托监理合同时双方承担义务和责任的协议,也是双方合作和相互理解的基础,一旦出现争议,这些文件就是保护双方权利的支撑依据。因此,在签订委托监理合同时应当做到文字简洁、措辞严谨,以保证意思表达准确。

7.3 建设工程委托监理合同的履行

7.3.1 监理合同的履行期限、地点和方式

订立监理合同时约定的履行期限、地点和方式是指合同中规定的当事人履行自己的义务完成工作的时间、地点以及酬金结算。在签订建设工程委托监理合同时,双方必须商定监理期限,标明监理服务时间。合同中注明的监理工作开始实施和完成日期是根据工程情况估算的时间,合同约定的监理酬金是根据这个时间估算的。如果委托人根据实际需要增加委托工作范围或内容,导致监理服务需要延长合同期限的,双方可以通过协商,另行签订补充协议。监理酬金支付方式也必须明确:首期支付多少;是每月等额支付,还是根据工程形象进度支付;支付货币的币种等。

7.3.2 监理人应完成的监理工作

虽然监理合同的专用条款内注明了委托监理工作的范围和内容,但从工作性质而言属于正常的监理工作。作为监理人必须履行的合同义务,除了正常监理工作之外,还应包括附加监理工作和额外监理工作。这两类工作就属于订立合同时未能或不能合理预见,而合同履行过程中有必须由监理人完成的工作。

1. 附加工作

附加工作是指与完成正常工作相关,在委托正常监理工作范围以外监理人应完成的工作,它可能包括由于委托人、第三方原因,使监理工作受到阻碍或延误,以致增加了工作量或延长监理服务时间的;增加监理工作的范围和内容等。如由于委托人或承包人的原因,承包合同不能按期竣工而必须延长监理工作时间的;又如委托人要求监理人就施工中采用新工艺施工部分编制质量检测合格标准等都属于附加监理工作。

第7章 建设工程委托监理合同

2. 额外工作

额外工作是指正常工作和附加工作以外的工作，即非监理人自己的原因暂停或终止监理业务，其善后工作及恢复监理业务前不超过 42 天的准备工作时间。如合同履行过程中发生不可抗力，承包人的施工活动被迫中断，监理工程师应完成的灾害发生前承包人已完成工程的合格和不合格部分、指示承包人采取应急措施等，以及灾害消失后恢复施工前必要的监理准备工作。

由于附加工作和额外工作是委托正常工作之外要求监理人必须履行的义务，因此委托人在其完成工作后应另行支付附加监理工作酬金和额外监理工作酬金，但酬金的计算办法应在专用条款内予以约定。

7.3.3 双方的义务

1. 委托人义务

委托人应负责建设工程的所有外部关系的协调工作，满足开展监理工作所需提供的外部条件；与监理人做好协调工作，委托人要授权一位熟悉建设工程情况、能迅速做出决定的常驻代表负责与监理人联系，更换此人要提前通知监理人；为了不耽搁服务，委托人应在合理的时间内就监理人以书面形式提交并要求做出决定的一切事宜做出书面决定；为监理人顺利履行合同义务，做好协助工作，协助工作包括以下几方面内容：

1）将授予监理人的监理权利、监理人监理机构主要成员的职能分工、监理权限及时书面通知已选定的第三方，并在第三方签订的合同中予以明确。

2）在双方议定的时间内，免费向监理人提供与工程有关的监理服务所需要的工程资料。

3）为监理人驻工地监理机构开展正常工作提供协助服务，服务内容包括信息服务、物质服务和人员服务三个方面。监理人应与这些提供服务人员密切合作，但不对他们的失职行为负责。如委托人选定某一科研机构的实验室负责对材料和工艺质量的检测试验，并与其签订委托合同。试验机构的人员应接受监理工程师的指示完成相应的试验工作，但监理人既不对检测试验数据的错误负责，也不对由此而导致的判断失误负责。

2. 监理人义务

监理人在履行合同的义务期间，应当提供严格监理、热情服务，公正地维护有关方面的合法权益。当委托人发现监理人员不按监理合同履行监理职责，或与承包人串通给委托人或工程造成损失的，委托人有权要求监理人更换监理人员，直到终止合同并要求监理人承担相应的赔偿责任或连带赔偿责任，具体的义务如下：

1）在合同履行期间应按合同约定派驻足够的监理人员从事监理工作（可以分阶段派驻）。开始执行监理业务前，向委托人报送派往该工程项目的总监理工程师及该项目监理机构的人员情况。合同履行过程中如果需要调换总监理工程师，必须首先经过委托人同意，并派出具有相应资质和能力的人员接替前任总监理工程师工作。

2）在合同期内或合同终止后，未征得有关方同意，不得泄露与本工程、合同业务有关的保密资料。

3）任何由委托人提供的供监理人使用的设施和物品都属于委托人的财产，监理工作完成或中止时，应将设施和剩余物品归还委托人。

4）未经委托人书面同意，监理人及其职员不应接受委托监理合同约定以外的与监理工程有关的报酬，以保证监理行为的公正性。

5）监理人不得参与合同规定的与委托人利益相冲突的任何活动；在监理过程中，不得泄露委托人申明的秘密，也不得泄露设计、承包等单位申明的秘密。

6）负责合同的协调管理工作。在委托工程范围内，委托人或承包人对对方的任何意见和要求（包括索赔要求），均必须首先向监理机构提出，由监理机构研究提出处置意见后，再同双方协商确定。

7.3.4 违约责任

1. 违约赔偿

合同履行过程中，由于当事人一方的过错，造成合同不能履行或者不能完全履行，由有过错的一方承担违约责任；如属双方的过错，根据实际情况，由双方分别承担各自的违约责任。为保证监理合同规定的各项权利义务的顺利实现，在《建设工程委托监理合同（示范文本）》中，制定了约束双方行为的条款，如委托人责任、监理人责任。这些规定归纳起来有如下几点。

1）在合同责任期内，如果监理人未按合同中要求的职责勤恳认真地服务，或委托人违背了他对监理人的责任时，均应向对方承担赔偿责任。

2）任何一方对另一方负有责任时的赔偿原则如下：

①委托人违约应承担违约责任，赔偿监理人的经济损失。

②因监理人过失造成经济损失，应向委托人进行赔偿，累计赔偿额不应超出监理酬金总额（除去税金）。

③当一方向另一方的索赔要求不成立时，提出索赔的一方应补偿由此所导致的对方各种费用支出。

2. 监理人的责任限度

由于建设工程监理是以监理人向委托人提供技术服务为特性，在服务过程中，监理人主要凭借自身知识、技术和管理经验，向委托人提供咨询、服务，替委托人管理工程。同时，在工程项目的建设过程中，会受到多方面因素限制，鉴于上述情况，在责任方面作了如下规定：监理人在责任期内如果因过失而造成经济损失，要负监理失职的责任；监理人不对责任期以外发生的任何事情所引起的损失或损害负责，也不对第三方违反合同规定的质量要求和完工（交图、交货）时限承担责任。

7.3.5 监理合同的酬金

1. 正常监理工作的酬金

正常监理工作的酬金是监理单位在工程项目监理中所需的全部成本，以及合理的利润和税金。具体应包括如下内容：

（1）直接成本　直接成本由下列因素构成如下：

1) 监理人员和监理辅助人员的工资，包括津贴、附加工资、奖金等。

2) 用于该项工程监理人员的其他专项开支，包括差旅费、补助费等。

3) 监理期间使用与监理工作相关的计算机和其他检测仪器、设备的摊销费用；所需的其他外部协作费用。

（2）间接成本　间接成本包括全部业务经营开支和非工程项目的特定开支，具体如下：

1) 管理人员、行政人员、后勤服务人员的工资。

2) 经营业务费，包括为招揽业务而支出的广告费等。

3) 办公费，包括文具、纸张、账表、报刊费用等。

4) 交通费、差旅费、办公设施费（公司使用的水、电、气、环卫、治安等费用）。

5) 固定资产及常用工器具、设备的使用费。

6) 业务培训费、图书资料购置费。

7) 其他行政活动经费。

我国现行的监理计算方法主要有 4 种：

1) 按照监理工程概预算的百分比计收。

2) 按照参与监理工作的年度平均人数计算。

3) 不宜按 1)、2) 两项办法计收的，由委托人和监理人按商定的其他方法计收。

4) 中外合资、合作、外商独资的建设工程，工程建设监理收费双方参照国际标准协商确定。

上述 4 种取费方法中，第 3)、4) 种的具体适用范围，已有明确的界定，第 1)、2) 两种的适用范围，按照我国目前情况，有如下规定：

第 1) 种方法比较简便、科学，在国际上也常用，一般情况下适用于新建、改建、扩建工程的监理服务方式。

第 2) 种方法主要适用于单工种或临时性或不宜按工程概预算的百分比收取监理费的监理项目。

2. 附加监理工作的酬金

1) 非监理人原因导致监理服务期限延长的监理服务费根据下列方式计算：

$$延期监理服务费 = 暂定总监理费 / 总的监理服务期限 \times 延期日历天 \qquad (7-1)$$

2) 增加监理工作内容的补偿酬金，增加监理工作的范围或内容属于监理合同的变更，双方应另行签订补充协议，并具体商定报酬额或报酬的计算方法。

3) 额外监理工作的酬金，额外监理工作酬金按实际增加工作的天数计算补偿金额，可参照式（7-1）计算。

4）奖金，监理人在监理过程中提出的合理化建议使委托人得到了经济效益，有权按专用条款的约定获得工作绩效奖励。奖金按下式计算：

$$奖励金额 = 工程费用节省额 \times 报酬比率 \qquad (7-2)$$

5）支付。

①在监理合同实施中，监理酬金支付方式可以根据工程的具体情况双方协商确定。一般采取首期支付多少，以后每月（季）等额支付，工程竣工验收后结算尾款。

②支付过程中，如果委托人对监理人提交的支付通知书中酬金或部分酬金项目提出异议，应在收到支付通知书24h内向监理人发出表示异议的通知，但不得拖延其他无异议酬金项目支付。

③当委托人在议定的支付期限内未予支付的，自规定之日起向监理人补偿应支付酬金的利息。利息按规定支付期限最后1日银行贷款利息率乘以拖欠酬金的时间计算。

7.3.6 协调双方关系条款

委托监理合同中对合同履行期间甲乙双方的有关联系、工作程序都做了严格周密的规定，便于双方协调有序地履行合同，主要内容如下。

1. 合同的生效、变更与终止

（1）生效　自合同签字之日起生效。

（2）开始和完成　以专用条款中载明的监理准备工作开始和完成时间为准。如果合同履行过程中双方商定延期时间时，完成时间相应顺延。自合同生效时起至合同完成之间的时间为合同的有效期。

（3）变更　任何一方申请并经双方书面同意时，可对合同进行变更。如果委托人要求，监理人可提出更改监理工作的建议，这类建议的工作和移交应看作一次附加的工作。建设工程中难免出现许多不可预见的事项，因而经常会出现要求修改或变更合同条件的情况。如改变工作服务范围、工作深度、工作进程等，特别是当出现需要改变服务范围和费用问题时，监理单位应该坚持要求修改合同，口头协议或者临时性交换函件等都是不可取的。在实际履行中，可以采取正式文件、信件协议或委托单等几种方式对合同进行修改，如果变动范围太大，也可以重新制定一个合同取代原有合同。

（4）延误　如果由于委托人或第三方的原因使监理工作受到阻碍或延误，以致增加了工程量或持续时间，监理人应将此情况与可能产生的影响及时通知委托人。增加的工作量应视为附加的工作，完成监理业务的时间应相应延长，并得到附加工作酬金。

（5）合同的暂停或终止　合同的暂停或终止情形如下：

1）监理人向委托人办理完竣工验收或工程移交手续，承包人和委托人已签订工程保修合同，监理人收到监理酬金尾款结清监理酬金后，本合同即告终止。

第7章 建设工程委托监理合同

2）当事人一方要求变更或解除合同时，应当在42天内通知对方，因变更或解除合同使一方遭受损失的，除依法可免除责任者外，还应由责任方负责赔偿。

3）变更或解除合同的通知或协议必须采取书面形式，协议未达成之前，原合同仍然有效。

4）如果委托人认为监理人无正当理由而又未履行监理义务时，可向监理人发出指明其未履行义务的通知。若委托人在21天内没收到答复，可在第1个通知发出后35天内发出终止监理合同的通知，合同即行终止。

5）监理人在应当获得监理酬金之日起30天内仍未收到支付单据，而委托人又未对监理人提出任何书面解释，或暂停监理业务期限已超过半年，监理人可向委托人发出终止合同通知。如果14天内未得到委托人答复，可进一步发出终止合同的通知。如果第2份通知发出42天内仍未得到委托人答复，监理人可终止合同，也可自行暂停履行部分或全部监理业务。

2. 争议的解决

因违反或终止合同而引起的对损失或损害的赔偿，委托人与监理人应协商解决。如协商未能达成一致，可提交主管部门协调。如仍不能达成一致时，根据双方约定提交仲裁机构仲裁或向人民法院起诉。

小 结

建设工程委托监理合同简称监理合同，是指委托人与监理人就委托的工程项目管理内容签订的明确双方权利、义务的协议。委托人权利主要有：对其他合同承包人的选定权；委托监理工程重大事项的决定权；对监理人履行合同的监督控制权。委托监理合同中赋予监理人的权利包括：完成监理任务后获得酬金的权利；终止合同的权利。监理人执行监理业务可以行使的权力主要有：建设工程有关事项和工程设计的建议权；对实施项目的质量、工期和费用的监督控制权；建设工程有关协作单位组织协调的主持权；在业务紧急情况下，为工程和人身安全，尽管变更指令已超越了委托人授权而又不能事先得到批准时，也有权发布变更指令，但应尽快通知委托人；审核承包人索赔的权利。

思 考 题

7-1 监理合同示范文本的标准条件与专用条件有何关系？

7-2 监理合同当事人双方都有哪些权利？

7-3 监理合同要求监理人必须完成的工作包括哪几类？

7-4 监理人执行监理业务过程中，发生哪些情况不应由他人承担责任？

第 8 章 建设工程施工合同管理

学习目标：

通过学习建设工程施工合同管理的基本知识，熟悉并掌握相关的施工合同管理制度及与其相关的法律规范。

关键词：

建设工程施工合同　合同订立　合同纠纷处理与防范措施

8.1 建设工程施工合同概述

8.1.1 建设工程施工合同的基本概念

（1）建设工程施工合同　建设工程施工合同即建筑安装工程承包合同是发包人与承包人之间为完成商定的建设工程项目，确定双方权利和义务的协议。在建设领域，习惯于将施工合同的当事人称为发包人和承包人。

（2）发包人　发包人是指具备法人资格的国家机关、事业单位、国有企业、集体企业、私营企业、经济联合体和社会团体，也可以是依法登记的个人合伙、个体经营户或个人，即一切以协议、法院判决或其他合法完备手续取得投资人的资格，承认全部合同条件，能够而且愿意履行合同规定义务（主要是支付工程价款能力）的合同当事人（又称为发包方）。与发包人合并的单位、兼并发包人的单位，购买发包人合同和接受发包人出让的单位和人员（即发包人的合法继承人），均可成为发包人，履行合同规定的义务，享有合同规定的权利。

（3）承包人　承包人是指具备与工程相应资质和法人资格的、被发包人接受的合同当事人及其合法继承人（又称为承包方）。

（4）工程师　工程师是指受发包人委托或者委派对合同进行管理，在施工合同管理中具有重要的作用的负责人。施工合同中的工程师是指监理单位委派的总监理工程师或发包人指定的履行合同的负责人，其具体身份和职责由双方在合同中约定。

（5）项目经理　项目经理是指受施工总承包企业法定代表人的委托，在专用条款中指定的负责施工管理和合同履行的负责人，其姓名、职务、职责范围应该在专用条款中明确。一般情况下，担任该项目的项目经理必须与施工总承包人在投标书中所约定的一致，否则应至少提前7天以书面形式通知发包人，并征得发包人同意。后任项目经理继续行使合同文件约定的前任的职权，履行前任的义务。同时，发包人也可以与承包人协商，建议更换其认为不称职的项目经理。项目经理按发包人认可的施工组织设计（施工方案）和工程师依据合同发出的指令组织施工。在情况紧急且无法与工程师联系时，项目经理应当采取保证人员生命和工程、财产安全的紧急措施，并在采取措施后48h内向工程师送交报告。责任在发包人或第三人，由发包人承担由此发生的追加合同价款，相应顺延工期；责任在承包人，由承包人承担费用，不顺延工期。

（6）语言文字　建设工程施工合同文件均使用汉语语言文字书写、解释和说明。如专用条款约定使用两种以上（含两种）语言文字时，汉语应为解释和说明本合同的标准语言文字。在少数民族地区，双方可以约定使用少数民族语言文字书写、解释和说明本合同。对使用他国语言的，应该以中文译本为准。

（7）图样　图样是指由发包人委托设计单位负责提供，并经过审查合格，工程师审核签认的用于指导承包人进行施工的工程技术文件。发包人应该按专用条款约定的日期和套数，免费向承包人提供图样。如果承包人还需要增加图样套数的，发包人应代为复制，复制费用由承包人承担。发包人对工程有保密要求的，应在专用条款中提出保密要求，保密措施费用由发包人承担，承包人在约定保密期限内履行保密义务。承包人应该在施工现场保留一套加盖有"图样审查合格专用章"标记的图样，供工程师及有关人员进行工程检查时使用。承包人未经发包人同意，不得将本工程图样转给第三人。工程质量保修期满后，除承包人存档需要的图样外，应将全部图样退还给发包人。

（8）适用的标准及规范　双方在专用条款内约定适用国家标准、规范的名称；没有国家标准、规范但有行业标准、规范的，约定适用行业标准、规范的名称；没有国家和行业标准、规范的，约定适用工程所在地地方标准、规范的名称。发包人应按专用条款约定的时间向承包人提供一式两份约定的标准、规范。国内没有相应标准、规范的，由发包人按专用条款约定的时间向承包人提出施工技术要求，承包人按约定的时间和要求提出施工工艺，经发包人认可后执行。发包人要求使用国外标准、规范的，应负责提供中文译本，并承担所发生的购买、翻译标准、规范或制定施工工艺的费用。建设工程施工合同文件适用国家的法律和行政法规。需要明示的法律、行政法规，由双方在专用条款中约定。

（9）开工及延期开工　承包人应当按照协议书约定的开工日期开工。经过审批同意开工的日期，对判断施工单位是否违反合同工期至关重要。一般情况下，工程师签署正式开工日期与施工许可证签发是同一时间，但由于工程实际开工时间可能早于工程师审批的开工日期，因此，施工总承包人必须做好实际开工时间的记录并保存其他影像资料，为今后工期判断提供依据。由于种种原因可能导致工程不可能按照合同约定的时间开工的情况有两类：一是承包人要求延期开工的，工程师可以有权决定是否同意延期开工，承包人不能按时开工，应当不迟于协议书约定的开工日期前7天，以书面形式向工程师提出延期开工的理由和要求，工程师应当在接到延期开工申请后的48h内以书面形式答复承包人，工程师在接到延期开工申请后48h内不予答复的，视为同意承包人要求，工期相应顺延，工程师不同意延期要求或承包人未在规定时间内提出延期开工要求，工期不予顺延。二是发包人要求延期开工，因发包人原因（如施工场地不具备"六通一平"条件等）不能按照协议书约定的开工日期开工的，工程师应以书面形式通知承包人，推迟开工日期，发包人应赔偿承包人因延期开工所造成的损失，并相应的顺延工期。

（10）工程分包　承包人按专用条款的约定分包所承包的部分工程，并与分包单位签订分包合同。非经发包人同意，承包人不得将承包工程的任何部分分包。承包人不得将其承包的全部工程转包给他人，也不得将其承包的全部工程肢解以后以分包的名义分别转包给他人。工程分包不能解除承包人任何责任与义务。承包人应在分包场地派驻相应管理人员，保证合同的履行。分包单位的任何违约行为或疏忽导致工程损害或给发包人造成其他损失，承包人承担连带责任。分包工程价款由承包人与分包单位结算。发包人未经承包人同意不得以任何形式向分包单位支付各种工程款项。

（11）工程保险　工程开工前，发包人为建设工程和施工场地内的自有人员及第三人的生命财产办理保险，支付保险费用。运至施工场地内用于工程的材料和待安装设备，由发包人办理保险，并支付保险费用。发包人可以将有关保险事项委托承包人办理，费用由发包人承担。承包人必须为从事危险作业的职工办理意外伤害保险，并为施工场地内自有人员生命财产和施工机械设备办理保险，支付保险费用。保险事故发生时，发包人、承包人有责任尽力采取必要的措施，防止或者减少损失。具体投保内容和相关责任，发包人、承包人在专用条款中约定。

（12）工程担保　发包人、承包人为了全面履行合同，应互相提供以下担保：发包人向承包人提供履约担保，按合同约定支付工程价款及履行合同约定的其他义务；承包人向发包人提供履约担保，按合同约定履行自己的各项义务。一方违约后，另一方可要求提供担保的第三人承担相应责任。提供担保的内容、方式和相关责任，发包人、承包人除在专用条款中约定外，被担保方与担保方还应签订担保合同，作为本合同附件。

（13）工程预付款的支付　实行工程预付款的，双方应当在专用条款内约定发包人向承包人预付工程款的时间和数额，开工后按约定的时间和比例逐次扣回。预付时间应不迟于约定的开工日期前7天。发包人不按约定预付，承包人在约定预付时间7天后向发包人发出要求预付的通知，发包人收到通知后仍不能按要求预付，承包人可在发出通知后7天停止施工，发包人应从约定应付之日起向承包人支付应付款的贷款利息，并承担违约责任。

建设工程施工合同是建设工程合同的一种，它与其他建设工程合同一样是一种双务合同，在订立时也应遵守自愿、公平、诚实信用等原则。建设工程施工合同是建设工程的主要合同，是建设工程质量、进度、投资、安全控制的主要依据。在市场经济条件下，建设市场主体之间相互的权利义务关系主要是通过合同确立的。

8.1.2 建设工程施工合同的特点

1. 合同标的的特殊性

施工合同的标的是各类建筑产品。建筑产品的特殊性决定了每个施工合同的标的都是特殊的，相互间具有不可替代性，还决定了施工生产的流动性，建筑物所在地就是施工生产场地，各种生产要素（包括人、材料、机械设备、技术、环境等）都必须围绕建筑产品的形成不断流动。此外，建筑产品的类别复杂多变，这就要求每一个建筑产品都需单独设计和施工，即建筑产品是单体性生产的，这也就决定了施工合同标的的特殊性。

2. 合同履行期限的长期性

建筑物的施工由于结构复杂、体积庞大、建筑材料类型多、工作量大，使得工期都较长，而合同履行期限肯定要长于施工工期。因为建设工程的施工应当在合同签订后才开始，且须加上合同签订后到正式开工前较长的施工准备时间，以及工程全部竣工验收后办理竣工结算及保修期的时间，在工程的施工过程中，还可能因为不可抗力、工程变更、材料供应不及时等原因而导致工期顺延，所有这些情况就决定了施工合同的履行期限具有长期性。

3. 合同内容的多样性和复杂性

虽然施工合同的当事人只有发包人与施工总承包人两方，但其涉及的责任主体关系却有很多。例如，在施工合同的履行过程中，除施工企业与发包人的合同关系外，还涉及与劳务分包关系、与保险公司的保险关系、与材料设备供应商的买卖关系、与运输企业的运输关系等；施工合同除了应当具备合同的一般内容外，还应对安全施工、专利技术使用、发现地下障碍和文物、工程分包、不可抗力、工程设计变更、材料设备的供应、运输、验收等内容做出具体规定。

4. 合同监督的强制性

由于建筑业在国民经济中的特殊地位，所以国家对施工合同的监督是十分严格的，对合同的监督管理工作包括：

（1）对合同主体资格的监督管理　对合同主体监督的严格性简单地说就是施工企业只能在核定的资质等级范围内承包工程任务。因此，建设工程施工合同主体只能是法人，发包人一般只能是经过批准进行工程项目建设的法人，必须有国家批准的建设项目，落实投资计划，并且应当具备相应的协调能力；承包人除必须具备法人资格外，还应当具备相应的从事施工生产的资质。

（2）对合同订立形式要求　订立建设工程施工合同应当以国家批准的投资计划为前提，并经过严格的项目投资备案程序。建设工程施工合同的订立还必须符合国家关于建设程序的规定,由于考虑到建设工程的重要性和复杂性,在施工过程中经常会发生影响合同履行的纠纷,因此建设工程施工合同应当采用书面形式。

(3)对合同履行的监督管理　在施工合同的履行过程中,除了合同当事人应当对合同进行严格的管理外,合同的主管机关、金融机构、建设主管部门等,都要对施工合同的履行进行严格的监督。

8.2 建设工程施工合同订立

8.2.1 订立施工合同的条件和原则

1. 订立施工合同必须具备的条件

建设工程施工合同是《民法典》调整的一种极其重要的合同种类,尤其标的的特殊性,使其订立就更有严肃性。因此,订立施工合同必须具备以下条件:初步设计已经批准;工程项目已经列入年度建设计划;有能够满足施工需要的设计文件和有关技术资料;建设资金和主要建筑材料设备来源已经落实;招标投标工程的中标通知书已经下达。

2. 订立建设工程施工合同应当遵守的原则

订立建设工程施工合同应当遵循平等原则、自愿原则、公平原则、诚信原则,不违反法律,不违背公序良俗。由于施工力量总供给大于总需求,当前建筑市场竞争十分激烈,建设单位常常处于十分有利的地位,在与承包方签订合同时以不合理压价或以物代款,附加一些垫资承包等不平等条件为前提而签订合同的事实时有发生。我们要正确认识,更加准确地把握《民法典》的基本精神意义。

8.2.2 建设工程施工合同示范文本

1. 建设工程施工合同示范文本的组成

由于建设工程施工合同的内容复杂、涉及面宽、合同主体资格繁多,加之合同条款约定不够公平合理,如间接垫资承包等,使此类合同的签订、履行缺乏可操作性。为使合同当事人的条款意思表示明确具体、具有可操作性,并为解决合同中非正常情况的变化(如变更、索赔、不可抗力合同纠纷等)的处理原则提供规范化的履行程序,国家有关部门印发了《建设工程施工合同(示范文本)》。该示范文本由"合同协议书""通用合同条款""专用合同条款"三部分组成,并附有承包人承揽工程项目一览表、发包人供应材料设备一览表、工程质量保修书等11个附件。

(1)合同协议书　合同协议书是指施工合同的总纲领性法律文件,具有最优先解释顺序,经过双方当事人签字盖章后合同宣告成立。合同协议书约定的主要内容包括工程概况、工程承包范围、合同工期、质量标准、签约合同价和合同价格形式、项目经理、合同文件构成、承诺及合同生效条件等内容，集中约定了合同对当事人基本的合同权利义务。

（2）通用合同条款 通用合同条款是指合同当事人根据《建筑法》《民法典》等法律法规的规定，就工程建设的实施及相关事项，对合同当事人的权利义务做出的原则性约定。通用合同条款共计20条，具体条款分别为：一般约定、发包人、承包人、监理人、工程质量、安全文明施工与环境保护、工期和进度、材料与设备、试验与检验、变更、价格调整、合同价格、计量与支付、验收和工程试车、竣工结算、缺陷责任与保修、违约、不可抗力、保险、索赔和争议解决。前述条款安排既考虑了现行法律法规对工程建设的有关要求，也考虑了建设工程施工管理的特殊需要。

（3）专用合同条款 专用合同条款是指对通用合同条款原则性约定的细化、完善、补充、修改或另行约定的条款。合同当事人可以根据不同建设工程的特点及具体情况，通过双方的谈判、协商对相应的专用合同条款进行修改补充。在使用专用合同条款时，应注意以下事项：

1）专用合同条款的编号应与相应的通用合同条款的编号一致。

2）合同当事人可以通过对专用合同条款的修改，满足具体建设工程的特殊要求，避免直接修改通用合同条款。

3）在专用合同条款中有横道线的地方，合同当事人可针对相应的通用合同条款进行细化、完善、补充、修改或另行约定。

2. 合同文件中的矛盾及其解释

合同解释是指根据有关的事实，按照一定的原则和方法，对合同及其他与交易有关的资料所做的分析和说明，包括书面文据、口头陈述、双方表现其意思的行为以及双方缔约前的谈判活动和交易过程、履行过程或者惯例。它有广义、狭义之分。广义的合同解释是指所有的合同关系人基于不同的目的对合同所做的解释。狭义的合同解释是指在解决合同争议过程中，仲裁机构和法院对合同所做的解释。把合同解释限于狭义范围是各国合同解释立法的通例，也是学术理论界的倾向性主张。

（1）合同解释的原则

1）探求当事人真意原则。这一原则要求法官在对合同进行解释时，尽一切可能去寻求当事人的内心真实意愿。探求当事人真意的合同解释原则与合同自由原则是相一致的。合同的拘束对象主要是合同当事人，合同以实现当事人的利益为目的，所以合同解释应重视当事人间的公平，即具体案件的妥当性，解释的标准是主观的，目的在于探求当事人的主观意思。从发展社会主义市场经济的角度看，应当以确立合同自由为原则，确立解释合同的主观标准，以探求当事人真意为其基本原则，给合同当事人以尽可能大的自由。

2）诚信原则。诚信原则是市场经济活动中所形成的道德规则，它要求人们在市场活动中讲究信用、恪守诺言、诚实不欺，在不损害他人利益和社会公共利益的前提下，追求自由的利益。用诚信原则来解释合同，符合当事人的本意和法律的基本要求，与探求当事人真意原则在本质上相统一。

3）利益衡量原则。一般来说，当事人签订合同的目的是追求经济利益（无偿合同除外），因此，在解释合同时，就必须衡量当事人双方的利益，力求实现利益均衡，同时兼顾社会公共利益。

4）整体解释原则。在解释合同时，应把合同的所有条款和构成成分看作一个统一的整体，从整个合同的全部内容乃至该种合同制度的总体联系上理解、分析和说明当事人争议的合同内容和含义。这一原则强调构成合同的各个条文之间的相互联系，从总体上把握和理解合同要求，而不拘泥于个别条款和文字。

5）普遍联系原则。采取普遍联系的方法，收集使用当事人订立合同的相关资料，诸如双方初步谈判、要约、新要约、信件、电报、电传等文件，全盘考虑，这有利于了解当事人订立合同的目的和动机，更有利于探求当事人的真意，准确理解和把握合同的效力。

6）参照习惯和惯例原则。在解释合同过程中，运用习惯和惯例确定合同内容及其含义，补充合同内容的遗漏，已成为世界各国普遍承认的解释原则。但是，就这一原则在我国的适用，还有待于进一步研究，如习惯和惯例的认定标准、习惯和惯例的适用条件、效力等。

（2）建设工程合同解释　建设工程合同解释是指根据一定的事实，遵循一定的原则，对合同内容中所体现的工程发包人和承包人的意图、要求以及合同中所使用的概念和术语的含义做出解答和说明，使之明确化、整体化、合理化、合法化。理解建设工程合同解释这一概念应该把握下列几个要点：

1）必须根据一定的事实。如 FIDIC 的有关条款规定，由于劳务费用和物价变动等引起合同价格的调整，应按双方规定执行，发包人如果不能完成合同规定的义务，造成对实施方案的干扰，应按合同规定赔偿，调整合同价格。

2）必须遵循一定的原则。要使所作解释为工程发包人和承包人共同接受，就必须要有双方共同认可的解释原则以资遵循。

3）必须要有解释的对象。由于建筑行业有自身的特点而形成大量概念和术语，若被合同采用，则会成为解释的对象。

4）建设工程合同解释的必要性还取决于工程建设活动自身固有的技术经济特点。工程建设活动投资规模大，投资主体有多元化的趋势；建设周期长，并且具有阶段性，包括招投标、合同订立、履行期（即施工期）、保修期，每一阶段对其后续阶段都有很大影响。所以，在工程建设活动中发包人和承包人之间不可避免地就工程项目的工期、质量、成本等问题存在一定的矛盾。矛盾的最终解决则依赖于对建筑工程合同的解释。

（3）建设工程施工合同解释顺序　建设工程施工合同通用条款所规定的合同文件是能够相互解释、互为说明的。对出现由于合同履行过程中可能会有含糊不清或不一致的条款时，组成合同文件的序号就是合同的优先解释顺序。其中，对经过合同当事人签字认可的合同变更条款是合同协议书的组成部分，它的解释效力等同于合同协议书的解释。当然，合同当事人也可以在专用条款中约定本合同文件的组成及其解释顺序。组成对建设工程施工合同当事人具有约束力的合同文件包括两大类：一类是签订合同时所形成的合同文件；另一类是合同履行过程中形成的文件,如工程变更等书面文件。建设工程施工合同优先解释的顺序是:建设工程施工合同协议书;中标通知书;投标书及其附件;施工合同专用条款;施工合同通用条款;标准、规范及相关技术文件;图样;工程量清单;工程报价单或者预算书。

8.3 建设工程施工各阶段的合同管理

8.3.1 施工准备阶段的合同管理

施工准备阶段的合同管理主要是工程承包合同管理,是指工程承包合同双方当事人在合同实施过程中自觉、认真、严格地遵守所签订的合同的各项规定和要求,按照各自的权利、履行各自的义务、维护各自的利益,发扬协作精神,处理好战略合作伙伴关系,做好各项管理工作,力求实现项目整体目标。虽然工程承包合同是发包人和承包人双方的一个协议,包括若干合同文件。但从合同管理工作的系统性来讲,这个工作应该延伸到合同协议签订之前,直到合同终止。因此,作为施工总承包企业而言,应该从以下几个方面来理解合同管理工作。

1. 做好合同签订前的各项准备工作

根据建设项目实施程序的理解,招标投标与合同谈判过程或者行为对合同的全面正确履行至关重要。由于不同利益的主体追求着不同的利益。因此,承包人在合同签订前的准备工作主要是制定投标战略,做好市场调研,在买到招标文件之后,要认真细心地分析研究招标文件,以便比较好地理解业主方的招标要求。在此基础上,一方面可以对招标文件中不完善或者错误之处向业主方提出建议,另一方面也必须做好风险分析,对招标文件中不合理的规定提出自己的建议,并力争在合同谈判中对这些规定进行适当的修改。

2. 加强合同实施阶段的合同管理

这一阶段是实现合同内容的重要阶段,也是一个相当长的合同履行周期。在这个阶段中合同管理的具体内容十分丰富,而合同管理的好坏直接影响到合同双方的经济利益。

3. 提倡协作精神,建立战略合作伙伴关系

合同实施过程中应该提倡项目实施过程中各方的协作精神,共同实现当事人双边多赢的合同目标。在合同条件中,合同双方的权利和义务有时表现为相互间的制约矛盾关系,但实现合同标的必然是一个相互协作解决矛盾的过程。在这个过程中,工程师起着十分重要的协调作用。一个成功的项目必定是业主、承包人以及工程师按照一种项目伙伴关系,以协作的团队精神来共同努力完成的项目。

4. 建设工程合同状态研究分析

对于一个工程合同,什么样的价格合理?什么样的条款公平?如何分析和评价双方的责任和风险以及风险的大小?这是由合同的内容,以及合同签订和实施的内、外部各方面的因素决定的。工程承包合同是整体的概念，必须整体地理解和把握。

从合同形成过程的分析可知：合同价格以工程预算为基础；工程预算又以合同条件、工程环境、具体实施方案为基础。这几个方面互相联系、互相影响，又互相制约，共同构成本工程的合同状态或者说合同状态是合同签订时各方面要素的总和，这些要素包括合同价格、合同条件、工程环境、具体实施方案等。

（1）合同状态各因素之间的关系　合同的签订是双方对合同状态的一致承诺。合同状态各因素之间存在着极其复杂的内部联系，如果在工程中某一因素变化，打破合同状态，则应按合同规定调整合同状态，以达到新的平衡。在工程施工中，如果业主要求修改已确定的实施方案，如指令承包人采用更先进的设备和工艺，缩短或延长工期，变更实施顺序，则应调整合同价格；由于业主不能完成他的合同责任而造成对实施方案的干扰，则应调整合同价格，延长工期；由于环境变化造成实施方案的变化，则应由合同规定的风险承担人承担损失，属于承包人风险和责任造成实施方案的变化，由承包人自己负责；否则由业主承担所产生的风险责任。因此，合同状态的四个方面互相联系、互相影响，其中，合同价格是核心。

（2）研究合同状态的作用

1）给人们以整体合同的概念。在分析合同文件、作报价、进行合同谈判、合同实施控制中必须有联系地、系统地看问题，考虑合同状态的各个要素。

2）合同状态确定的是一个完整的系统的工程计划，所以又常被称为计划状态。这个计划包括了双方责任、工期、实施方案、费用、环境，并考虑了它们之间的有机联系。

3）作为合同实施的依据。双方履行合同实质上是实施合同状态，即在确定的环境中，按预定的实施方案，完成合同规定的义务，所以合同状态又是项目控制的依据。

4）确定合同状态的各项文件是索赔和争执解决的依据。承包人的索赔实质上是工程过程中由于某些因素的变化，使原定合同状态被打破，从而按合同规定提出调整合同价格的要求，以建立新的平衡。所以合同状态是分析索赔理由、计算索赔的依据。

5）合同状态的概念将投标、合同签订以及工程施工中各方面和项目管理各种职能工作联系起来，形成一个完整的体系。例如，在投标中合同状态将技术方案、计划、环境、估价、经营等统一起来，建立它们之间的联系（工作过程和信息流程），这对项目经营和管理都是十分重要的。

5. 承包人施工合同风险分析

在现代市场经济活动中，要取得盈利，必然就要承担相应的风险。这里的风险是指经济活动中的不确定性。一般风险应与盈利机会同时存在，并成正比，即经济活动的风险越大，盈利机会（或盈利率）就越大。承包工程的特点和建筑市场的激烈竞争使得承包工程风险很大，范围很广，它们是造成承包人失败的主要原因。现在，风险管理已成为衡量承包人管理水平的主要标志之一。在工程承包合同中，合同条款应公平合理；合同双方责权利关系应平衡；合同中如果包含的风险较大，则必然导致承包人要提高合同价款，提高不可预见的风险费。

（1）承包人风险管理的任务

1）在合同签订前对风险作全面分析和预测，主要考虑因素包括：工程实施中可能出现的风险类型、种类；风险发生的规律；风险的影响，即风险如果发生，对承包人的施工过程，对工期和成本（费用）有哪些影响；各个风险之间的内在联系。

2）对风险进行有效的对策和计划，即考虑如果风险发生应采取什么措施予以防止，或降低它的不利影响，为风险做组织、技术、资金等方面的准备。

3）在合同实施中对可能发生，或已经发生的风险实施必要的风险控制措施，如采取措施防止或避免风险的发生；有效地转移风险，争取让其他方面承担风险造成的损失；降低风险的不利影响，减少自己的损失；在风险发生的情况下进行有效的决策，对工程施工进行有效的控制，保证工程项目顺利实施。

（2）合同风险分析的影响因素　合同风险管理完全依赖风险分析的准确程度、详细程度和全面性。合同风险分析主要依靠因素包括：对环境状况的了解程度，要精确地分析风险必须做详细的环境调查，大量占有第一手资料；对招标文件分析的全面程度、详细程度和正确性，当然同时依赖于招标文件的完备程度；对业主和工程师资信和意图了解的深度和准确性；对引起风险的各种因素的合理预测及预测的准确性。

（3）承包工程的风险　承包工程中常见的风险有如下三类：

1）工程技术、经济、法律等方面的风险。

①现代工程规模大，功能要求高，需要新技术，特殊的工艺，特殊的施工设备，工期紧迫。

②现场条件复杂，干扰因素多，施工技术难度大，自然环境特殊。

③承包人的技术力量、施工力量、装备水平、工程管理水平不足，在投标报价和工程实施过程中会有这样或那样的失误。

④承包人资金供应不足，周转困难。

2）业主资信风险。业主是工程的所有者，是承包人的最重要的合作伙伴。业主资信情况对承包人的工程施工和工程经济效益有决定性影响。属于业主资信的风险主要包括如下几个方面：

①业主的经济情况变化，如经济状况恶化，濒于倒闭，无力支付工程款，工程被迫中止。

②业主的信誉差，不诚实，恶意拖欠工程款。

③业主为了达到不支付或少支付工程款的目的，在工程中苛刻刁难承包人，滥用权力，施行罚款或扣款。

④业主经常改变主意，如改变设计方案、实施方案，打乱工程施工秩序，但又不愿意给承包人以补偿等。

3）外界环境的风险。

①在国际工程中，工程所在国政治环境的变化，如发生战争、禁运、罢工、社会动乱等造成工程中断或终止。

②经济环境的变化，如通货膨胀、汇率调整、工资和物价上涨。其中物价和货币风险在承包工程中经常出现，而且影响非常大。

③合同所依据的法律的变化，如新的法律颁布，国家调整税率或增加新税种，新的外汇管理政策等。

④自然环境的变化，如百年未遇的洪水、地震、台风等以及工程水文、地质条件的不确定性。

（4）承包合同风险的种类

1）合同中明确规定的承包人应承担的风险。一般工程承包合同中都有明确规定承包人应承担的风险条款，常见的如下：

①工程变更的补偿范围和补偿条件。例如，某合同规定，工程变更在15%的合同金额内，承包人得不到任何补偿，则在这个范围内的工程量可能的增加是承包人的风险；只有超过15%，才由发包人承担风险。

②合同价格的调整条件。如果对通货膨胀、汇率变化、税收增加等，合同规定不予调整，则承包人必须承担全部风险；如果在一定范围内可以调整，则承担部分风险。

③发包人和工程师对设计、施工、材料供应的认可权和各种检查权。

2）合同条款不全面，不完整，没有将合同双方的责、权、利关系清楚、全面地表达，没有预计到合同实施过程中可能发生的各种情况。这样导致合同过程中的激烈争执，最终导致承包人的损失。

3）合同条款不清楚，不细致，不严密。承包人不能清楚地理解合同内容，造成失误。这里有招标文件的语言表达方式、表达能力，承包人的外语水平、专业理解能力或工作不细致等问题。例如，在某些工程承包合同中有如下条款："承包人为施工方便而设置的任何设施，均由他自己付款"。这种提法对承包人很不利，在工程实施过程中业主可能对某些永久性设施以"施工方便"为借口而拒绝支付。

4）发包人为了转嫁风险提出单方面约束性的、过于苛刻的、责权利不平衡的合同条款。

①业主对任何潜在的问题包含工期拖延、施工缺陷、付款不及时等所引起的损失不负责。

②业主对招标文件中所提供的地质资料、试验数据、工程环境资料的准确性不负责。

③业主对工程实施中发生的不可预见风险不负责。

④业主对由于第三方干扰造成的工程拖延不负责等。

（5）合同风险的防范对策　对于承包人，在任何一份工程承包合同中，问题和风险总是存在的，没有不承担风险，绝对完美和双方责权利关系绝对平衡的合同（除了成本加酬金合同）。对分析出来的合同风险必须认真地进行对策研究。对合同风险有对策和无对策，有准备和无准备是大不一样的。这常常关系到一个工程的成败，任何承包人都不能忽视这个问题。

对合同风险一般有如下几种对策：

1）在报价中考虑。

①提高报价中的不可预见风险费。对风险大的合同,承包人可以提高报价中的风险附加费,为风险做资金准备。风险附加费的数量一般依据风险发生的概率和风险,由发生承包人将要受到的费用损失量确定。所以风险越大,风险附加费应越高,但这受到很大限制。风险附加费太高对合同双方都不利:业主必须支付较高的合同价格;承包人的报价太高,失去竞争力,难以中标。

②采取一些报价策略以降低、避免或转移风险。例如,开口升级报价法、多方案报价法等。在报价单中,建议将一些花费大、风险大的分项工程按成本加酬金的方式结算。由于业主和监理工程师管理水平的提高,招标程序的规范化和招标规定的健全,这些策略的应用余地和作用已经很小,若弄得不好,则承包人会丧失承包工程资格,或造成报价失误。

③在法律和招标文件允许的条件下,在投标书中使用保留条件、附加或补充说明。

2)通过谈判完善合同条款,双方合理分担风险。合同双方都希望签认一个有利的、风险较少的合同,但在工程过程中许多风险是客观存在的,问题是由谁来承担。减少或避免风险是承包合同谈判的重点。

3)保险公司投保。工程保险是业主和承包人转移风险的一种重要手段。当出现保险范围内的风险,造成财务损失时,承包人可以向保险公司索赔,以获得一定数量的赔偿。一般在招标文件中,发包人都已指定承包人投保的种类,并在工程开工后就承包人的保险做出审查和批准。通常承包工程保险有工程一切险、施工设备保险、第三方责任险、人身伤亡保险等。承包人应充分了解这些保险所承保的风险范围、保险金计算、赔偿方法、程序、赔偿额等详细情况。

4)采取技术的、经济的和管理的措施。在承包合同的实施过程中,采取技术、经济和管理措施,以提高应变能力和对风险的抵抗能力。例如,对风险大的工程派遣最得力的项目经理、技术人员、合同管理人员等,组成精干的项目管理小组;施工企业对风险大的工程,在技术力量、机械装备、材料供应、资金供应、劳务安排等方面予以特殊对待,全力保证合同实施;对风险大的工程,应做更周密的计划,采取有效的检查、监督和控制手段;风险大的工程应该作为施工企业的各职能部门管理工作的重点,从各个方面予以保证等。

5)在工程过程中加强索赔管理。用索赔和反索赔来弥补或减少损失,这是一个很好的,也是被广泛采用的对策。通过索赔可以提高合同价格,增加工程收益,补偿由风险造成的损失。许多有经验的承包人在分析招标文件时就考虑其中的漏洞、矛盾和不完善的地方,考虑到可能的索赔,甚至在报价和合同谈判中为将来的索赔留下伏笔,但这本身常常会有很大的风险。

6)其他对策。如将一些风险大的分项工程分包出去,向分包人转嫁风险;与其他承包人合伙承包,或建立联合体,共同承担风险等。

6. 合同审查

将上述分析和研究的结果可以用合同审查表进行归纳整理。用合同审查表可以系统地进行合同文本中的问题和风险分析，提出相应的对策。合同审查表的格式见表 8-1。

表 8-1 合同审查表的格式

合同审查表审查项目编号	审查项目	合同条文	内容	说明	建议或对策
J020200	工程范围	合同第 13 条	包括在工程量清单中所列出的及没列出的供应和工程	工程范围不清楚，甲方可以随便扩大工程范围，增加新项目	1. 限定工程范围仅为工程量清单所列 2. 增加对新的附加工程重新商定价格的条款
S060201	海关手续	合同第 40 条	乙方负责交纳海关税，办理材料和设备的入关手续	该国海关效率太低，经常拖延海关手续，故最好由甲方负责入关手续，这样风险较小	建议加上"在接到到货通知后×天内，甲方完成海关放行的一切手续"
S080812	维修期	合同第 54 条	自甲方初步验收之日起，维修保证期为 1 年。在这期间发现缺点和不足，乙方应在收到甲方通知之日一周内进行维修，费用由乙方承担	这里未定义"缺点"和"不足"的责任，即由谁引起的	在"缺点和不足"前加上"由于乙方施工和材料质量原因引起的"
……	……	……	……	……	……

8.3.2 施工阶段的合同管理

合同签订后作为企业层次的合同管理工作主要是进行合同履行分析、协助企业建立合适的项目经理部及履行过程中的合同控制。

1. 承包人施工合同履行分析的方法

承包人在合同实施过程中的基本任务是使自己圆满地完成合同责任。整个合同责任的完成是靠在一段时间内，完成一项工程的施工活动实现的，所以合同目标和责任必须贯彻落实在合同实施的具体问题上和各工程小组以及各分包人的具体工程活动中。承包人的各职能人员和各工程小组都必须熟练地掌握合同，用合同指导工程实施和工作，以合同作为行为准则。在索赔中，索赔要求必须符合合同规定，通过合同分析可以提供索赔理由和根据。合同履行分析与前述招标文件的分析内容和侧重点略有不同。合同履行分析是解决"如何做"的问题，是从执行的角度解释合同。它是将合同目标和合同规定落实到合同实施的具体问题上和具体事件上，用以指导具体工作，使合同能符合日常工程管理的需要，使工程按合同施工。

2. 合同分析的基本要求

（1）准确性和客观性 合同分析的结果应该准确，全面地反映其内容。如果分析中出现误差，它必然反映在执行中，导致合同实施更大的失误。所以不能透彻、准确地分析合同，就不能有效、全面地执行合同。许多工程失误和争执都起源于不能准确地理解合同。客观性即合同分析不能自以为是和"想当然"。对合同的风险分析，合同双方责任和权益的划分，都必须实事求是地按照合同条文规定原则实施，而不能以当事人的主观愿望解释合同，否则，就会导致实施过程中的合同争执，使承包人产生损失。

（2）简易性　合同分析的结果必须采用使不同层次的管理人员、工作人员能够接受的表达方式，如图表形式。对不同层次的管理人员提供不同要求，不同内容的合同分析资料。

（3）合同双方的一致性　承包人的所有工程小组、分包人等对合同理解应该一致性。合同分析实质上是承包人单方面对合同的详细解释。分析中要落实各方面的责任界面，这极容易引起争执。所以合同分析结果应能为对方认可。若有不一致，应在合同实施前，最好在合同签订前解决，以避免合同执行中的争执和损失，这对双方都有利。

（4）全面性　合同分析应是全面的，对全部的合同文件做解释，对合同中的每一条款、甚至每个词都应认真推敲，细心琢磨，全面落实。合同分析不能只观其大略，不能错过一些细节问题，这是一项非常细致的工作。在实际工作中，常常一个词，甚至一个标点能关系到争执的性质、一项索赔的成败、工程的盈亏；全面地、整体地理解，而不能断章取义，特别当不同文件、不同合同条款之间规定不一致，或有矛盾时，更要注意这一点。

3. 合同履行分析的内容和过程

（1）合同总体分析　合同总体分析的主要对象是合同协议书和合同条件等。通过合同总体分析，将合同条款和合同规定落实到一些带全局性的具体问题上。总体分析通常在如下两种情况下进行：

1）在合同签订后实施前，承包人首先必须确定合同规定的主要工程目标，划定各方面的义务和权利界限，分析各种活动的法律后果。合同总体分析的结果是工程施工总的指导性文件，此时分析的重点是承包人的主要合同责任、工程范围；发包人（包括工程师）的主要责任；合同价格、计价方法和价格补偿条件；工期要求和补偿条件；工程受干扰的法律后果；合同双方的违约责任；合同变更方式、程序和工程验收方法；争执的解决等。在分析中应对合同中的风险，执行中应注意的问题做出特别的说明和提示。合同总体分析后，应将分析的结果以最简单的形式和最简洁的语言表达出来，交项目经理部及其他各职能部门，以作为日常工程活动的指导。

2）合同总体分析的重点是合同文本中与索赔有关的条款。对不同的干扰事件，则有不同的分析对象和重点。它对整个索赔起着重要的作用：提供索赔的理由和根据；合同总体分析的结果直接作为索赔报告的一部分；作为索赔事件责任分析的依据；提供索赔值计算方式和计算基础的规定；索赔谈判中的主要攻守武器。

（2）合同详细分析　承包合同的实施由许多具体的工程活动和合同双方的其他经济活动构成。这些活动也都是为了实现合同目标，履行合同责任，也必须受合同的制约和控制，所以它们又可以被称为合同事件。对于一个确定的承包合同，若承包人的工程范围和合同责任是一定的,则相关的合同事件也应是一定的。在工程实践中,合同事件之间存在一定技术、时间和空间上的逻辑关系,形成网络,所以在国外又被称为合同事件网络。为使工程有计划、有秩序、按合同实施,必须将承包合同目标、要求和合同双方的责权利关系分解落实到具体的工程活动上。这就是合同详细分析。合同详细分析的对象是合同协议书、合同条件、规范、图样、工作量表。它主要通过合同事件表、网络图、横道图和工程活动的工期表等定义各工程活动。合同详细分析的结果最重要的部分是合同事件。合同事件表见表8-2。

表 8-2 合同事件表

子项目	事件编码	变更次数和最近一次变更日期
事件名称和简要说明		
事件内容说明		
前提条件		
本事件的主要活动		
负责人（单位）		
费用 计划 实际	其他参加人	工期 计划 实际

1）事件编码。这是计算机数据处理的需要。对事件的各种数据处理都靠编码识别,所以编码要能反映这事件的各种特性,如所属的项目、单项工程、单位工程、专业性质、空间位置等。通常它应与网络事件的编码保持一致。

2）变更次数和最近一次变更日期。它记载着与本事件相关的工程变更。在接到变更指令后,应落实变更,修改相应栏目的内容。最近一次的变更日期表示从这一天以来的变更尚未考虑到。这样可以检查每个变更指令落实情况,既防止重复,又防止遗漏。

3）事件名称和简要说明。为适应大数据工作和BIM技术推广应用需要,使事件编码工作信息化处理快捷,必须对事件名称逐一描述和数据定义。例如,在对某一分部工程结构中混凝土工程量清单事件名称定义时,必须准确对这种结构类型、特殊的工作环境、防水等级、混凝土强度等级等内容进行描述,这样才能依据工程图说明、工程图、清单规范文件等确定其工程量和价格定义,否则无法最终完成混凝土结构物的组价工作。

4）事件内容说明。这里主要为该事件的目标,如某一分项工程的数量、质量、技术要求以及其他方面的要求。这由合同的工程量清单、工程说明、图样、规范等定义,是承包人应完成的任务。

5）前提条件。该事件进行前应有哪些准备工作?应具备什么样的条件?这些条件有的应由事件的责任人承担,有的应由其他工程小组、其他承包人或发包人承担。这里不仅确定事件之间的逻辑关系,而且划定各参加者之间的责任界限。例如,某工程中,承包人承包了设备基础的土建和设备的安装工程。按合同和施工进度计划要求:在设备安装前3天,基础土建施工完成,并交付安装场地;在设备安装前3天,业主应负责将生产设备运送到安装现场,同时由工程师、承包人和设备供应商一起开箱检验;在设备安装前15天,发包人应向承包人交付全部的安装图样;在安装前,安装工程小组应做好各种技术和物资的准备工作等。这样对设备安装这个事件可以确定它的前提条件,而且各方面的责任界限十分清楚。

6)本事件的主要活动。它是指完成该事件的一些主要活动和它们的实施方法、技术、组织措施。这完全从施工过程的角度进行分析。这些活动组成该事件的子网络。例如,设备安装可能有如下活动:现场准备;施工设备进场、安装;基础找平、定位;设备就位;吊装;固定;施工设备拆卸、出场等。

7)责任人。负责该事件实施的工程小组负责人或分包人。

8)费用。这里包括计划成本和实际成本。有如下两种情况:若该事件由分包人承担,则计划费用为分包合同价格,如果有索赔,则应修改这个值,而相应的实际费用为最终实际结算账单金额总和;若该事件由承包人的工程小组承担,则计划成本可由成本计划得到,一般为直接费成本,而实际成本为会计核算的结果,在该事件完成后填写。

9)工期。这里包括计划工期和实际工期。计划工期由网络分析得到,分为计划开始期、结束期和持续时间。实际工期按实际情况,在该事件结束后填写。

10)其他参加人,包括对该事件的实施提供帮助的其他人员。

综上所述,合同详细分析是整个项目小组的工作,应由合同管理人员、工程技术人员、造价师(员)等共同完成。合同事件表是工程施工中最重要的文件,它从各个方面定义了该合同事件,使得在工程施工中落实责任,安排工作,合同监督、跟踪、分析,索赔(反索赔)处理非常方便。合同详细分析包容了工程施工前的整个计划工作。详细分析的结果实质上是承包人的合同执行计划,它包括以下内容:

1)工程项目的结构分解,即工程活动的分解和工程活动逻辑关系的安排。

2)技术会审工作。

3)工程实施方案,总体计划和施工组织计划。在投标书中已包括这些内容,但在施工前,应进一步细化,做详细的安排。

4)工程详细的成本计划。

5)合同详细分析不仅针对承包合同,还包括与承包合同同级的各个合同的协调,包括各个分包合同的工作安排和各分包合同之间的协调。

(3)特殊问题的合同扩展分析 在合同的签订和实施过程中常常会发生一些特殊问题或遇到一些特殊情况:它们可能属于在合同总体分析和详细分析中发现的问题,也可能是在合同实施中出现的问题。这些问题和情况在合同签订时未预计到,合同中未明确规定或它们已超出合同的范围。许多问题似是而非,合同管理人员对它们把握不准,为了避免损失和争执,应提出来进行特殊分析。由于实际工程问题非常复杂,所以对特殊问题分析要非常细致和耐心,需要实际工程经验和经历。对重大的、难以确定的问题应请专家咨询或进行司法鉴定。特殊问题的合同扩展分析一般用问答的形式进行。

1)特殊问题的合同分析。针对合同实施过程中出现的一些合同中未明确规定的特殊的细节问题做分析。它们会影响工程施工、双方合同责任界限的划分和争执的解决,对它们的分析通常仍在合同范围内进行。由于这一类问题在合同中未明确规定,分析的依据通常包含合同意义的拓广,通过整体地理解合同,再进行推理,以得到问题的解答。当然,这个解答不能违背合同精神和工程惯例。在国际工程中应使用国际工程惯例,即考虑在通常情况下,这一类问题的处理或解决方法。

2)特殊问题的合同法律扩展分析。在工程承包合同的签订、实施或争执处理、索赔中,有时会遇到重大的法律问题,如果它已超过合同的范围或超过承包合同条款本身(例如有的干扰事件的处理合同未规定,或已构成民事侵权行为;承包人签订的是一个无效合同,或部分内容无效),则相关问题必须按照合同所适用的法律来解决。

在工程中,重大问题对承包人非常重要。若承包人对它们把握不准,则必须对它们进行扩展分析,分析合同的法律基础,在适用于合同关系的法律中寻求解答。这通常很艰难,一般要请法律专家进行咨询或法律鉴定。

4. 合同技术交底

企业的合同管理机构应该组织项目经理部的全体队员学习合同文件和合同分析的结果,对合同的主要内容做出解释和说明,统一认识,使大家熟悉合同中的主要内容、规定、管理程序,以了解承包人的合同责任和工程范围,为全面正确履行合同奠定基础。

5. 对材料设备进场的检验检查

实现建设工程项目的投资目标,保证工程质量的关键在于控制好所使用的材料设备的质量。根据承担材料设备供应责任不同,材料设备供应的主体包括:

(1)发包人供应的材料设备 实行发包人供应材料设备的,双方应当约定发包人供应材料设备一览表,见表8-3。

表8-3 发包人供应材料设备一览表

序号	材料设备品种	规格型号	单位	数量	单价	质量等级	供应时间	送达地点

发包人必须按一览表约定的内容提供材料设备,并向承包人提供产品质量合格证明,对其质量负责。发包人在所供材料设备到货前24h,以书面形式通知承包人,由承包人派人与发包人(含工程师)共同开箱清点。发包人供应的材料设备使用前,由承包人负责检验或试验,不合格的不得使用,由此产生的检验或试验费用由发包人承担。发包人供应的材料设备,承包人派人参加清点后由承包人妥善代为保管,发包人支付相应保管费用。因承包人原因发生丢失、损坏的,由承包人负责赔偿;发包人未通知承包人清点,承包人不负责材料设备的保管,丢失、损坏等风险则由发包人承担。发包人供应的材料设备与一览表不符时,发包人应该承担有关责任。发包人所应承担责任的具体内容,可以根据下列情况共同约定:

1）材料设备单价与一览表不符，由发包人承担所有价差。

2）材料设备的品种、规格、型号、质量等级与一览表不符，承包人可拒绝接收保管，由发包人运出施工场地后重新采购。

3）发包人供应的材料规格、型号与一览表不符，经发包人同意，承包人可代为调剂串换，由发包人承担相应费用。

4）到货地点与一览表不符，由发包人负责运至一览表指定的地点，一般尽可能地减少场地二次搬运。

5）供应数量少于一览表约定的数量时，由发包人补齐；多于一览表约定数量时，发包人负责将多出部分运出施工场地。

6）到货时间早于一览表约定时间，由发包人承担因此发生的保管费用；到货时间迟于一览表约定的供应时间，发包人赔偿由此造成的承包人损失，造成工期延误的，相应顺延工期。

（2）承包人采购材料设备　承包人负责采购材料设备的，应按照合同约定及设计和有关标准要求采购，并提供产品合格证明，对材料设备质量负责。承包人在材料设备到货前24h通知工程师开箱清点。承包人负责采购材料设备一览表见表8-4。

表 8-4　承包人负责采购材料设备一览表

单位工程名称	建设规模	建筑面积/m²	结构	层数	跨度/m	设备安装内容	工程造价/元	开工日期	竣工日期

承包人采购的材料设备与设计或标准要求不符时，承包人应该按工程师要求的时间运出施工场地，并重新采购符合要求的产品，承担由此发生的费用，所延误的工期不得顺延。承包人采购的材料设备在使用前，承包人应按工程师的要求进行检验或试验，不合格的不得使用，检验或试验费用由承包人承担。工程师发现承包人采购并使用不符合设计和标准要求的材料设备时，应要求承包人负责修复、拆除或重新采购，由承包人承担发生的费用，由此延误的工期不予顺延。承包人需要使用代用材料时，必须经工程师认可后才能使用，由此增减的合同价款双方以书面形式议定。

6. 工期管理

（1）暂停施工　工程师认为确有必要暂停施工的，应当以书面形式要求承包人暂停施工，并在提出要求后48h内提出书面处理意见。承包人应当按工程师要求停止施工，并妥善保护好已完工程。承包人实施工程师做出的处理意见后，可以书面形式提出复工要求，工程师应当在48h内给予答复。工程师未能在规定时间内提出处理意见，或收到承包人复工要求后48h内没有给予答复的，承包人可自行复工。因发包人原因造成停工的，由发包人承担所发生的追加合同价款，赔偿承包人由此造成的损失，相应顺延工期；否则，由承包人承担所发生的费用，工期不予顺延。

（2）工期延误　因以下原因造成工期延误，经工程师确认后，工期可以相应顺延。

1）发包人未能按专用条款的约定提供图样及开工条件。

2）发包人未能按约定日期支付工程预付款、进度款，致使施工不能正常进行。

3）工程师未按合同约定提供所需指令、批准等，致使施工不能正常进行。

4）设计变更和工程量增加。

5）一周内非承包人原因停水、停电、停气造成停工累计超过 8h。

6）不可抗力。

7）专用条款中约定或工程师同意工期顺延的其他情况。

承包人在工期正常延误情况发生后的 14 天内，就延误的工期以书面形式向工程师提出报告。工程师在收到报告后 14 天内予以确认，逾期不予确认也不提出修改意见，视为同意顺延工期。

7. 质量与检验

建筑产品的质量具有终检局限性、隐蔽性等的特点，建筑产品质量一旦形成，就无法对其进行解体检查。因此，加强施工过程的中间检查、隐蔽验收管理是相当重要的。对建筑产品的中间检查和隐蔽验收，发包人应当提供必要的便利条件。

（1）中间检查和隐蔽验收　工程具备隐蔽条件或达到专用条款约定的中间验收部位，承包人应该首先进行自检合格，并在隐蔽或中间验收前 48h 以书面形式通知工程师验收。通知包括隐蔽和中间验收的内容、验收时间和地点。承包人准备好验收内业资料，待验收合格后，工程师在验收记录上签字，承包人方可进行隐蔽和继续施工。对验收不合格的，承包人在工程师限定的时间内整改后重新验收。经工程师验收，工程质量符合标准、规范和设计图等要求，验收 24h 后，工程师不在验收记录上签字，视为工程师已经认可验收记录，承包人可进行隐蔽或继续施工。如果工程师不能按时进行验收，应在验收前 24h 以书面形式向承包人提出延期要求，延期不能超过 48h。工程师未能按以上时间提出延期要求，不进行验收，承包人可自行组织验收，工程师应承认验收记录。

（2）检查和返工　监理工程师在施工过程中多采用巡视、旁站、平行交叉检查（必要时还要进行试验）等方法监督管理，做到严格监理，热情服务，最终实现建筑产品质量目标。因此，承包人则应该认真按照标准、规范和设计图要求以及工程师依据合同发出的指令施工，随时接受工程师的检查检验，为检查检验提供便利条件。对工程质量达不到约定标准的部分，工程师一经发现，应要求承包人拆除和重新施工，承包人应按工程师的要求拆除和重新施工，直到符合约定标准为止。由于因承包人原因达不到约定标准，承包人承担拆除和重新施工的费用，工期不予顺延。

原则上，工程师的检查检验不应该影响施工的正常进行。如果实际影响了施工的正常进行，对检查检验不合格的，影响正常施工的费用由承包人承担。除此之外，影响正常施工的追加合同价款由发包人承担，相应顺延工期。同时，因工程师指令失误或其他非承包人原因发生的追加合同价款，由发包人承担。

（3）重新检验　无论是否进行验收，当工程师对已经隐蔽的工程质量提出质疑，并要求重新检验时，承包人应按要求进行剥离或开孔，并在检验后重新覆盖或修复。对此，如果建筑产品质量再次检验合格，则由发包人承担因此所发生的全部追加合同价款，赔偿承包人损失，并相应顺延工期。对检验不合格的，则由承包人承担所发生的全部费用，工期不予顺延。

（4）质量责任　工程质量应当达到协议书约定的质量标准，质量标准的评定以国家或行业的质量检验评定标准为依据。由于承包人原因使工程质量达不到约定的质量标准的，承包人承担违约责任。双方对工程质量有争议，由双方同意的工程质量检测机构鉴定，所需费用及因此造成的损失，由责任方承担。若双方均有责任，则由双方根据其责任分别承担。

8．安全与文明施工管理

（1）安全施工与检查　承包人应遵守工程建设安全生产有关管理规定，严格按安全标准组织施工，并随时接受行业安全检查人员依法实施的监督检查，采取必要的安全防护措施，消除事故隐患。由于承包人安全措施不力造成事故的责任和因此发生的费用，由承包人承担。发包人应对其在施工场地的工作人员进行安全教育，并对他们的安全负责。发包人不得要求承包人违反安全管理的规定进行施工。因发包人原因导致的生产安全事故，由发包人承担相应责任及发生的费用。

（2）安全防护　承包人在动力设备、输电线路、地下管道、密封防震车间、易燃易爆地段以及临街交通要道附近施工时，施工开始前应向工程师提出安全防护措施，经工程师认可后实施，防护措施费用由发包人承担。作为总承包人，必须根据劳务分包人提供的劳动防护用品计划足额按时发放，并承担由此发生的费用。

实施爆破作业，在放射、毒害性环境中施工（含储存、运输、使用）及使用毒害性、腐蚀性物品施工时，承包人应在施工前14天以书面形式通知工程师，并提出相应的安全防护措施，经工程师认可后实施，由发包人承担安全防护措施费用。

9．工程计量与工程进度款支付管理

根据《建设工程工程量清单计价规范》（GB 50500—2013）的要求，发包人所开列的工程量清单是估计工程量，通常情况下与工程实际施工的差别较大。为准确地把握承包人完成的实际工程量，必须对其所完成永久工程的工程量进行确认（核实），以此作为工程进度款结算的依据。

（1）合同价款及调整　实施招标工程的合同价款由发包人、承包人依据中标通知书中的中标价格在协议书内约定。非招标工程的合同价款由发包人、承包人依据工程预算书在协议书内约定。合同价款在协议书内约定后，任何一方不得擅自改变。下列三种确定合同价款的方式，双方可在专用条款内约定采用其中一种：

1)固定价格合同。双方在专用条款内约定合同价款包含的风险范围和风险费用的计算方法,在约定的风险范围内合同价款不再调整。风险范围以外的合同价款调整方法,应当在专用条款内约定。

2)可调价格合同。合同价款可根据双方的约定调整,双方在专用条款内约定合同价款调整方法。可调价格合同中合同价款的调整因素包括:法律、行政法规和国家有关政策变化;工程造价管理部门公布的价格调整;一周内非承包人原因停水、停电、停气造成停工累计超过8h;双方约定的其他因素。承包人应当在具有合同价格可调因素事件发生后的14天内,将调整原因、金额以书面形式通知工程师,工程师确认调整金额后作为追加合同价款,与工程款同期支付。工程师收到承包人通知后14天内不予确认也不提出修改意见,视为已经同意该项调整。

3)成本加酬金合同。合同价款包括成本和酬金两部分,双方在专用条款内约定成本构成和酬金的计算方法。

(2)工程量的确认 工程计量的前提是该分部分项工程质量合格;计量的过程,承包人应按专用条款约定的时间,向工程师提交已完工程量的报告。工程师接到报告后7天内按设计图核实已完工程量(以下称计量),并在计量前24h通知承包人,承包人为计量提供便利条件并派人参加。承包人收到通知后不参加计量,计量结果有效,作为工程价款支付的依据。工程师收到承包人报告后7天内未进行计量,从第8天起,承包人报告中开列的工程量即视为被确认,作为工程价款支付的依据。工程师不按约定时间通知承包人,致使承包人未能参加计量,计量结果无效。对承包人超出设计图范围和因承包人原因造成返工的工程量,工程师不予计量。

(3)工程支付责任与进度款支付管理 在确认计量结果后14天内,发包人应向承包人支付工程款(进度款);发包人超过约定的支付时间不支付工程款(进度款),承包人可向发包人发出要求付款的通知,发包人收到承包人通知后仍不能按要求付款,可与承包人协商签订延期付款协议,经承包人同意后可延期支付。协议应明确延期支付的时间和从计量结果确认后第15天起应付款的贷款利息;发包人不按合同约定支付工程款(进度款),双方又未达成延期付款协议,导致施工无法进行,承包人可停止施工,由发包人承担违约责任。同期应该支付的工程进度款包括以下内容:

1)经监理工程师核实的对应于工程量清单完成的工程量所计算的应该支付的工程款。

2)因设计变更或者其他追加而调整的合同价款。

3)按照合同约定应该扣回的工程预付款。

4)按照合同约定应该扣回的工程质量保修金。

5)监理工程师审查批准的承包人应得的工程索赔款。

10. 工程变更设计管理

工程变更是指因工程项目为适应新的变化而采用与原施工图设计不同的技术文件的行

为。根据工程变更的原因不同,可以划分为以下几种变更:工程设计变更、其他变更。其他变更是指在施工合同履行过程中发包人对工程质量标准或者其他实质性的变更设计,由双方协商解决。

(1)工程设计变更的表现形式　工程设计变更是应工程项目的需要或者施工现场的实际情况而做出变更设计,具体表现形式如下:

1)更改工程有关部分的标高、基线、位置和尺寸。

2)增减合同中约定的工程量。

3)改变有关工程的施工时间和顺序。

4)其他有关工程变更需要的附加工作。

(2)工程设计变更的程序　工程设计变更涉及的面广而且复杂,因为设计变更可能会使施工总承包人工程增加或者减少,在一定程度上直接影响其潜在的利润。承包人有时候在保证质量、安全、结构功能不变的条件下,为了方便施工可能会提出诸如材料串换,或者改变一些施工工艺的变更申请,以达到节约成本的目的。例如,成都市某花园住宅建筑人防地下室底板结构原施工后浇带位置按照设计规定,此处采用下沉150mm厚的混凝土加强带。承包人考虑到该地区常年最高地下水位对基坑的影响不大,随后提出要求变更并取消此处下沉150mm厚的混凝土加强带,而直接使后浇带处的混凝土垫层与其他部位的一次浇筑形成,在主体工程施工阶段仍然继续降水。因此,工程师考虑到该方案可行,就签署了同意变更并请设计单位核准后施工的意见。有些变相的变更设计却给工程带来麻烦,例如,成都市某高档住宅小区人防地下室工程的柱子构件混凝土设计强度等级为C40,承包人考虑到该工程是三层高的会所建筑,为方便浇筑地下室梁板柱构件的混凝土,进行结构计算后,擅自将柱子的原混凝土设计强度等级从C40降为C35。事发后,在主体工程验收时,验收小组通过混凝土回弹法推定混凝土的实际强度等级为C30左右。这时邀请四川省建筑科学研究院做钻芯取样鉴定混凝土的实际强度等级为C30~C35,经原设计单位重新进行结构荷载核算,达到设计要求。从这两个案例可以看出,工程设计变更必然与技术、经济签证关系密切。因此,加强工程设计变更管理工作至关重要,尤其是在程序上管好变更设计。

施工中发包人需对原工程设计进行变更,应提前14天以书面形式向承包人发出变更通知。变更超过原设计标准或批准的建设规模时,发包人应报规划管理部门和其他有关部门重新审查批准,并由原设计单位提供变更的相应图样和说明。因变更导致合同价款的增减及造成的承包人损失,由发包人承担,延误的工期相应顺延。监理工程师同意采用承包人合理化建议,所发生的费用和获得的收益,发包人、承包人另行约定分担或分享。施工中承包人不得对原工程设计进行变更。因承包人擅自变更设计发生的费用和由此导致发包人的直接损失,由承包人承担,延误的工期不予顺延。承包人在施工中提出的合理化建议涉及对设计图或施工组织设计的更改及对材料、设备的换用,须经工程师同意,未经同意擅自更改或换用时,承包人承担由此发生的费用,并赔偿发包人的有关损失,延误的工期不予顺延。

（3）确定变更价款　承包人在工程变更确定后 14 天内，提出变更工程价款的报告，经工程师确认后调整合同价款。承包人在双方确定变更后 14 天内不向工程师提出变更工程价款报告时，视为该项变更不涉及合同价款的变更。工程师应在收到变更工程价款报告之日起 14 天内给予确认，工程师无正当理由不确认的，自变更工程价款报告送达之日起 14 天后视为变更工程价款报告已被确认。工程师不同意承包人提出的变更价款，按有关争议的约定处理。变更合同价款确定的原则如下：

1）合同中已有适用于变更工程的价格，按合同已有的价格变更合同价款。

2）合同中只有类似于变更工程的价格，可以参照类似价格变更合同价款。

3）合同中没有适用或类似于变更工程的价格，由承包人提出适当的变更价格，经工程师确认后执行。

4）因承包人自身原因导致的工程变更，承包人无权要求追加合同价款。

5）工程师确认增加的工程变更价款作为追加合同价款，与工程款同期支付。

11．不可抗力事件

不可抗力事件的发生会造成很大的影响，合同当事人必须具有较强的风险意识，并具有转移、承担风险的能力。不可抗力的因素包括因战争、动乱、空中飞行物体坠落或其他非发包人、承包人责任造成的爆炸、火灾，以及专用条款约定的风、雨、雪、洪水、地震等自然灾害。不可抗力事件发生后，承包人应立即通知工程师，并在力所能及的条件下迅速采取措施，尽力减少损失，发包人应协助承包人采取措施。工程师认为应当暂停施工的，承包人应暂停施工。不可抗力事件结束后 48h 内承包人向工程师通报受害情况和损失情况，及预计清理和修复的费用。不可抗力事件持续发生，承包人应每隔 7 天向工程师报告一次受害情况。不可抗力事件结束后 14 天内，承包人向工程师提交清理和修复费用的正式报告及有关资料。

（1）不可抗力事件发生后的法律责任　在合同约定的工期内，因不可抗力事件导致的费用增加或者延误的工期按以下方法分别承担：

1）工程本身的损害、因工程损害导致第三方人员伤亡和财产损失以及运至施工场地用于施工的材料和待安装的设备的损害，由发包人承担。

2）发包人、承包人人员伤亡由其所在单位负责，并承担相应费用。

3）承包人机械设备损坏及停工损失，由承包人承担。

4）停工期间，承包人应工程师要求留在施工场地的必要的管理人员及保卫人员的费用由发包人承担。

5）工程所需清理、修复费用，由发包人承担；延误的工期相应顺延。

（2）迟延履行合同期间内发生的不可抗力事件的免责条款无效　因合同一方迟延履行合同后发生不可抗力的，不能免除迟延履行方的相应责任。

8.3.3 竣工验收阶段的合同管理

1. 工程试车

工程试车是指在建设项目竣工验收前后对建筑工程本身的所有设备安装工程进行性能负荷检验，以判断是否达到设计能力的项目评价行为，包括竣工前的无负荷试车和竣工后的投料试车。

（1）竣工前的无负荷试车　竣工前的无负荷试车可分为单机无负荷试车、联动无负荷试车。双方在合同中约定需要试车的，试车内容应该与承包人所承包的安装工程范围一致。设备安装工程具备单机无负荷试车条件的，承包人组织试车，并在试车前48h以书面形式通知工程师。通知内容包括试车内容、时间、地点。承包人准备试车记录，发包人根据承包人要求为试车提供必要条件。试车合格，工程师在试车记录上签字。对于工程师不能按时参加试车的，须在开始试车前24h以书面形式向承包人提出延期要求，延期不能超过48h。工程师未能按以上时间提出延期要求，不参加试车，应认定试车记录合格。设备安装工程具备无负荷联动试车条件，发包人组织试车，并在试车前48h以书面形式通知承包人。通知内容包括试车内容、时间、地点和对承包人的要求，承包人按要求做好准备工作。试车合格，双方在试车记录上签字。

（2）竣工后的投料试车　投料试车应在工程竣工验收后由发包人负责，如发包人要求在工程竣工验收前进行或需要承包人配合时，应征得承包人同意，另行签订补充协议，因为带负荷试车不属于承包人的工作范围。

（3）试车过程中双方的责任划分

1）由于设计原因试车达不到验收要求，发包人应要求设计单位修改设计，承包人按修改后的设计重新安装。发包人承担修改设计、拆除及重新安装的全部费用和追加合同价款，工期相应顺延。

2）由于设备制造原因试车达不到验收要求，由该设备采购一方负责重新购置或修理，承包人负责拆除和重新安装。设备由承包人采购的，由承包人承担修理或重新购置、拆除及重新安装的费用，工期不予顺延；设备由发包人采购的，发包人承担上述各项追加合同价款，工期相应顺延。

3）由于承包人施工原因试车达不到验收要求，承包人按工程师要求重新安装和试车，并承担重新安装和试车的费用，工期不予顺延。

4）试车费用除已包括在合同价款之内或专用条款另有约定外，均由发包人承担。

5）工程师在试车合格后不在试车记录上签字，试车结束24h后，视为工程师已经认可试车记录，承包人可继续施工或办理竣工手续。

2. 竣工验收

工程未经竣工验收或竣工验收未通过的，发包人不得使用。发包人强行使用时，由此发生的质量问题及其他问题，由发包人承担责任。在工程实践中，工程竣工验收分为工程竣工预验收和正式竣工验收。工程具备竣工验收条件,承包人按国家工程竣工验收有关规定,向发包人提供完整竣工资料及竣工验收报告。双方约定由承包人提供竣工图的,应当在专用条款内约定提供的日期和份数。发包人收到竣工验收报告后 28 天内组织有关单位验收,并在验收后 14 天内给予认可或提出修改意见。承包人按要求修改,并承担由自身原因造成修改的费用。发包人收到承包人送交的竣工验收报告后 28 天内不组织验收,或验收后 14 天内不提出修改意见,视为竣工验收报告已被认可。

(1) 工程竣工预验收　工程竣工预验收是在总监理工程师的主持下,由建设、监理、地勘、设计、施工单位(包含各相关的分包单位)共同组成的工程质量验收小组,对工程实体的外观观感、功能、强制性规定等进行的缺陷检查,并对工程是否具备正式验收条件做出判断的过程。以成都市工程做法为例,在工程中通常采用工程竣工预验收质量缺陷记录清单反映工程竣工预验收工作过程。工程竣工预验收质量缺陷记录清单。见表 8-5。

表 8-5　工程竣工预验收质量缺陷记录清单

序号	预验收部位	质量缺陷特征描述	限期整改时间	限期整改人
	强制性验收			
	一般性验收			

(2) 正式竣工验收　正式竣工验收是在工程竣工预验收,整改合格的基础之上实施的项目管理评价过程。正式竣工验收的主体除已参加工程竣工预验收的外,还增加政府质量监督机构、消防以及人民防空主管单位。如果工程竣工一次性验收通过,承包人所送交的竣工验收报告日期就是实际竣工日期。工程按发包人要求修改后通过竣工验收的,实际竣工日期为承包人修改后提请发包人验收的日期。

1) 颁发工程接收证书。工程通过竣工检验达到了合同规定的"基本竣工"要求后,承包人在他认为可以完成移交工作前 14 天以书面形式向工程师申请颁发接收证书。基本竣工是指工程已通过竣工检验,能够按照预定目的交给业主占用或使用,而非完成了合同规定的包括扫尾、清理施工现场及不影响工程使用的某些次要部位缺陷修复工作后的最终竣工,剩余工作允许承包人在缺陷通知期内继续完成。这样规定有助于准确判定承包人是否按合同规定的工期完成了施工义务,也有利于业主尽早使用或占有工程,及时发挥工程效益。

监理工程师接到承包人申请后的 28 天内,如果认为已满足竣工条件,即可颁发工程接收证书;若不满意,则应书面通知承包人,指出还需完成哪些工作后才达到基本竣工条件。工程接收证书中包括确认工程达到竣工的具体日期。工程接收证书颁发后,不仅表明承包人对该部分工程的施工义务已经完成,而且对工程照管的责任也转移给发包人。

如果合同约定工程不同区段有不同竣工日期时,每完成一个区段均应按上述程序颁发部分工程的接收证书。

2）特殊情况下的证书颁发程序。

①业主提前占用工程。工程师应及时颁发工程接收证书，并确认发包人占用日为竣工日。提前占用或使用表明该部分工程已达到竣工要求，对工程照管责任也相应转移给发包人，但承包人对该部分工程的施工质量缺陷仍负有责任。工程师颁发接收证书后，应尽快给承包人采取必要措施完成竣工检验的机会。

②因非承包人原因导致不能进行规定的竣工检验。有时也会出现施工已达到竣工条件，但由于不应由承包人负责的主观或客观原因不能进行竣工检验。如果等条件具备进行竣工试验后再颁发接收证书，既会因推迟竣工时间而影响到对承包人是否按期竣工的合理判定，也会产生在这段时间内对该部分工程的使用和照管责任不明。针对此种情况，工程师应以本该进行竣工检验日签发工程接收证书，将这部分工程移交给业主照管和使用。工程虽已接收，仍应在缺陷通知期内进行补充检验。当竣工检验条件具备后，承包人应在接到工程师指示进行竣工试验通知的14天内完成检验工作。由于非承包人原因导致缺陷通知期内进行的补检，属于承包人在投标阶段不能合理预见到的情况，该项检查试验比正常检验多支出的费用应由业主承担。

（3）未能通过竣工检验

1）重新检验。如果工程或某区段未能通过竣工检验，承包人对缺陷进行修复和改正，在相同条件下重复进行此类未通过的试验和对任何相关工作的竣工检验。

2）重复检验仍未能通过。当整个工程或某区段未能通过按重新检验条款规定所进行的重复竣工检验时，工程师应有权选择以下任何一种处理方法：

①指示再进行一次重复的竣工检验。

②如果由于该工程缺陷致使业主基本上无法享用该工程或区段所带来的全部利益，拒收整个工程或区段（视情况而定），在此情况下，发包人有权获得承包人的赔偿，包括发包人为整个工程或该部分工程（视情况而定）所支付的全部费用以及融资费用；拆除工程、清理现场和将永久设备和材料退还给承包人所支付的费用。

3）颁发一份接收证书（如果发包人同意的话），折价接收该部分工程。合同价格应按照可以适当弥补由于此类失误而给发包人造成的减少的价值数额予以扣减。

质量保修金的支付方法，其他项目的保修期限由发包人与承包人约定，建设工程的保修期自竣工验收合格之日起计算。建设工程在超过合理使用年限后需要继续使用的，产权所有人应当委托具有相应资质等级的勘察、设计单位鉴定，并根据鉴定结果采取加固、维修等措施，重新界定使用期。

3. 竣工结算

颁发工程接收证书后的84天内，承包人应按工程师规定的格式报送竣工报表。报表内容如下：

1）到工程接收证书中指明的竣工日止，根据合同完成全部工作的最终价值。

2）承包人认为应该支付给他的其他款项，如要求的索赔款、应退还的部分保留金等。

3）承包人认为根据合同应支付给他的估算总额。估算总额是指这笔金额还未经过工程师审核同意。估算总额应在竣工结算报表中单独列出，以便工程师签发支付证书。

4. 工程竣工结算的违约责任

1）工程竣工验收通过并经发包人认可后的28天内，承包人向发包人递交竣工结算报告及完整的结算资料，双方按照协议书约定的合同价款及专用条款约定的合同价款调整内容，进行工程竣工结算。

2）发包人收到承包人递交的竣工结算报告及结算资料后28天内进行核实，给予确认或者提出修改意见。发包人确认竣工结算报告后通知经办银行向承包人支付工程竣工结算价款。承包人收到竣工结算价款后14天内将竣工工程交付发包人。

3）发包人收到竣工结算报告及结算资料后28天内无正当理由不支付工程竣工结算价款，从第29天起按承包人同期向银行贷款利率支付拖欠工程价款的利息，并承担违约责任。

4）发包人收到竣工结算报告及结算资料后28天内不支付工程竣工结算价款，承包人可以催告发包人支付结算价款。发包人在收到竣工结算报告及结算资料后56天内仍不支付的，承包人可以与发包人协议将该工程折价，也可以由承包人申请人民法院将该工程依法拍卖，承包人就该工程折价或者拍卖的价款优先受偿。

5）工程竣工验收报告经发包人认可后28天内，承包人未能向发包人递交竣工结算报告及完整的结算资料，造成工程竣工结算不能正常进行或工程竣工结算价款不能及时支付，发包人要求交付工程的，承包人应当交付；发包人不要求交付工程的，承包人承担保管责任。

6）发包人、承包人对工程竣工结算价款发生争议时，按合同通用条款中关于争议的约定处理。

8.4 合同纠纷处理与防范措施

8.4.1 合同纠纷处理

1. 合同纠纷处理方式

解决合同纠纷共有4种方式。一是用协商的方式自行解决，这是最好的方式；二是用调解的方式，由有关部门帮助解决；三是用仲裁的方式由仲裁机关解决；四是用诉讼的方式，即向人民法院提起诉讼以寻求纠纷的解决。

（1）协商　当事人在友好的基础上，通过相互协商谈判解决纠纷。协商是指合同纠纷的当事人，在自愿互谅的基础上，按照国家有关法律、政策和合同的约定，通过摆事实、讲道理，达成和解协议，自行解决合同纠纷的一种方式。这是人们倡导的最佳的解决合同纠纷的方式。对于合同纠纷，尽管可以用仲裁、诉讼等方法解决，但由于这样解决不仅费时、费力、费钱财，而且也不利于团结，不利于以后的合作与往来。用协商的方式解决，程序简便、及时迅速，有利于减轻仲裁和审判机关的压力，节省仲裁、诉讼费用，有效地防止经济损失进一步扩大，也有利于增强纠纷当事人之间的友谊，有利于巩固和加强双方的协作关系，扩大往来，推动经济的发展。由于这种处理方法好，在涉外经济合同纠纷的处理中，也广泛使用。

合同双方当事人之间自行协商解决纠纷应当遵守以下原则：一是平等自愿原则。不允许任何一方强迫对方进行协商，更不能以断绝供应、终止协作等手段相威胁，迫使对方达成只有对方尽义务，没有自己负责任的"霸王协议"。二是合法原则。双方达成的和解协议的内容要符合法律和政策规定，不能损害国家利益、社会公共利益和他人的利益。否则，当事人之间为解决纠纷达成的协议无效。

发生合同纠纷的双方当事人在自行协商解决纠纷的过程中应当注意以下问题：第一，分清是非与责任，这是协商解决纠纷的基础。当事人双方不能一味地推卸责任，否则，不利于纠纷的解决。因为，如果双方都认为自己有理，责任在对方，则难以做到互相谅解和达成协议。第二，态度端正，坚持原则。在协商过程中，双方当事人既互相谅解、以诚相待、勇于承担各自的责任，又不能一味地迁就对方，进行无原则的和解。若在纠纷中发现投机倒把、行贿受贿，以及其他损害国家利益和社会公共利益的违法行为，要进行揭发。对于违约责任的处理，只要合同中约定的违约责任条款是合法的，就应当追究违约责任，过错方应主动承担违约责任，受害方也应当积极向过错方追究违约责任，决不能以协作为名，假公济私，中饱私囊。第三，及时解决。如果当事人双方在协商过程中出现僵局，争议迟迟得不到解决时，就不应该继续坚持协商解决的办法，否则会使合同纠纷进一步扩大，特别是一方当事人有故意的不法侵害行为时，更应当及时采取其他方法解决。

（2）调解　合同当事人如果不能协商一致，可以要求有关机构调解，一方或双方是国有企业的，可以要求上级机关进行调解。上级机关应在平等的基础上分清是非进行调解，而不能进行行政干预。当事人还可以要求合同管理机关、仲裁机构、法庭等进行调解。调解有以下三个特征：

1）调解是在第三方的主持下进行的，这与双方自行和解有着明显的不同。

2）主持调解的第三方在调解中只是说服劝导双方当事人互相谅解，达成调解协议而不是做出裁决，这表明调解和仲裁不同。

3）调解是依据事实和法律、政策，进行的合法调解，而不是不分是非，不顾法律与政策地调解。

发生合同纠纷的双方当事人在通过第三方主持调解解决纠纷时，应当遵守以下原则：

1）自愿原则。自愿有两方面的含义：一是纠纷发生后，是否采用调解的方式解决，完全依靠当事人的自愿。调解不同于审判，如果纠纷当事人双方根本不愿用调解方式解决纠纷，那么就不能进行调解。二是指调解协议必须是双方当事人自愿达成。调解人在调解过程中要耐心听取双方当事人的意见，在查明事实的基础上，对双方当事人进行说服教育、耐心劝导，晓之以理、动之以情，促使双方当事人互相谅解，达成协议。调解人既不能代替当事人达成协议，也不能把自己的意志强加给当事人。如果当事人对协议的内容有意见，则协议不能成立，调解无效。

2）合法原则。根据合法原则的要求，双方当事人达成协议的内容不得同法律和政策相抵触，凡是有法律、法规规定的，按法律、法规的规定执行；法律、法规没有明文规定，应根据党和国家的方针、政策、并参照合同规定和条款进行处理。

根据国家有关的法律和法规的规定，合同纠纷的调解，主要有以下三种类型：

1）行政调解，是指根据一方或双方当事人的申请，当事人双方在其上级业务主管部门主持下，通过说服教育，自愿达成协议，从而解决纠纷的一种方式。对于企业单位来说，有关行政领导部门和业务主管部门，是下达国家计划并监督其执行的上级领导机关，它们一般比较熟悉本系统各企业的生产经营和技术业务等情况，更容易在符合国家法律、政策或计划的要求下，具体运用说服教育的方法，说服当事人互相谅解，达成协议；如果当事人属于同一业务主管部门，则解决纠纷是该业务主管部门的一项职责，在这种情况下，当事人双方容易达成协议；如果当事人双方分属不同的企业主管部门，则可由双方的业务主管部门共同出面进行调解。应当注意合同纠纷经业务主管部门调解，当事人双方达成调解协议的，要采用书面形式写成调解书作为解决纠纷的依据。

2）仲裁调解，是指合同当事人在发生纠纷时，依照合同中的仲裁条款或者事先达成的仲裁协议，向仲裁机构提出申请，在仲裁机构主持下，根据自愿协商、互谅互让的原则，达成解决合同纠纷的协议。根据我国《仲裁法》的有关规定，由仲裁机构主持调解形成的调解协议书与仲裁机构所作的仲裁裁决书具有同等的法律效力。生效后具有法律效力，一方当事人如果不执行，另一方可以向人民法院提出申请，要求对方执行，对方拒不执行的，人民法院可以依法依照生效的调解协议书强制其执行。

3）法院调解，又称为诉讼中的调解，是指在人民法院的主持下，双方当事人平等协商，达成协议，经人民法院认可后，终结诉讼程序的活动。合同纠纷起诉到人民法院之后，在审理中，法院首先要进行调解。用调解的方式解决合同纠纷，是人民法院处理合同纠纷的重要方法。在人民法院主持下达成调解协议，人民法院据此制作的调解书，与判决具有同等效力。调解书只要送达双方当事人，便产生法律效力，双方都必须执行，如不执行，另一方当事人可以向人民法院提出申请，要求人民法院强制执行。根据《民事诉讼法》的规定，人民法院进行调解也必须坚持自愿、合法的原则，调解达不成协议或调解无效的，应当及时判决，不应久调不决。

（3）仲裁　合同当事人协商不成，不愿调解的，可根据合同中规定的仲裁条款或双方在纠纷发生后达成的仲裁协议向仲裁机构申请仲裁。根据我国《仲裁法》规定，通过仲裁解决的争议事项，一般仅限于在经济、贸易、海事、运输和劳动中产生的纠纷，如果是因人身关系和与人身关系相联系的财产关系而产生的纠纷，则不能通过仲裁解决，而且依法应当由行政机关处理的行政争议，也不能通过仲裁解决。合同仲裁有以下几个特点：

1）合同仲裁是合同双方当事人自愿选择的一种方法，体现了仲裁的"意思自治"的性质，即合同纠纷发生后，是否通过仲裁解决，完全要根据双方当事人的意愿决定，不得实行强制。如果一方当事人要求仲裁，而另一方当事人不同意，双方又没有达成仲裁协议，则不能进行仲裁。另外，仲裁地点、仲裁机构以及需要仲裁的事项，也都根据双方当事人的意志在仲裁协议中自主选择决定。

2）合同纠纷仲裁中，第三者的裁断具有约束力，能够最终解决争议。虽然合同纠纷的仲裁是由双方当事人自主约定提交的，但是仲裁裁决一经做出，法律即以国家强制力来保证其实施。合同纠纷经济仲裁做出裁决后，即发生法律效力，双方当事人都必须执行，如果一方当事人不执行裁决，对方当事人则有权请求法院予以强制执行。

3）合同纠纷的仲裁方便、简单、及时、低廉。首先，我国合同仲裁实行一次裁决制度，即仲裁机构做出的一次性裁决，为发生法律效力的裁决，双方当事人对发生法律效力的仲裁都必须履行，不得再就同一案件起诉。因为，既然当事人自主、自愿协议选择仲裁来解决合同纠纷，就意味着当事人对于仲裁机构和裁决的信任，就应当服从并积极履行仲裁裁决。其次，仲裁可以简化诉讼活动的一系列复杂程序和阶段，如起诉、受理、调查取证、调解、开庭审理、当事人的双方进行辩论及提起上诉等程序。规范仲裁程序的基本原则主要有：

①当事人自愿原则。当事人采用仲裁方式解决仲裁纠纷，应当双方自愿、达成仲裁协议，没有仲裁协议，一方申请仲裁的，仲裁委员会不予受理。具体来说，该原则主要表现在以下几个方面：第一，选择冲裁方式解决纠纷是以当事人自愿协议为前提的。任何仲裁机构都不应受理未经自愿协议而提交仲裁的案件。而当事人一旦自愿达成选择以仲裁方式解决纠纷的协议，该协议不但对协议当事人，而且对人民法院也具有程序上的约束力。第二，当事人要以自愿协议选择仲裁机构和仲裁地点，《仲裁法》第六条规定，仲裁委员会应当由当事人协商选定。仲裁不实行级别管辖和地域管辖。这也是仲裁在某种意义上优越于诉讼之处，而且仲裁委员会的设立不按行政区域设立，有利于消除当前解决合同纠纷过程中不良的地方保护主义倾向。第三，当事人有权自愿选择审理案件的仲裁员。

②仲裁的独立性原则。仲裁依法独立进行，不受行政机关、社会团体和个人的干涉。从整个仲裁法的精神来看，该原则主要表现为仲裁机构的独立性和仲裁员办案的独立性这两个方面。

③公平合理原则。仲裁的公平合理是仲裁制度的生命力所在。这一原则要求仲裁机构要充分收集证据，听取纠纷双方的意见。仲裁应当根据事实，同时，仲裁应当符合法律规定。

④仲裁一裁终局的原则。仲裁实行一裁终局的制度。裁决做出后，当事人就同一纠纷再申请仲裁或者向人民法院起诉的，仲裁委员会或者人民法院不予受理。这主要是从仲裁裁决的法律约束力来说的。第一，对合同双方当事人来说，仲裁裁决具有既判力。从形式

上看，当事人不得对同一合同纠纷基于同一的事实和理由再次申请仲裁或者向法院起诉；从实质上看，当事人对争议的合同事实与法律问题不得再次争执，即合同争执已依仲裁程序法定地给予消除。第二，对仲裁来说，仲裁裁决不得擅自变更，一裁即终局。第三，对人民法院来说，对仲裁庭所裁决的合同关系无司法管辖权。

（4）诉讼　如果合同中没有订立仲裁条款，事后也没有达成仲裁协议，合同当事人可以将合同纠纷起诉到法院，寻求司法解决。诉讼是解决合同纠纷的最终形式。合同纠纷诉讼是指人民法院根据合同当事人的请求，在所有诉讼参与人的参加下，审理和解决合同争议的活动，以及由此而产生的一系列法律关系的总和。它是民事诉讼的重要组成部分，是解决合同纠纷的一种重要方式。与其他解决合同纠纷的方式相比，诉讼是最有效的一种方式，之所以如此，首先是因为诉讼由国家审判机关依法进行审理裁判，最具有权威化性；其次，裁判发生法律效力后，以国家强制力保证裁判的执行。合同纠纷诉讼和其他解决合同纠纷的方式特别是和仲裁方式相比，具有以下几个特点：

1）诉讼是人民法院基于一方当事人的请求而开始的，若当事人不提出要求，人民法院不能依职权主动进行诉讼。当事人不向人民法院提出诉讼请求，而向其他国家机关提出要求保护其合法权益的，不是诉讼，不能适用民事诉讼程序予以保护。

2）法院是国家的审判机关，它是通过国家赋予的审判权来解决当事人双方之间的争议的。审判人员是国家权力机关任命的，当事人没有选择审判人员的权利，但是享有申请审判人员回避的权利。

3）人民法院对合同纠纷案件具有法定的管辖权，只要一方当事人向有管辖权的法院起诉，法院就有权依法受理。

4）诉讼的程序比较严格、完整。例如，民事诉讼法规定，审判程序包括第一审程序、第二审程序、审判监督程序等。第一审程序又包括普通程序和简易程序。此外，还有撤诉、上诉、反诉等制度，这些都是其他方式所不具备的。

5）人民法院依法对案件进行审理做出的裁判生效后，不仅对当事人具有约束力，而且对社会具有普遍的约束力。当事人不得就该判决中确认的权利义务关系再行起诉，人民法院也不再对同一案件进行审理。负有义务的一方当事人拒绝履行义务时，权利人有权申请人民法院强制执行，任何公民、法人包括其他组织都要维护人民法院的判决，有义务协助执行的单位或个人积极负责地协助人民法院执行判决，如果拒不协助执行或者阻碍人民法院判决的执行，行为人将承担相应的法律后果。以国家强制力作后盾来保证裁判的实现也是诉讼形式别于其他解决纠纷形式的一个显著的特点。

2．合同纠纷的处理原则

合同纠纷的处理有协商、调解、仲裁、诉讼等四种方式，到底采用哪种方式，可由当事人自行选择。但在实践中，不论采取哪种方式，都要以"弄清事实，分清是非，明确责任，适用条款"为前提并坚持以下原则：

（1）协商为主的原则　合同纠纷发生时，要立足于双方通过协商解决。协商解决合同纠纷，符合当事人双方的经济利益，有利于维护各自的合法权益。合同纠纷给当事人双方都会带来一定的经济损失，如果不能及时解决，损失会更大。协商既可以减轻仲裁机构和人民法院的工作，又可以减少当事人双方的经济损失。

（2）调解优先的原则　这主要指合同纠纷无法协商解决时，无论是仲裁机构还是人民法院，都应该先行调解，通过调解让双方自愿达成协议，只有在调解不能解决双方的纠纷时，才采用仲裁或诉讼的方式。

8.4.2 合同纠纷防范措施

合同纠纷的防范既可以在合同订立前进行，也可以在合同订立时进行，还可以在合同履行过程中进行。具体说来，进行合同纠纷的预防，主要有以下几项措施：

1. 充分了解《民法典》合同编及其相关法律，行政法规及司法解释的规定

《民法典》合同编是规范当事人合同行为的基本法律，当事人应当予以充分的了解，除此之外，其他法律、行政法规、司法解释也对某一具体合同或合同的一些共性问题进行规范。如《保险法》对保险合同做了具体规定，《知识产权法》对有关专利、商标、著作权等合同做了具体规定等，当事人也应予以了解。《民法典》合同编规定的主要内容有：合同的含义，订立合同的基本原则（自愿、公平、诚信、合法等），合同订立的程序，合同的有效与无效，合同履行的原则、抗辩权、中止履行、代位权、撤销权等。合同变更和转让的条件与程序，合同终止的事由、程序、条件等，违约责任，合同的具体种类（如买卖合同、赠与合同、借款合同、租赁合同、技术合同、委托合同）等，当事人了解了合同及其相关法律法规的规定，有利于详细、合法地订立合同条款，避免因合同条款的漏洞或无效而引起合同纠纷。

2. 调查了解对方当事人的履约能力等状况

订立合同之前事先调查了解对方当事人的资信状况是非常重要的，这样可以有效地避免欺诈纠纷和违约纠纷。调查了解资信状况主要指查验对方当事人的营业执照，了解对方当事人的信誉程度等。如果对方当事人资信状况良好，则合同订立后履约就可能得到保证；如果对方当事人资信状况不佳、商业信誉不好，甚至濒临破产，自然欠缺或没有足够的履约能力，与这样的当事人签订合同就会有很大的风险，合同订立后也很可能会产生纠纷。当事人在调查了解对方当事人的资信状况的同时，还应了解签约对方的主体资格，即在合同上签字的人是否具备签署合同的资格。一般来说，公民本人、法人的法定代表人、其他组织的负责人均具有签约主体的资格。其他人员代表公民个人、法人或其他组织签订合同时，必须有授权委托书，尤其是在通过代理人签订合同的场合，代理人应当出具被代理人（委托人）的合法有效的授权委托书。否则，合同签订后，由于合同形式要件不具备可能引起合同无效纠纷。

3. 精心准备合同条款

合同条款是当事人履行合同的依据。为避免因条款的不完备或歧义而引起合同纠纷，当事人应精心准备合同条款。除了法律的强制性规定外，其他合同条款都可以在协商一致基础上进行约定。法律给予了合同当事人订立合同的充分自由，当事人应详细约定，尤其是关于合同标的（包括名称、种类等）、数量、质量、价款或者报酬、履行期限、履行地点、履行方式、违约责任（违约金或违约损失赔偿额的计算方法等），解决争议的方法等合同主要条款。此外，根据合同性质或当事人需要特别约定的条款也应详细规定。除了在订立合同时要精心准备合同条款外，对于合同需要变更、转让、解除等内容也应详细说明，以避免不必要的合同纠纷。如果合同有附件，如大型建设工程合同，对于附件的内容也应精心准备，并注意保持与主合同的一致性，不要相互之间产生矛盾；对于一项既有用投标书，又有正式合同书、附件等包含多项内容的合同，要在条款中列明适用的顺序。例如，对于优先适用正式的合同书，合同书没有规定时，可适用附件和招标投标书的规定，并且规定正式合同书可以约束附件及招标投标书等。再如，中外合作企业合同中，依次的适用顺序是：合作双方的协议、合作合同、章程等。总之，精心准备合同条款，可以有效地避免合同纠纷。

4. 及时、依法办理法律规定的批准、登记等手续，办理合同公证

有些合同，如技术引进合同等，法律规定必须办理批准、登记等手续后才生效。当事人应当及时将此类合同依法办理手续，以免因此而产生合同无效纠纷。此外，有关部门在对合同进行批准时，也会对当事人的资格、合同的内容等进行审查，无形中也对合同的履行上了一道"保险"，还有利于避免合同纠纷。当前，合同公证在保证合同有效性上起着很大的作用。因此，为避免合同纠纷，保证合同订立的合法性、有效性，当事人可以将签订约合同到公证机关进行公证。经过公证的合同，具有法律上的强制执行的效力。当事人除了将合同进行公证外，还可以将合同进行鉴证，即交律师事务所等机构从法律上给予鉴定是否合法有效。不过，鉴证没有法律上的强制执行效力，这一点不如公证机关的公证，但无论是公证，还是鉴证，都可减少合同纠纷的发生。

5. 及时履行自己的义务，相互协作，共同解决合同履行过程中的问题

合同双方当事人签订合同后，应当依法和依约履行各自的合同义务，相互协作、共同为实现合同目的而努力。就避免合同纠纷而言，任何一方当事人应及时履行自己的义务与对方当事人相互协作，共同解决合同履行过程中的问题。同时，应随时注意合同履行过程中的变化，对于出现的可变更、解除的事由应及时通知对方当事人，并注意保存相同的证据，以免在情节上纠缠不清。当事人应尽的基本义务，如及时通知、协助、提供必要条件、保密等。例如，在合同履行过程中若发生不可抗力，遭受不可抗力的一方当事人应通知对方当事人不可抗力发生的时间，对合同履行的影响，出具有关证明，采取措施防止损失扩大，并主动与对方当事人商议解决办法等。

第8章 建设工程施工合同管理

小 结

本章介绍了建设工程施工合同有关概念、合同订立、施工阶段合同管理以及合同纠纷与防范措施。重点介绍了建设工程施工合同示范文本中的相关概念、合同优先解释顺序、合同订立的原则及合同纠纷与防范措施等知识。合同管理是直接为项目总目标和建筑企业的总目标服务的,建设工程施工合同管理分为建设行政主管部门管理和当事人合同履行管理两个层次。主管部门的施工合同管理内容是监督合同的签订遵守国家法律、法规、规范性文件,遵循平等互利、协商一致、等价有偿的原则,不得损害国家、社会、第三者和双方利益,合同的合法性。当事人的合同履行管理主要包括签订管理、履行管理和档案管理。对合同的纠纷进行调解,对违法合同进行查处。在使用示范文本时,要依据通用条款,结合专用条款,逐条进行谈判,明确双方的权利和义务。双方对合同的内容取得完全一致意见后,即可正式签订合同文件,经双方签字、盖章后,施工合同成立,送建设行政主管部门备案后,施工合同正式生效。

思 考 题

8-1 施工合同的概念是什么?施工合同的特点有哪些?施工合同的作用是什么?

8-2 承包商的合同管理工作有哪些?

8-3 施工准备阶段的合同管理工作有哪些?

8-4 施工阶段的合同管理工作有哪些?

8-5 竣工验收阶段的合同管理工作有哪些?

8-6 合同管理的重点是什么?

第 9 章

建设工程施工合同索赔

学习目标：

通过学习建设工程施工合同索赔基本知识，了解建筑工程施工索赔的概念及产生索赔的原因；熟悉索赔程序与技巧；掌握索赔计算。

关键词：

索赔　工期索赔　费用索赔

9.1 建设工程施工索赔相关知识

9.1.1 施工索赔

1. 索赔

索赔是当事人在合同实施过程中，根据法律、合同规定及惯例，对不应由自己承担责任的情况所造成的损失，向合同的另一方当事人提出给予赔偿或补偿要求的行为。索赔权利的享有是相对的，即发包人、承包人、分包人都享有。在工程承包市场上，一般将工程承包人提出的索赔称为施工索赔，即由于发包人或其他方面的原因，致使承包人在项目施工中付出了额外的费用或造成了损失，承包人通过合法途径和程序，如谈判、诉讼或仲裁，要求发包人补偿其在施工中的费用损失的行为。

2. 索赔的特征

从索赔的基本含义，可以看出索赔具有以下基本特征：

1）索赔是要求给予赔偿（或补偿）的权利主张，是一种合法的正当权利要求。

2）索赔是双向的。合同当事人（含发包人、承包人）双方都可以向对方提出索赔要求，被索赔方可以对索赔方提出质疑，拒绝对方不合理的索赔请求。

第9章 建设工程施工合同索赔

3）只有实际发生了经济损失或权利损害，而且必须有确凿的证据，一方才能给予对方相应的赔偿（或补偿）。经济损失是指因对方之故造成合同额外经济支出，如人工费、材料费、机械费、管理费等。一般情况下，由此产生费用索赔。权利损害是指虽然没有经济上的损失，但造成了一方权利上的损害，如由于恶劣气候条件对工程进度的不利影响，承包人有权要求工期延长等。

4）索赔的依据是所签订的合同和有关法律、法规和规章及其他证据。

5）索赔的目的是补偿索赔方在工期和经济上的损失。

3. 索赔成立的条件

监理工程师判定承包人索赔成立时，必须同时具备下列三个条件：

1）索赔事件已造成承包人施工成本的额外支出或者工期延长。

2）产生索赔事件的原因属于非承包人之故。所谓"非承包人之故"是指因建设单位原因、不可抗力原因等，或者按合同约定不属于承包人应承担的责任，包括行为及风险责任等。

3）承包人在规定的时间范围内提交了索赔意向通知，"承包人在规定的时间范围内"是指索赔事件发生后的28天内（对持续发生的索赔事件除外）。

9.1.2 索赔事件产生的原因

索赔是一种正当的权利行为，它是在正确履行合同的基础上争取合理的偿付，与守约、合作并不矛盾。由于工程的特殊性，引起工程索赔的原因复杂多变，主要有以下几个方面：

1. 设计方面

在施工图设计时，难免出现施工图设计与现场实际施工在地质、环境等方面存在差异，设备、材料的名称、规格型号表示不清楚等多方面设计缺陷。此外，随着社会的发展，科技时代的到来，人们对生活、居住、工作等环境条件不断提出新的要求，各种各样的新工艺、新技术层出不穷，建设单位（或业主）为满足社会日益增长的物质和精神需要，对工程项目建设的质量、功能要求也越来越高，并在不断的追求完善，给设计出尽善尽美的施工图带来一定的难度。这些都会给工程项目建设在施工上带来不利的影响，导致工程项目的建设费用、建设工期发生变化，从而产生了费用、工期等方面的索赔事件。

2. 施工合同方面

施工合同一般采用标准合同示范文本。虽然标准合同示范文本已包括工程项目建设在施工过程中双方应有的权利和应尽的义务，但由于工程项目建设的复杂性和施工工期以及自然环境、气候、签订合同时技术语言不严谨等因素的存在，都有可能导致合同双方在履行过程中出现各种矛盾，从而引起因签订施工合同疏忽和用词不严谨的施工索赔。

3. 意外风险和不可预见因素

在施工过程中发生了如地震、台风、洪水、火山爆发、地面下陷、火灾、爆炸、泥石流、地质断层、天然溶洞和地下文物遗址等不可抗力的自然事件和意外事故，都可能产生因工程造价变化或工期延长方面的索赔事件。

4. 不依法履行施工合同

施工合同经承发包双方依法签订生效，任何一方不得擅自变更或解除或不履行合同规定的义务，是承发包双方在工程施工中遵守的规则。但在实际履行中，由于各种意见分歧或经济利益驱动等人为因素，不严格执行合同文件的事件时有发生，致使工程项目不能按质按量如期交付使用，从而引起拖欠工程款、银行利息、工期、质量等方面的工程纠纷和施工索赔。

5. 工程项目建设承发包管理模式的变化

在建筑市场中，工程项目建设承发包有总承包，分包，指定分包，劳务承包，设备、材料供应等一系列的方式，使建设工程项目承发包变得复杂。当任何一个承包合同不能顺利履行或管理不善时，都会影响工程项目建设的工期和质量，继而引起在工期、质量和经济等方面索赔事件的发生。例如，设备、材料供应商不按工程项目设计和施工要求（如质量、数量和规格型号）按时提供设备和材料，工程就不能按业主或设计和规范要求施工，因而影响工程项目建设的进度和质量。再如，业主不按合同约定支付总包方的工程款，总包方不能按合同约定给分包方支付工程款等合同违约，直接影响工程项目建设的质量和工期，最终导致业主、总包方、分包方、设备材料供应商之间产生索赔事件。

9.1.3　施工索赔的分类

1. 按索赔目的分类

（1）工期索赔　由于非承包人责任的原因而导致施工工期延误，要求批准顺延合同工期的索赔，称为工期索赔。这样，承包人可以避免承担误期损害赔偿费。工期索赔形式上是对权利的要求，以避免在原定合同竣工日不能完工时，被发包人追究拖期违约责任。一旦获得批准合同工期顺延后，承包人不仅免除了承担拖期违约赔偿费的严重风险，而且可能提前工期得到奖励，最终仍反映在经济收益上。

（2）费用索赔　费用索赔即承包人向业主要求补偿不应该由承包人自己承担的经济损失或额外开支，也就是取得合理的经济补偿。其取得的前提是：一是施工受到干扰，导致工作效率降低；二是业主指令工程变更或产生额外工程，导致工程成本增加。由于这两种情况所增加的费用或额外费用，承包人有权索赔。

2. 按索赔发生的原因分类

（1）延期索赔　延期索赔主要表现在由于发包人的原因不能按原定计划的时间进行施工所引起的索赔。由于材料和设备价格的上涨，为了控制建设的成本，发包人往往将材料和设备直接订货，再供应给施工的承包人，这样发包人则要承担因不能按时供货，而导致工程延期的风险。建设法规的改变也容易造成延期索赔。此外，设计图和规范的错误和遗漏，设计者不能及时提交审查或批准图样，引起延期索赔的事件更是屡见不鲜。

（2）工程变更索赔　工程变更索赔是指由于发包人或监理工程师指令增加或减少工程量或增加附加工程、修改设计、变更工程顺序等，造成工期延长或费用增加，承包人对此提出的索赔。

（3）施工加速索赔　施工加速索赔是由于发包人或监理工程师指令承包人加快施工速度、缩短工期，引起承包人的人、财、物的额外开支而提出的索赔。

（4）意外风险和不可预见因素索赔　在工程实施过程中，因人力不可抗拒的自然灾害、特殊风险及不能合理预见的不利施工条件或外界障碍，如地下水、地质断层、地面沉陷、地下障碍物等引起的索赔。

（5）清单编制漏项或者因为其他原因清单增项

（6）其他索赔　如因货币贬值、物价与工资上涨、政策法令变化、银行利率变化、外汇利率变化等原因引起的索赔。

3. 按索赔的处理方式分类

（1）单项索赔　单项索赔是指采取一事一索赔的方式，即在每一件索赔事项发生后，报送索赔通知书，编报索赔报告，要求单项解决支付，不与其他的索赔事项混在一起。工程索赔通常采用这种方式，它能有效避免多项索赔的相互影响和制约，解决起来比较容易。

（2）总索赔　总索赔是指承包人在工程竣工决算前，将施工过程中未得到解决的和承包人对发包人答复不满意的单项索赔集中起来，提出一份索赔报告，综合在一起解决。在实际工程中，总索赔方式应尽量避免采用，因为它涉及的因素十分复杂，且纵横交错，不太容易索赔成功。

9.2　索赔程序与技巧

9.2.1　承包人的索赔

1. 发出索赔意向通知

索赔事件发生后，承包人应在索赔事件发生后的 28 天内向监理工程师递交索赔意向通知。该意向通知是承包人就具体的索赔事件向监理工程师和发包人表示的索赔愿望和要求。如果超过这个期限，监理工程师和发包人有权拒绝承包人的索赔要求。索赔事件发生后，承包人有义务做好施工现场的同期记录，并加大收集索赔证据的管理力度，以便监理工程师随时检查和调阅，为判断索赔事件所造成的实际损害提供依据。

2. 递交索赔报告

承包人应在索赔意向通知提交后的 28 天内，或监理工程师可能同意的其他合理时间内

递送正式的索赔报告。索赔报告应包括的内容如下:

1) 索赔的合同依据、事件发生的原因、对其权益影响的证据资料、此项索赔要求补偿的款项和工期展延天数的详细计算等有关材料。

2) 如果索赔事件的影响持续存在,28 天内还不能算出索赔额和工期展延天数时,承包人应按监理工程师合理要求的时间间隔(一般为 28 天),定期持续提交各个阶段的索赔证据资料和索赔要求。在该项索赔事件的影响结束后的 28 天内,提交最终详细报告。

3. 评审索赔报告

承包人的索赔意向通知必须在事件发生后的 28 天内提出,包括因对变更估价双方不能取得一致意见,而先按工程师单方面决定的单价或价格执行时,承包人提出的保留索赔权利的意向通知,这在司法活动中称为证据保全。如果承包人未能按时间规定提出索赔意向和索赔报告,则他就失去了就该项事件请求补偿的索赔权利。此时他所受到损害的补偿,将不超过监理工程师认为应主动给予的补偿额。监理工程师(发包人)接到承包人的索赔报告后,应该及时分析承包人报送的索赔资料,并对不合理的索赔事件提出各种质询,如事实和合同依据不足、承包人未能遵守索赔意向通知的要求、承包人没有采取适当措施避免或减少损失等,并要求承包人及时对监理工程师提出的各种质疑做出完整的答复。监理工程师对索赔报告的审查主要包括以下几个方面:

1) 事态调查。通过对合同实施的跟踪、分析,了解事件的前因后果,掌握事件详细情况。

2) 损害事件原因分析,即分析索赔事件是由何种原因引起,责任应由谁来承担。在实际工作中,损害事件的责任有时是多方面原因造成的,故必须进行责任分解,划分责任范围,按责任大小承担损失。

3) 分析索赔理由,主要依据合同文件判明索赔事件是否属于未履行合同规定义务或未正确履行合同义务导致,是否在合同规定的赔偿范围之内。只有符合合同规定的索赔要求才有合法性,才能成立。例如,某合同规定,在工程总价 5% 范围内的工程变更属于承包人承担的风险,则发包人指令增加工程量在这个范围内时,承包人不能提出索赔。

4) 实际损失分析,即分析索赔事件的影响,主要表现为工期的延长和费用的增加。如果索赔事件不造成损失,则无索赔可言。损失调查的重点是分析、对比实际和计划的施工进度,工程成本和费用方面的资料,在此基础核算索赔值。

5) 证据资料分析,主要分析证据资料的有效性、合理性、正确性,这也是索赔要求有效的前提条件。如果监理工程师认为承包人提出的证据不能足以说明其要求的合理性时,可以要求承包人进一步提交索赔的证据资料,否则索赔要求是不成立的。

4. 确定合理的补偿额

经过监理工程师对索赔报告的评审,与承包人进行了较充分的讨论后,监理工程师应提出索赔处理的初步意见,并参加发包人与承包人进行的索赔谈判,通过谈判,做出索赔的最后决定。

1）监理工程师与承包人协商补偿。监理工程师核查后，初步确定应予以补偿的额度往往与承包人索赔报告中要求的额度不一致，甚至差额较大，主要原因大多为对承担事件损害责任的界限划分不一致，索赔证据不充分，索赔计算的依据和方法分歧较大等，因此双方应就索赔的处理进行协商。对于持续影响时间超过28天的工期延误事件，当工期索赔条件成立时，对承包人每隔28天报送的阶段索赔临时报告审查后，每次均应做出批准临时延长工期的决定，并于事件影响结束后28天内，承包人提出最终的索赔报告后，批准顺延工期总天数。应当注意的是，最终批准的总顺延天数不应少于以前各阶段已同意顺延的天数之和。承包人在事件影响期间必须每隔28天提出一次阶段索赔报告，使监理工程师能及时根据同期记录批准该阶段应予顺延工期的天数，避免事件影响时间太长而不能准确确定索赔值。

2）监理工程师索赔处理决定。在经过认真分析研究，与承包人、发包人广泛讨论后，监理工程师应该向发包人和承包人提出自己的"索赔处理决定"。监理工程师收到承包人送交的索赔报告和有关资料后，于28天内给予答复或要求承包人进一步补充索赔理由和证据。《建设工程施工合同（示范文本）》规定，监理工程师收到承包人递交的索赔报告和有关资料后，如果在28天内既未予答复，也未对承包人作进一步要求，则视为承包人提出的该项索赔要求已经认可。但是，监理工程师的处理决定不是终局性的，对发包人和承包人都不具有强制性的约束力。承包人对监理工程师的决定不满意，可以按合同中的争议条款提交约定的仲裁机构仲裁或诉讼。

5. **发包人审查索赔处理**

当监理工程师确定的索赔额超过其权限范围时，必须报请发包人批准。发包人首先根据事件发生的原因、责任范围、合同条款审核承包人的索赔申请和监理工程师的处理报告，再依据工程建设的目的、投资控制、竣工投产日期要求，以及针对承包人在施工中的缺陷或违反合同规定等的有关情况，决定是否同意监理工程师的处理意见。例如，承包人某项索赔理由成立，监理工程师根据相应条款规定，既同意给予一定的费用补偿，也批准顺延相应的工期。但发包人权衡了施工的实际情况和外部条件的要求后，一般情况下同意给承包人增加费用补偿额，以要求他采取赶工措施，按期或提前完工。

6. **承包人是否接受最终索赔处理**

索赔报告一经发包人同意后，工程师即可签发有关索赔证书，承包人接受最终的索赔处理决定，索赔事件的处理即告结束。如果承包人不同意，通过协商双方达到互谅互让的解决方案，是处理争议的最理想方式。如达不成谅解，承包人有权提交仲裁或诉讼。

索赔程序如图9-1所示。

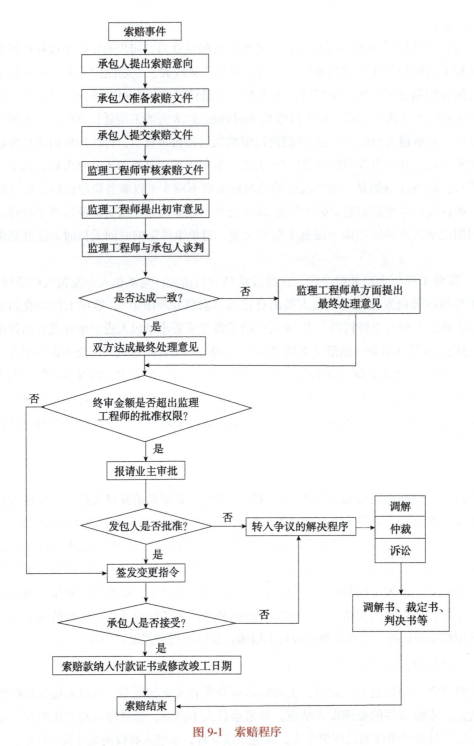

图 9-1 索赔程序

9.2.2 发包人的索赔

承包人未能按合同约定履行自己的各项义务或发生错误而给发包人造成损失时，发包人也应按合同约定向承包人提出索赔。FIDIC《施工合同条件》中，业主的索赔主要限于施工质量缺陷和拖延工期等违约行为导致的业主损失。合同内规定业主可以索赔的条款涉及的内容见表9-1。

表9-1 索赔条款所涉及的内容

序号	条款号	内容
1	7.5	拒收不合格的材料和工程
2	7.6	承包人未能按照工程师的指示完成缺陷修补工作
3	8.6	由于承包人的原因修改进度计划导致业主有额外投入
4	8.7	承包人拖期违约赔偿
5	2.5	业主为承包人提供的电、气、水等应收款项
6	9.4	工程未能通过竣工验收
7	11.3	缺陷通知期的延长
8	11.4	承包人未能补救缺陷
9	15.4	承包人违约终止合同后的支付
10	18.2	承包人办理保险未能获得补偿的部分

9.2.3 索赔的技巧

要做好索赔工作，除了认真编写好索赔文件，提出的索赔项目符合实际，内容充实，证据确凿，有说服力，索赔计算准确，并严格按索赔的规定和程序办理外，还必须掌握索赔技巧，这对索赔的成功十分重要。同样性质和内容的索赔，如果方法不当，技巧不高，容易给索赔工作增加新的困难，甚至导致事倍功半的结果。反之，如果方法得当，技巧高明，一些看来似乎很难索赔的项目，也能获得比较满意的结果。因此，要做好索赔工作除了做到有理、有据、按时外，掌握好一些索赔的技巧是很重要的。索赔技巧因人、因客观环境条件而异，现提出以下几点见解。

1. 要善于创造索赔机会

有经验的承包人在投标报价时就应考虑将来可能要发生的索赔事件，要仔细研究招标文件中合同条款和规范，仔细查勘施工现场，探索可能出现的索赔机会，在报价时要考虑索赔的需要。在进行单价分析时，应列入生产工效，把工程成本与投入资源的工效结合起来。这样，在施工过程中论证索赔原因时，可引用工效降低来论证索赔的根据。在索赔谈判中，如果没有生产工效降低的资料，则很难说服监理工程师和发包人，索赔不仅无取胜可能，反而可能被认为生产工效的降低是承包人施工组织不好而导致的。

2. 商签好合同协议

在商签合同过程中，承包人应对明显把重大风险转嫁给承包人的合同条件提出修改的要求，对其达成修改的协议应以"谈判纪要"的形式写出，作为该合同文件的有效组成部分。特别要对发包人开脱责任的条款加以注意，如合同中不列索赔条款；拖期付款无时限、无利息；没有调价公式；发包人认为对某部分工程不够满意，即有权决定扣减工程款；发包人对不可预见的工程施工条件不承担责任等。如果这些问题在签订合同协议时不谈判清楚，承包人就很难有索赔机会。

3. 对口头变更指令要得到确认

监理工程师常常用口头指令变更，如果承包人不对监理工程师的口头指令予以书面确认，就进行变更工程的施工，此后，若监理工程师矢口否认，拒绝承包人的索赔要求，则承包人有苦难言。

4. 及时发出"索赔通知书"

一般合同规定，索赔事件发生后的一定时间内，承包人必须送出"索赔通知书"，过期无效。

5. 索赔事件论证要充足

承包合同通常规定，承包人在发出"索赔通知书"后，每隔一定时间（28天），应报送一次证据资料，在索赔事件结束后的28天内报送总结性的索赔计算及索赔论证，提交索赔报告。索赔报告一定要令人信服，经得起推敲。索赔的成功很大程度上取决于承包人对索赔做出的解释和强有力的证据材料。因此，承包人在正式提出索赔报告前，必须保证索赔证据详细、完整，这就要求承包人注意记录和积累保存以下资料：施工日志、气象资料、备忘录、会议纪要、工程照片、工程声像资料、工程进度计划、工程核算资料、工程图样、招标投标文件。

6. 索赔计价方法和款额要适当

索赔计算时采用"附加成本法"容易被对方接受，因为这种方法只计算索赔事件引起的计划外的附加开支，计价项目具体，使经济索赔能较快得到解决。索赔计价不能过高，要价过高容易让对方反感，使索赔报告被束之高阁，长期得不到解决，还有可能让发包人准备周密的反索赔计价，以高额的反索赔对付高额的索赔，使索赔工作更加复杂。

7. 力争单项索赔，避免总索赔

单项索赔事件简单，容易解决，而且能及时得到支付。总索赔问题复杂，金额大，不易解决，往往到工程结束后还得不到付款。

8. 坚持采用"清理账目法"

承包人往往只注意接受发包人按对某项索赔的当月结算索赔款，而忽略了该项索赔款的余额部分。没有以文字的形式保留自己今后获得余额部分的权利，等于同意了发包人对该项索赔的付款，以后对余额再无权追索。因为在索赔支付过程中，承包人和监理工程师对确定新单价和工程量方面经常存在不同意见。按合同规定，监理工程师有决定单价的权力，如果承包人认为监理工程师的决定不尽合理，而坚持自己的要求时，可同意接受监理工程师决定的"临时单价"或"临时价格"付款，先拿到一部分索赔款，对其余不足部分，则书面通知监理工程师和业主，作为索赔款的余额，保留自己的索赔权利，否则，将失去将来要求付款的权利。

9. 力争友好解决，防止对立情绪

索赔时的争端是难免的，如果遇到争端不能理智协商讨论问题，有可能导致发包人拒绝谈判，使谈判旷日持久，这是最不利索赔问题解决的。因此，在索赔谈判时，承包人要头脑冷静，营造和谐的谈判气氛，防止对立情绪，力争友好地解决索赔争端。

10. 注意同监理工程师搞好关系

监理工程师是处理解决索赔问题的公正的第三方，索赔必须取得监理工程师的认可，注意同监理工程师搞好关系，争取监理工程师的公正裁决，竭力避免仲裁或诉讼。

9.3 有关索赔的计算

9.3.1 工期索赔计算

在工程施工中，常常会发生一些未能预见的干扰事件使施工不能顺利进行，造成工期延长，这样对合同双方都会造成损失。承包人提出工期索赔的目的通常有两个：一是免去自己对已产生的工期延长的合同责任，使自己不支付或尽可能不支付工期延长的罚款；二是进行因工期延长而造成的费用损失的索赔。在工期索赔中，首先要确定索赔事件发生对施工活动的影响及引起的变化，其次分析施工活动变化对总工期的影响。计算工期索赔一般采用分析法，主要依据为合同规定的总工期计划、进度计划，双方共同认可的对工期的修改文件，调整计划和受干扰后实际工程进度记录，如施工日记、工程进度表等。施工单位应在每个月底以及在干扰事件发生时，分析对比上述资料，以发现工期拖延及拖延原因，提出有说服力的索赔要求。分析法又分为网络图分析法和对比分析法两种。

1. 网络图分析法

网络图分析法是利用进度计划的网络图，分析关键线路，如果延误的工作为关键工作，则延误的时间为索赔的工期；如果延误的工作为非关键工作，当该工作由于延误超过时差限

制而成为关键工作时,可以索赔延误时间与时差的差值;若该工作延误后仍为非关键工作,则不存在工期索赔问题。可以看出,网络图分析法要求承包人切实使用网络技术进行进度控制,才能依据网络计划提出工期索赔。按照网络图分析法得出的工期索赔值是科学合理的,容易得到认可。

2. 对比分析法

对比分析法比较简单,适用于索赔事件仅影响单位工程或分部分项工程的工期,由此计算对总工期的影响。对比分析法的计算公式为

$$总工期索赔 = (额外或新增工程量价格 / 原合同总价) \times 原合同总工期 \quad (9-1)$$

9.3.2 费用索赔计算

费用索赔都是以补偿实际损失为原则,实际损失包括直接损失和间接损失两个方面。其中,要注意的一点是索赔对发包人不具有任何惩罚性质。因此,所有干扰事件引起的损失以及这些损失的计算,都应有详细的证据,并在索赔报告中出具。没有证据,索赔要求不能成立。

1. 索赔费用的组成

(1)人工费 人工费包括额外雇用劳务人员、加班工作、工资上涨、人员闲置和劳动生产率降低的工时所花费的费用。

(2)材料费 材料费包括由于索赔事项的材料实际用量超过计划用量而增加的材料费;由于客观原因材料价格大幅度上涨的费用;由于非施工单位责任工程延误导致的材料价格上涨和材料超期储存费用。

(3)施工机械使用费 施工机械使用费包括由于完成额外工作增加的机械使用费;非施工单位责任的工效降低增加的机械使用费;由于发包人或监理工程师原因导致机械停工的窝工费。

(4)现场管理费 现场管理费包括工地的临时设施费、通信费、办公费、现场管理人员和服务人员的工资等。

(5)公司管理费 公司管理费是承包人的上级主管部门提取的管理费,如公司总部办公楼折旧费、总部职员工资、交通差旅费、通信广告费。公司管理费是无法直接计入具体合同或某项具体工作中的,只能按一定比例进行分摊。公司管理费与现场管理费相比,数额较为固定,一般仅在工程延期和工程范围变更时才允许索赔公司管理费。

(6)融资成本、利润与机会利润损失 融资成本又称资金成本,即取得和使用资金所付出的代价,其中最主要的是支付资金供应者利息。利润是完成一定工程量的报酬,因此在工程量增加时可索赔利润。不同的国家和地区对利润的理解和规定也不同,有的将利润归入公司管理费中,则不能单独索赔利润。机会利润损失是由于工程延期和合同终止而使

承包人失去承揽其他工程的机会而造成的损失。在某些国家和地区，是可以索赔机会利润损失的。

2. 索赔费用的计算原则和计算方法

在确定赔偿金额时，应遵循下述两个原则：第一，所有赔偿金额，都应该是承包人为履行合同所必须支出的费用；第二，按此金额赔偿后，应使承包人恢复到未发生事件前的财务状况，即承包人不致因索赔事件而遭受任何损失，但也不得因索赔事件而获得额外收益。根据上述原则可以看出，索赔金额是用于赔偿承包人因索赔事件而受到的实际损失（包括支出的额外成本而失掉的可得利润）。所以，索赔金额计算的基础是成本，用索赔事件影响所发生的成本减去事件影响时所应有的成本，其差值即为赔偿金额。索赔金额的计算方法很多，各个工程项目都可能因具体情况不同而采用不同的方法，主要有以下三种。

（1）总费用法　总费用法又称总成本法，就是计算出索赔工程的总费用，减去原合同报价时的成本费用，即得索赔金额。这种计算方法简单但不尽合理，因为实际完成工程的总费用中，可能包括由于施工单位的原因（如管理不善、材料浪费、效率太低等）所增加的费用，而这些费用是不该索赔的；另一方面，原合同价也可能因工程变更或单价合同中的工程量变化等原因而不能代表真正的工程成本。凡此种种原因，使得采用此法往往会引起争议，遇到障碍。但是在某些特定条件下，当需要具体计算索赔金额很困难，甚至不可能时，也有采用此法的。在这种情况下，应具体核实已开支的实际费用，取消其中不合理的部分，以求接近实际情况。

（2）修正总费用法　修正总费用法是指对难于用实际总费用进行审核，可以考虑是否能计算出与索赔事件有关的单项工程的实际费用和该单项工程的投标报价。若可行，可按单项工程的实际费用与报价的差值来计算其索赔的金额。

（3）实际费用法　实际费用法即根据索赔事件所造成的损失或成本增加，按费用项目逐项进行分析、计算索赔金额的方法。这种方法比较复杂，但能客观地反映施工单位的实际损失，比较合理，易于被当事人接受，在国际工程中广泛被采用。实际费用法是按每个索赔事件所引起损失的费用项目分别分析计算索赔值的一种方法，通常分三步：第一步分析每个或每类索赔事件所影响的费用项目，不得有遗漏，这些费用项目通常应与合同报价中的费用项目一致；第二步计算每个费用项目受索赔事件影响的数值，通过与合同价中的费用价格进行比较即可得出该项费用的索赔值；第三步将各费用项目的索赔值汇总，得到总费用索赔值。

小 结

在市场经济条件下,建筑市场中的工程索赔是一种正常的现象。索赔是当事人在合同实施过程中,根据法律、合同规定及惯例,对不应由自己承担责任的情况造成的损失,向合同的另一方当事人提出给予赔偿或补偿要求的行为。索赔的原因主要有设计方面、施工合同方面、意外风险和不可预见因素、不依法履行施工合同、工程项目建设承发包管理模式的变化等五个方面。承包人的索赔程序主要分为六个步骤:发出索赔意向通知、递交索赔报告、评审索赔报告、确定合理的补偿额、发包人审查索赔处理、承包人是否接受最终索赔处理。索赔计算分为工期索赔计算和费用索赔计算两个方面。

思 考 题

9-1 如何理解施工索赔的概念?产生索赔的原因有哪些?施工索赔有哪些分类?

9-2 承包人的索赔程序有哪些步骤?索赔的技巧有哪些?

9-3 监理工程师处理索赔应遵循哪些原则?监理工程师审查索赔应注意哪些问题?

9-4 监理工程师如何预防和减少索赔?

9-5 索赔费用如何计算?

参考文献

[1] 全国一级建造师执业资格考试用书编写委员会.建设工程法规及相关知识[M].北京:中国建筑工业出版社,2011.

[2] 邓铁军.土木工程建设监理[M].武汉:武汉理工大学出版社,2003.

[3] 朱宏亮.建设法规[M].3版.武汉:武汉理工大学出版社,2011.

[4] 陈东佐.建筑法规概论[M].6版.北京:中国建筑工业出版社,2011.

[5] 中国土木工程学会,北京交通大学.建设工程法规及相关知识[M].北京:中国建筑工业出版社,2005.

[6] 贾俊玲,李建中.合同法与企业合同实务[M].北京:国家行政学院出版社,1999.

[7] 中国监理协会.建设工程合同管理[M].北京:知识产权出版社,2003.

[8] 俞宗卫.建设工程法规及相关知识实用指南[M].北京:中国建材工业出版社,2006.

[9] 林密.工程项目招标投标与合同管理[M].2版.北京:中国建筑工业出版社,2007.

[10] 全国建筑企业项目经理培训教材编写委员会.工程招标投标与合同管理[M].2版.北京:中国建筑工业出版社,2000.